錢穆先生全集

錢穆先生全集

〔新校本〕

中國文化叢談

九州出版社

圖書在版編目（CIP）數據

中國文化叢談 / 錢穆著 . -- 北京∶九州出版社，2011.7（2016.11 重印）
（錢穆先生全集）
ISBN 978-7-5108-1007-7

Ⅰ . ①中… Ⅱ . ①錢… Ⅲ . ①文化史 - 研究 - 中國 Ⅳ . ① K203

中國版本圖書館 CIP 數據核字（2011）第 100615 號

中國文化叢談

作　　者　錢　穆　著
責任編輯　周弘博　周敏浩
出版發行　九州出版社
裝幀設計　陸智昌　張萬興
地　　址　北京市西城區阜外大街甲 35 號
郵　　編　100037
發行電話　（010）68992190/3/5/6
網　　址　www.jiuzhoupress.com
印　　刷　三河市東方印刷有限公司
開　　本　635 毫米 × 970 毫米　16 開
插頁印張　0.5
印　　張　26
字　　數　298 千字
版　　次　2011 年 7 月第 1 版
印　　次　2016 年 11 月第 2 次印刷
書　　號　ISBN 978-7-5108-1007-7
定　　價　58.00 元

錢穆先生

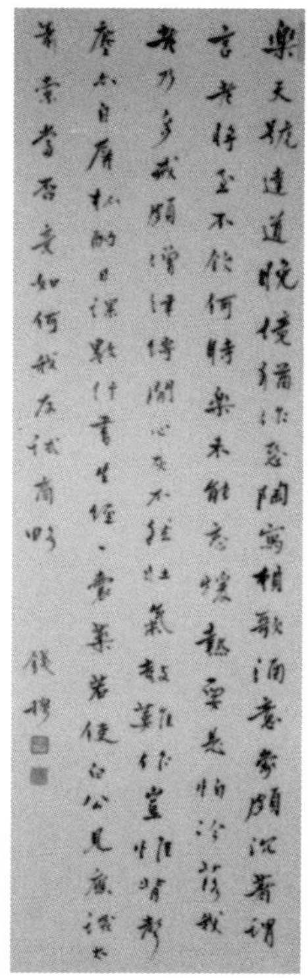

錢穆先生書法

新校本說明

錢穆先生全集，在臺灣經由錢賓四先生全集編輯委員會整理編輯而成，臺灣聯經出版事業公司一九九八年以「錢賓四先生全集」為題出版。作為海峽兩岸出版交流中心籌劃引進的重要項目，這次出版，對原版本進行了重排新校，訂正文中體例、格式、標號、文字等方面存在的疏誤。至於錢穆先生全集的內容以及錢賓四先生全集編輯委員會的注解說明等，新校本保留原貌。

九州出版社

出版說明

一九六九*年，臺北三民書局編印三民文庫，邀稿於錢賓四先生。先生乃彙集其二十年來在港九、星馬、臺灣各地有關中國文化問題之講演，共二十六篇，編為一書，定名為「中國文化叢談」，交與出版。其中惟知識青年從軍先例一篇獨早，乃對日抗戰時在成都所講，亦附收在內。初版分裝為上下册，上册十一篇，下册十五篇。

原書中有九篇，先後曾因故重複收入他書，計為：

從東西歷史看盛衰興亡：已見中國歷史精神。

中國文化與中國人：同上。

中國歷史上的經濟：同上。

人類文化之展望：已見歷史與文化論叢。

---

*新校本編者注：原文為「民國」紀年。下同。

談中國文化復興運動：同上。

中國歷史人物：已見國史新論。

文化與生活：已見世界局勢與中國文化。

中國人之宇宙信仰及其人生修養：同上。

中國文化與科學：同上；為該書同題之第一篇。

今全集新編本，此九篇不再重收。原書上下兩册所餘十七篇，合為新編本之第一編；另將內容相類之文稿增入為二、三、四編。

第二編有關人生與文化之雜文，乃先生自民國二十三年至一九八七年間所撰，共十二篇。

第三編則為先生自一九五二年至一九五八年所寫元旦雙十祝辭，共十篇；讀此可略知當年流亡海外知識分子之心聲。

第四編為歷史人物講話，共六篇。先生早年卽有意用白話文撰寫歷史人物介紹，俾普及社會，供大眾閱讀，以時局動盪，未暇捉筆。一九五〇年初次訪臺，應某機構之請，遂寫此一系列白話歷史人物。絡續交由政工通訊發表。今僅搜得其中三篇，而當年政工通訊早已佚缺，遍尋難得，故亦無法確知遺佚篇數。幸在先生遺稿中，又得原稿三篇。今卽將此六篇合為本書之第四編。

新編本四編，總凡四十五篇。先生生前遺囑，收集散篇論文，儘量以類相從，歸入舊編，不添新書；本書增附部分，蓋謹遵此意而為之。此次整理，全書加添私名號、書名號，整理分段，重點加引號，以方便讀者閱讀。目錄中新增各文，例加「＊」號，整理排校，雖力求愼重，然錯誤疏漏，在所難免，敬希讀者不吝指正。

本書由胡美琦女士負責整理。

錢賓四先生全集編輯委員會　謹識

目次

第二編

第三編

第四編

序

本集所收，係本人二十年來有關中國文化問題之講演共二十六篇或則在港九星馬，或則在臺灣各地。其中惟「知識青年從軍先例」一篇，乃對日抗戰時在成都所講，茲亦附收在內。各篇不分年代先後，略就其內容，又分為上下兩編。上編主就中國歷史指出中國文化之演進及當前文化復興運動之主要途徑所在。下編分述中國文化之各方面，如宗教信仰，道德修養，農村生活，社會經濟設計以及科學藝術法律諸端，並及海外移民等，而以「中國民族之克難精神」及「人人必讀書」兩篇為殿。凡本人對於中國文化之看法，大體輪廓略具。其他已發表之文字，有

中國文化史導論

文化學大義

民族與文化

中華文化十二講

四種，讀者可取參考。其他尚有未盡收編成書者，此後當再絡續彙集出版。

一九六九年八月中旬錢穆識於臺北外雙溪之素書樓。

第一編

一　歷史地理與文化

一

我認為歷史與文化，此二者實際是一而二，二而一的。有了歷史，才有文化，同時有了文化就會有歷史。也可說文化是「體」，歷史是此體所表現的「相」。或說是「現象」，在現象背後則必有一體。看著種種相，自能接觸到這個體。可是我們也該明白須有了這個體，才能發生出種種相。

講到表現在歷史外面的種種相。只就粗淺講，歷史有長、有短，這是時間綿延。中國歷史可說在世界任何一部歷史中是最長的。過去的埃及、巴比侖、希臘、羅馬，他們的歷史都已完了。現在西方各國有的只有七八百年，有的只有兩三百年，有的歷史剛開始，只有幾十年。而中國歷史，有器物、有文字，可以具體講的，總在四五千年以上。至於中國歷史長，別人家歷史短，這是歷史表現的一個相。也可說歷史有大小，拿歷史的內容講，有的歷史範圍很小，有的歷史範圍很大。如希臘歷史範圍就很小，羅馬比較擴大了，但比起中國的廣土眾民，直自秦始皇時代開始就同目前差不多，也可說在世界各民族的歷史中間，中國歷史是範圍最大的一部。

除了歷史之長短大小以外，可以進一步講，有的歷史繁複，有的歷史簡單。中國歷史又是世界人類所有歷史中間最複雜的。試看清代四庫提要，中國史籍卷帙之多，分類之廣，試舉一例，就政治區域分，有省、有縣，還有更小的鄉市莫不有史。中國史中之「方誌」，在世界上是獨特的。即如一個家，任何一家幾乎都有歷史記載。特別是孔家，從孔子到現在，有世世相傳的一部家史，世界上更沒有第二個家庭具備到兩千五百年以上的歷史的。再說到個人，古代書多失傳暫不論，但自唐以下這一千幾百年，中國歷代各方面有名人物，多數有年譜。從生到死，一年年詳細記下，其他方面不勝縷舉，故說中國歷史記載最複雜。西方歷史記載較簡單。再就政府組織論，中國政府自秦以下，試看歷代正史如百官公卿表、職官志之類，可以知其組成之複雜。即就現代西方政府論，也並不比我們歷史上的政府複雜得很多。因此，現代西方人講政治，只分立法、司法、行政三權，但我們國父孫中山先生，卻根據我們歷史來加進監察、考試兩權，此兩權在中國歷史上就有了幾千年的演進。可見孫先生腦筋裏的民主政治，比之西方人幾百年來所討論的要繁複得多了。我所說的歷史之繁複與簡單，大家就此推求便可處處得其證明。

歷史又有安定性與不安定性之比。拿世界上各國歷史來講，中國史最富安定性。西方歷史則變動超過了安定，我們是安定超過了變動。當然我們的歷史也有變動，但比較安定。古代西方如希臘、羅馬，倏起倏滅，這些且不講。專講近代，英國八百年歷史，其中變動很大。德國兩百年歷史，其變動更大。以前如此，以後可知。西方人因為在變動的歷史中成長，他們認為歷史應該變，變動才有進步。但我們認為眞進步，定在安定的情形下才發生。變動過程中的進步，我們認為靠不住。因其下面還要變。在一個安定狀態下的進步，進一步同時保留一步，這才是眞進步。

我上面所舉中國歷史，在長的時期，廣大的範圍，複雜的情形，安定的過程中，三四千年，一路下來，像這樣一部歷史，使我們不容易看清楚，不容易講明白。譬如一個遠行人，他環遊世界，今天到這裏，明天到那裏，在一個極變動的狀態下，好像得到很多知識，有很多話可以向人講，亦可以寫很多字的書來記載報導。但另外有一個家庭，在長時期中，安安穩穩在一個安定的環境中過活，他們似乎無話可說；但我們深一層求之，他們一家人之所瞭悟所獲得，或許會比常在變動旅行中的人所得更深更實在。因此我說中國歷史有深度。比一個在變動的、簡單的、短時期的，小範圍的歷史內容來講，他們是深度不夠，是比較淺顯。歷史講英雄、戰爭、勝敗、興亡，聽來動人，也易了解。如法國大革命，拿破崙故事；戰後德國復起，希特勒故事，這一切易講易知，而中國歷史則並不然。

我們可以說歷史不同，就是文化不同。所謂歷史不同者，不是幾個人名、地名，或幾件事情之不同。我所指乃是剛才所說的幾種「相」，長、短、大、小、繁複、簡單、安定、變動、深、淺，當然還可繼此分出種種相。在這種種異相之後，便可講到「質」之不同。我們也可說因為文化相異，所以產生出歷史面相不同。我常喜講中國易經上一句話，「可大可久」，要可以擴大，可以長久。一個人的事業，乃至一個國家、民族、一種文化，都希望能如此。易經就是要講變，然而所謂「窮則變，變則通，通則久」。只有「通」了才可大而可久。孟子說：「所過者化、所存者神。」歷史上一切經過都化了，傳下來能存的則是不可測的一種神。也可說中國人講歷史有兩個字，一是「通」，從外面講要能通；一是「存」，從內部講要能存留下來。若使今天進步了，明天又推翻了，沒有了，不再存在了，這不是我們所要的進步。一面進步，要一面能存留。

西方歷史，如希臘如羅馬，如中古時期如近代帝國，都不能存，現在歷史轉到美國。再過一時期，又如何呢？他們對歷史上一切能留不能留，似無自信，一切只是過而不留，保存不下來。像大英帝國，到今天不是不再能保留了嗎？他們認為變就是進步，要進步一定要變。中國人所講與西方不同。中國人講要通、要留，這樣才可久可大。不論研究生命或生物，一定要有禀承，有變通，能綿延。這也可說是中國的傳統歷史文化精神。我們看歷史面相，正如相人一樣。相人是注意一個人的面孔，又看他坐和立，看他種種形相，就能約略知道這人的個性。我們只看歷史的種種相，也就可以懂得它的文化精神。

二

前面所講是歷史面相，拿別人家的歷史同我們的一比，長短、大小，繁簡、深淺，顯然不同。而歷史之主幹在人物。歷史只是人事記載，在人事中有傑出的人，起領導作用，主持歷史命運的，便是歷史人物。沒有人物，僅有社會，也不會有歷史。如非洲社會存在，並不比中國社會遲得多，只因沒有人物就沒有歷史。希臘社會依然存在，但到羅馬興起以後，希臘就沒有了人物，有些人物轉到羅馬去。希臘也便沒有歷史了。羅馬覆亡以後，社會還存在，而人物不同了。羅馬歷史也中斷了。

講到歷史裏面的「人物」，我想全世界任何一個國家民族的歷史記載，都沒有中國歷史裏的人物豐富。也可能因為中國人很早就懂得人之重要，所以在歷史記載裏把人物的重要性很詳細的透露出來。至少從太史公史記以下，歷代正史都是「列傳」第一，把一個個的人物，分別作傳。即在史記以前，試看左傳，裏面就包括多少人物。在中國歷史裏，可說有各式各樣的人物。政治上有軍事、外交人物；學術上有哲學、文學、史學等種種人物；科學上有醫學、工程、水利、農業、天文等種種人物；藝術上有建築、書畫等種種人物。中國歷史上人物分類最多。若把英國八百年歷史的人物都寫下，把我們歷史切一段八百年的人物也寫下，分類比較，我相信必然是中國人物豐富，多采多姿。只有最近一百年，中國人才凋零，西方新科學興起，人才蔚盛，但這是一時期的現象。

再進一步說歷史人物從什麼地方來？我說從「文化陶冶」而來。從文化中陶冶出人物，同時也由人物來指示、創造、改進這文化。文化的創造、發揚、精進，都要靠人物。因此我們研究歷史，進一步，應研究歷史的靈魂，這就是人物了。治亂、盛衰、興亡，乃及黑暗、光明，都關係在人物。而我們今天研究歷史的，略去人物不講，專講社會，如所謂封建社會、資本主義社會、共產主義社會等。其實在這後面，還不是由幾個人在那裡操縱主持。有人拿著一個共產社會的口號來驅策民眾，硬要創造出一個共產社會。這並不是歷史命定。因此我們不能不說列寧、史達林、毛澤東也是一個歷史人物。現代中俄社會為什麼這樣變？這並不是一個理論，而是背後有人在操縱。

人物之辨，主要有正人、大人與邪人、小人。東漢以後為何會有三國？主要在出了一個曹操。曹操不能說不是一人物，政治、外交、軍事、文學他都行，可是是一個邪人、小人，由他來造成下面一個黑暗的時期。我們從中華民國創立以後，為什麼會插進一段大陸的赤化？這也不是一個理論，還是由於人物，出了一個毛澤東。毛澤東不能說他不是中國歷史上一人物。正如民國初年出一個袁世凱，他們都有力量，有作用，可是也都是一個邪的、小的。使中國近代史平增禍害，橫添曲折。因此中國人一向看歷史，是看重人物的。

三

講到人物之產生，就會講到地理。人物是歷史的主腦，地理是歷史的基礎。若說歷史如一本戲劇，演劇的是人物，而地理卽是戲臺。

我們從歷史上看，並不是某地可以產生人物，而某地不能產生人物。也不能說某地產生某種人物，而別一地則產生另外一種人物。當然，如看西洋史，英國人同法國人；法國人同德國人，他們國民性不同，所出人才也有分別。中國有地方性，南方人同北方人，沿海人同西北人，也有不同。但既成為一人物，應能超疆域的。如一個文學家，法國的文學家英國人也歡喜；英國的文學家德國人也欣賞。又如一個政治家，江蘇人到陝西去做地方官，陝西人會佩服他；東北人到廣東雲南做地方官，那裏也會對他了解，服從尊敬。可知人物並不為地理所限，不能說什麼地方出人，什麼地方不出人。至少我們應有這樣一個觀念，任何地區都能產生人物。這一層卽拿中國歷史便可作證。但為何有時某一地區卻不產生人物？理由何在？我們應另作推尋，我們不能說北美洲是產生人物的，南美洲是不產生人物的。我們中國內地能產生人物，而我們之四鄰如西藏、蒙古等地也都曾產生人物。朝鮮、日本、安南，再遠到印度，亦都產生人物。出產人物之多少盛衰，背後另有原因。我們不能說這個地方太熱了就不產生人物，這個地方太冷了又不產生人物。又說這個地方太窮了不產生人物，又說這個地方太富了又不產生人物，這樣講法太浮汎。

我們要作進一步研究，先認定任何一地區都可產生人物。中國人有一句話說「人傑地靈」，人物傑出，才覺得這地之靈，而地靈不一定有人傑的。歷史最重要的是人物，我們要抱一信心，任何地都可產生人物。我們研究地理，有很多不同的地區，從歷史上看來，各時期產生人物的地區，常在轉動著。某個時期，某地方產生人物特別多，為什麼在這時期傑出人物都在這地方呢？為什麼換一個時期傑出人物又轉到別地方產生呢？顯然西洋史也同樣，如最先人物都出在希臘，後來轉到羅馬，以後又到別處。歷史要靠人物，人物可以將這個地區黑暗的歷史變為光明，也可將這地區光明的歷史變為黑暗。人物可使歷史起死回生，看時奄奄一息了，有個人物出來，就百病皆消，健康起來，精神恢復了。但也可把一段活活的歷史弄死。出了一個反面人物，可使時代在忽然間變一面目。所以我們要把握時代的命運，最重要注意在「人物」上。

當然我們希望能多生人物，來支撐，來扭轉局面，開下面的新歷史。但諸位不要認為人物只產生在某一地區上，任何地區都能產生人物，尤其在中國的廣大疆土之上，各時代、各地域，都曾產生了不少人物。簡單講，唐以前，北方人物多；宋以後，南方人物多。我們當研究其關鍵所在。我想我們講中國事，不妨用中國原有的話來講。我將用簡單的「風氣」兩字來作說明。天的風氣是流動、轉變的。一切生命，當然要春風和氣。天暖了，下些雨，陽光、水份，和風通暢，一切生物都生長了。冬天寒冷、肅殺，生物就凋殘了。這是風氣影響著生命。

中國人常說：「人物產生於風氣」。在某種風氣下，就易產生某種人物。說風氣猶如說氣候。某種風氣，也定要等到某個時候，它才能生長出這力量來。所以風氣必有一個「等候」，定要時機到來，機緣成熟了，便是氣候到了。一如春天來到，也定要待暮春三月才能百花生樹，羣鶯亂飛。這是自然的氣候，也有人為的氣候，中國人又稱「火候」。如煮一杯水，定要等待幾分鐘，那水才沸。煮一個鷄蛋，要看著錶，或老、或嫩，都要看火候。也說「火功」，用文火或是用強烈的火，經過多少時可以燒成陶，或煉成鋼。歷史上的所謂風氣，也要等到某種程度，某個階段，才產生人物來。

我們講教育，說「十年樹木，百年樹人」，便是拿生物來比人物，栽一棵樹要十年工夫，栽培一批人才差不多要百年工夫。植物生長，一定是春天來了，先是梅花、楊柳，而後到桃花以及其他，有一段時期的經過。中國人講教育，所謂「春風化雨」，就是拿作師的當做一個天地。天地可以產生人，而文化教育可以產生人物。「物」是一種品質之稱，高級的理想的，經過選擇的品種，才叫物。普通人只是一個人，有品種分別，如聖人、賢人，政治家、軍事家、思想家、文學家、藝術家，分等分類，這是第一級，這是第二級。政治家有第一流的，也有第二流的；文學家也有最高級的，次一級的。天地只能生人，在人中間要培養出各種品種，分門別類，多采多姿，這才是所謂人物。陶鑄人物的權就在人自己的手上。天地生人，等於自然原料，人物須等加上製造。如棉花、羊毛，經過人類的科學技藝，可以造成種種布料，人也要經過一個大的工廠或一個大的工程師來製造他。中國人稱做陶鑄，等於在爐子裏煉鋼，在窰裡燒陶器。春風化雨，就是人代天工；作育人才，即如桃李滿門。朱光庭到程明道先生家住了一個月，回來後，別人問他，你到了程先生家，得到什麼印象？他說如在春風中坐了一個月。人須有生氣，在人格上、學識上、性情上，各方面都該有生長，如在春風中，經過一段氣候，才成為一人物。也有人說，程明道一團和氣。你一接觸到他，你的一切感情、理智各方面，經過這和氣，就可以得到扶養，成長到某個境界中去。易經上說「天地變化，草木蕃」，天地是一片自然產生萬物。人文陶冶，教化作育，是在這許多原料中精製出很多理想的品種來。

我們的社會、歷史、文化，是另一個天地。這個天地在我們人自己手裏，要能造成氣候、生長人物。如清朝末年的曾國藩，他在軍營中，過著一種戰鬥生活，但他的幕府就是一個小天地，跑進幕府作賓僚的，後來都是人物，他的幕府等如一個園地，他自己是一個農師，可以有很多花草在他手中生長起來。所以我們在任何一個時代中，要提倡有一種風氣，在此風氣之下，須能作育、陶鑄人才。有了人才，才能改換歷史。在某時代某地區，具備這種氣候，就出人物了。這種風氣過去了，人物就不出了。我們可以把中國史分期來看，唐代人才開始在那裏，後來在那裏；宋代人才開始在那裏，後來在那裏？我們細求它原因所在，這裏面就把握到一個歷史的重心，可以旋乾轉坤，可以來開創新時代。

開創新時代，一定要有新人物，而新人物一定在新風氣中產生。天地也是一樣，風氣必待凝成，冷也好，熱也好，都得積漸凝聚而成。好像我們剛才所講的火功，爐子裏的火一定要集中在一點上。

我們只要能在某個地區養成某種風氣，某個地區便會出人才。而後慢慢傳播開去，傳播到其他地方。這個風氣要可久，一代傳兩代傳三代；這個風氣又要可大，一地可以傳播到別地。倘使這風氣消失了，人才就沒有了，人還是照常。他們的聰明體力並不比前一代差，然而他不能繼，不能傳，不能成一個高的品質，不能繼續成為一人物了。

我們在這裏就得到兩個教訓。第一個教訓是歷史的主持者是「人」，第二個教訓是人在各個地域都可以產生，而主要在有一「風氣」。這個風氣由少數人提倡，即可以形成。

四

不論中外，一個大的文化傳統，所謂「文化精神」，是不會消失的。這種文化傳統精神，彌漫在天空，散佈在各地，然而我們若是不能和這種歷史上大的傳統精神接觸，便不能發生出實際影響來。譬如：廣播電臺的歌聲，散佈在太空，只要有一個收音機，這歌聲就會進入我們耳朵裏，倘使沒有一個收音機，那歌聲便像沒有，其實它是存在的，而我們不覺得。論語說：「文武之道，未墜於地，在人，賢者識其大者，不賢者識其小者，莫不有文武之道焉。」所謂文武之道，即是歷史文化傳統。他說歷史文化傳統沒有掉下地，還在人身上，不過賢人得其大，小人、不賢者得其小，莫不有此文武之道在我們身上。今天我們講中國文化，講孔孟精神，講五千年中華民族的精神道統，也都還在我們身上。不是在某一人身上，全國家、全民族，每個人身上多多少少、大大小小、深深淺淺都有的，所以說沒有掉下地。如巴比倫、埃及、希臘，他們也有他們的歷史傳統、文化精神，可是掉下地了，不再在人身上，不再在社會上。今天我們到埃及去，在埃及人身上和其社會上，找不到古埃及的文化。到希臘亦然。我們研究埃及文化和希臘精神，便要到地下去發掘古器物。一個彫刻，在裏面可以見得古希臘的精神；一個金字塔，在裏面可以想像古埃及的文化，即使今天我們發現少數幾本古書，實際上也已經隔一層；至於古物，更隔一層。

西方人研究古代文化，第一是研究古器物。研究埃及也好，希臘也好，比如一塊石頭，地下一個小箭頭，都重要，在這裏面可以想像出古代的文化。第二是拿各地的土產，如臺灣的土產，菲律賓的土產，拿來可以研究這個地方的文化。這是一種褊狹觀念。主要的，文化應在「人」身上，在我們人的感情、理智、生命中。當然器物也可以表現出文化，但已經掉下地了。你掉下去，我可以撿起來，希臘的掉下地，給羅馬人撿起；羅馬的掉下地，給現代歐洲人撿起。現代歐洲人的恐怕也快要掉下地，又給美國人撿起來。美國人的又要掉下地。主要在他們不懂看重人。我們中國人的文化傳統還把握在自己手裏。不是一些器物，而是一種內部的精神和生命，賢者識其大，不賢者識其小，莫不有文武之道在我們身上。

西方人對於這一點，似乎不曾深切了解。他們講歷史哲學，從黑格爾到馬克斯，直講到今天，總說「正、反、合」。其實反是要不得的。埃及一個正，一反就沒有了；希臘一個正，一反又沒有了。羅馬一個正，北方蠻族來了，又是一個反，羅馬的一切又掉下地了，又由別人再來合起來，所以我說他們歷史的變動性很大。

中國人看重「正」不看重反，常說反敵不過正，而且正與反絕對不會合。兩漢是一個正，曹操、司馬懿是一個反，反不勝正，此下的傳統還是兩漢的。不是漢高、光武和曹操、司馬懿合起來，而成為唐代之復興的。中國人講歷史重正統，論人物也只重正面的、光明面的。不能說孫中山、袁世凱一正一反，合成了此下的中華民國。中國人的歷史哲學，自有一套，對不對？可把歷史來作證。所以研究中國歷史就是研究中國文化。如製造一件東西，先要在實驗室裡試驗過。一個醫藥上的發明，要臨床實驗，看過多少病人的反應，才知道這藥對不對。一套理論，也要拿歷史經過來看他對不對。馬克斯的學說，根本是短命的。他要從矛盾到統一，下面再沒有了，豈不是死路一條？大家共產了，世界也沒落了，人類歷史，永遠得向前。若今天全世界都換成共產階級專政，該問下面是什麼？若下面便沒有變，生機便窒塞了，所以說它最成功也是短命的。

中國人看歷史重在人生，中國文化傳統的一套精神應知另有說法，可以無窮無盡，日久月大地向後推演。

五

歷史文化傳統最重要的在人物，人物不是自然產生的。如天地生物草般，也不是命定的，有了這一定有那。革命不可避免，社會必要突變，正了必要有反，中國人不作如是想。如一個園林要弄得乾乾淨淨，只見花，野草生來就剷了。人才須陶鑄作育，這不是法律，不是宗教信仰，而是人與人間的一種風氣感動，太陽出了，和風來了，你覺得很舒服。但不是由它來控制你，改造你。大風起於青蘋之末，梧桐葉落而知天下之秋，履霜堅冰至，中國人講歷史，要講最先一點「起」在那裏。現在我們要陶鑄新人物，開創新時代，便要有新風氣。新風氣起在少數幾個人身上，試問這少數幾個人究從什麼地方來發動、來產生，而形成此風氣？這一最先發動處究在那裏？中國人從前歷史上教訓我們，主要就要教訓這一點。這一點卻並不是哲學。若照西方人哲學講法，或說我下面一番話是唯心論，是玄學。但我所講是一種實事實證，拿歷史人事，拿眼前人事，拿自己親身經驗都可作證。

我現在要講開創新時代新文化，需要有新風氣新人物，但此類風氣卻在我們少數人身上。今天我們都可以在自己掌握中旋乾轉坤，開出一套，慢慢形成為風氣，慢慢陶鑄出人才，而最先最精微的一點，則在我們之「內心」，在內心中透露出一點光明。這一點光明亦就是歷史。文化上的光明，它開始在我們某一人，或某幾人的內心中一下透露。如孔子說：「吾十有五而志於學，三十而立，四十而不惑。」所謂十有五，不一定是十五歲。總之是在他青年時，他心裏忽然感覺有志於學了。三十而立，也不一定硬是三十歲，總之經過十幾年工夫，所學成立了。我們說的氣候正是這樣，春天，慢慢的從立春這個氣節開始，一段一段過去，經過梅花、楊柳，到杏花、桃花，下面便是夏天了。再過三個月，秋天來了，梧桐葉落，慢慢變下，直到深秋。那麼正如孔子十有五而三十而四十，一路向前般，但他學的是什麼呢？孔子自己說：「好古敏以求之。」他所學是一套人本位的學問，是一種歷史傳統文化學，他極看重人物。一部論語，孔子所批評的人物，從堯舜起，到孔子當時止，這些人物他都在天平上一一稱過。他說：「甚矣，吾衰也，久矣，吾不復夢見周公。」他在年輕時，心裏主要只有一個周公。故說：「如有用我者，吾其為東周乎！」可見他自有一套，也不全是依照周公。他只融會了周公的，在他年輕時，心裏忽然有一點光明觸動，他才跑上這條路。又如投下一顆種子，慢慢發芽、生長，完成了將來孔子的全人格。而這顆種子，二千五百多年傳遞下來，都還在我們的身上，都還在我們人的心裏。

孔子以外，我們也可把歷史上許多大人物、大聖賢、大英雄、大豪傑、成功大事業、發生大影響的，挑一兩個作榜樣，來讀他的傳記或年譜，從他年輕時一年年下來，如能透視到他的內心，可以約略看得出來，他從什麼時候開了這一點光明？慢慢培養，慢慢長成，發揚光大？然後成他這個人。他的外面表現，就是一種風氣。教育是拿人來教人。一定是他自己有這一陣風，有這一段氣，你接觸到他，聽他的言論，看他的行事，就感染到他的影響。我們縱不能直接接觸到他，讀他的傳記，讀他自己寫下的文章，體味他自己說的話，許多方面拼起來，自有一個影像。

總之，一切事定從人發生。諸位讀科學發展史，沒有科學家怎能有科學？科學的原理原則，如我剛才所講也是散佈在太空，在地上，要到某個階段，在某人之一刹那間接觸到，蘋果為什麼掉下地，他心中一觸機一開悟，慢慢一步步地發現出一套眞理來。沒有科學家，便不會有科學。也可說沒有飛機以前，已經有飛機之理存在；沒有太空船，已經有太空船之理存在。一切科學物理總是早已存在的。至於我們怎樣發現出這個物理，當然必先在我們心裏浮現出，從飛機到太空船，經過多少年代，他也有一個氣候。必有一批從事於此的專家，而這些專家總有他從某刹那的心中開始，而發展成熟。這是事實，非理論。

張橫渠說：「為天地立心，為生民立命，為往聖繼絕學，為萬世開太平。」開始也要從一念間，內心這一動上。一個做學問的大體系，自格物、致知、誠意、正心而至修身、齊家、治國、平天下。今日格一物，明日格一物，格物後就致知。以至於誠意正心工夫要靠他內心自己發動。某個人在某種機會中，忽然有一線光明在他心裏浮現，慢慢就等於如一顆種子，要有一段時間，要有一個氣候。一顆種子掉下地，便要長成為一棵樹木。中國人對於這套學問，可說講得非常具體，非常透徹。但我們總不相信，總從外面求，認為治國、平天下，應研究政治學、社會學、人類學，研究軍事、外交等。而大學卻從正心、誠意、修身講起。把我們人看做一個小天地，這個天地要從他內心認識起。不是說一個權力在我們手裏，我們就可以改造這世界，支配這世界。

諸位拿古今中外歷史來看，從秦始皇到希特勒，到毛澤東，若他可免失敗，則全部人類歷史亦須改寫。我們莫要少見、短見，儘從目前情況看。你若問毛澤東何年失敗，那自然不可知，須待氣候到，此乃一種「人理」。我們從內心一念之際，慢慢自己誠意、正心、修身，造成一個氣候，作育一批人才，而到齊家、治國、平天下，這是孫中山先生所講的王道，以心服人。人同此心，心同此理。以力服人是霸道，權在我手裏，要怎樣就怎樣，那麼下面只有革命。我們講的是治道，政治在道之中，法律、軍事、外交一切莫非道，「道」便是一個文化理想。中庸裏講：「自誠明，謂之性；自明誠，謂之教。」「人一能之，己百之；人十能之，己千之。」「得一善，則拳拳服膺。」這是講工夫。我們每一人，或者一天，或者一月，或者一年，他們心裏總有一片光明。然而沒有這套工夫，氣候沒有成熟，這東西便過去了。若氣候成熟，則如吾十有五而志於學，三十而立，四十而不惑，到後自見影響。

孫中山先生又說，「信仰產生力量」，若我們不信這心的一念之微可以掌握歷史命運，可以開創新局面，便不見有心的力量。但信後還得用工夫，要訓練。天地生人是普通人，要我們自己訓練。訓練有積極、有消極。我們可以用消極的訓練，來達到積極的成果。因積極的比較難，孟子說：「狂者進取，狷者有所不為。」進取自不容易，自己心裏那樣想，外面不照你那樣。自己的信心先失了，要待外面風氣轉，我們也隨而轉，我們還不過是一個普通人。我們要信得自己的心，有一種力量，至少可以支配我自己，眞到可以支配自己，也就可以轉移社會。

孔子所講最大學問是「仁」，後人所謂天地萬物一體，修身、齊家、治國、平天下，也都是一仁字。怎樣能仁呢？孔子說：「我欲仁，斯仁至矣。」這話似乎很簡單。有一天這個仁心開了，但等一會又丟了。儘管人心裏有仁，然而不發生大力量。如何從我們這內心一念之際而造成出力量，這就要自己有信心。信心不能失敗，失敗了這個信心也會掉的。我們常說「勇往直前」，「失敗為成功之母」。我覺得培養信心還是不要叫他多失敗，多碰壁。顏淵向孔子問仁，孔子說：「克己復禮為仁。」顏淵又請問其目，孔子說：「非禮勿視，非禮勿聽，非禮勿言，非禮勿動。」四個「勿」字都是消極的，在佛家謂之「戒」。我們該先自立一個戒條，絕對不做。隔壁有人講話我不聽，不動心，這就是非禮勿聽。別人家的信我絕對不看，這是非禮勿視。慢慢一條條來做，看是一件小事，然可培養你心中力量。積年累月，這個人的內心力量，可以影響到別人，影響到社會。並不待外面給你一個機會，給你一番權力，主要還在「己心」，要使你的心能支配你自己。開始不要從積極方面做，因積極方面多牽連到外面，關口重重，有時闖不開，不如先從消極方面支配你自己。如那邊講話我不聽，不動心。從這樣最簡單的幾條裏。可以訓練自己，有所不為。如不說一句假話，像是普通事卻不易。司馬溫公有一學生問他怎樣做人，他說只有一個「誠」字。又問怎樣叫做誠，他說只不要講假話。這學生記住這句話，下了十年工夫，才感到這句話不容易，可是他亦就是歷史上一人物了。這工夫是自己內心工夫，不是說要我能支配我的心，乃是我的心要能支配我，若連自己都不能支配，怎樣支配人？

孔子稱讚子路，說他穿一件破棉袍可以同一個穿狐皮袍子同站一起，而泰然自若。謝上蔡說，你在家裡吃青菜湯飯，客人來了，你怕他看見，倘使是一碗雞湯，客人來，你心裏泰然，這樣人的心可說一無用處，一碗鷄湯也夠支配了你，還能擔任事業、作育人才、創造歷史嗎？孫中山先生說革命先革心。我們要革歷史的命，卻不能革自己的心，可知這是空講。佛家說戒了能定，定後能生慧。此如大學上講「知止而後定，定而後能靜，靜而後能安，安而後能慮，慮而後能得」。常人一天到晚在慮。但都是無頭考慮，儘考慮也不一定能得，得了也守不住。你先要把自己心定下來。如教小孩子讀書，儘讓他亂跑亂動怎樣讀，先要叫他安定下來，才能用此心。如何叫他安定，先應有一個戒心，這地方我不去，這件事我不做，這就是「知止」。非禮勿視，非禮勿聽，非禮勿言，非禮勿動。這個非禮就是一限。把自己限在此非禮之外，甚至取之有道而仍恐傷廉，與之有道而仍恐傷義，這就不易了。中國人教人常從他心裏教起，要教他自己能自信，而後能發揮力量。孟子所謂「浩然之氣」，是「集義」所生，每件事要義。其實也簡單，只不義的不做，義不義其實我們心裏也明白，只是這人心太脆弱，自己明白的事不一定能做。如果有一天有此覺悟，你自己明白，別人卻不知，從來的大人物都應是這樣開始。

曾文正到中年，忽一天把自己換了一個字號「滌生」，這是要拿自己全部洗滌，換一新生命。我們看他的家書家訓，一切講話，都主要在訓練心。他在軍營裏，有人時時往來報告，打了勝仗，大本營須要立刻跟前進，打了敗仗得立刻往後退。然而這一仗非可立刻見分曉，前面正在打，但在後方卻不曉得下一分鐘是什麼一回事。這時候曾文正找一朋友來下棋，好把此心暫放一旁。前面來報告，說勝利了，把棋子收了，趕快前進；說敗了，趕快後退。這是一個極好極簡單的方法，叫自己心定下來。李鴻章跟曾文正學到一件事，他每天早上必寫一頁字。並不是要做一個書法家，李鴻章也說不上是什麼大人物，可是他至少負了當時軍國大任，碰到種種艱難，早上起來他的心能什麼都不管，先寫一頁字。這是幾十年工夫，遇到寫字時候，心就定在那裏了，每一天能有這一段時間心定得，積久此心也就有力量。我們的心一刻都不定，老在那裏想，這多不好。但要定也麻煩，如學和尚打坐，不是一天能成功的，我們沒法定下心，看場電影也好，打八圈麻將也好，但這些全靠不住。一旦有事情來，麻將也打不成，電影也看不成，此心已亂，如何處事。曾文正常教人「有恒」，今天做一件事，明天還要做，後天還要做，這便是積極的了。但主要在不間斷，則仍是消極的。總之從小處訓練，便能在大處見效。任何一個人偉大成功，都在他自己有訓練。若說社會黑暗，風氣腐敗，種種都可不相干。每個人都可自下決心，在簡單的容易的事上下工夫，自己力量就會來了。若能有朋友、團體，自然風氣變，人才起，下面歷史也換個樣。此刻我們天天盼著回大陸，但自己的人沒有變，一切問題都還在那裏。還不是一樣，人變了，不怕歷史不變，一切要自發於心，要有一套自我訓練的工夫。

我們遠從五千年歷史文化傳統講到一心一念之微，我認為這個講法是把中國的聖經賢傳，和歷史配合起來講，這裏面實有一個值得我們注意的道理。

六

現場答問

一、問：過去馮友蘭謂文化並無中西之分，僅有古今之別，此種說法究竟如何？請賜指示。

答：馮友蘭先生從前在大陸上的時候，也常討論這問題，他認為歷史文化沒有東西之分，只有古今之別，西方比東方先走了一步，我們是後走了一步。這個話我很不同意。所謂先走了一步，如說科學、民主，五四運動開始就講這話。我認為現代的民主，英國與美國不同。民國開創只有五十多年，今天還是這樣艱難。倘使一天中國的民主政治很像樣了，我可想像一定與美國、英國又不同。這就是說還是有一個「民族的個性」。簡單的講，就是地理歷史背景不同，這個不同就是文化不同。將來世界文化形成為一，這是一種集眾異而成大同。並不能說是我們追上了他們。科學應該是世界性的，不應該有個別性。不能說這個是美國科學，這個是中國科學，只有十七世紀的、十八世紀的、二十世紀的、二十世紀第一個三十年的、第二個三十年的不同。可是科學要配合到社會上去，科學是一個為人用的東西，當然它是一個共同的原理，但落入到社會上，我想還可以有不同。我總希望將來我們中國要有中國人的經濟學。科學發展經濟，科學用在美國自由主義的社會，用在蘇維埃，用在我們大陸共黨集權政治的共產主義社會，同一個科學顯然有不同的作用。科學不能決定人的一切，還是要人來用科學。而且科學我們可以迎頭趕上，然而如何使用科學，自己應該有一套。我認為科學可以輔佐文化，而不是說在一個共同科學之下，就會變成一個共同文化。這是我的一個簡單想法。

二、問：錢先生謂中國歷史文化難以「正反合」解釋。即以錢先生所舉之東漢與三國而言，東漢重門閥，曹操將其打破，形成魏晉清談之風，以及南北朝之玄學。及至唐代韓愈輩之復古運動，放棄黃老，恢復儒家傳統，是否可作「合」的解釋？佛教傳至中國，儒家竭力反對，及至宋明的道學、理學，是否可作「合」的解釋？中國歷史上的科學思想以及科學製作，記載多，為何數千年來無一牛頓，無一瓦特？

答：關於第一個問題，中國文化，有一點很重要，就是中國人很看重「道德」，中國人連宇宙也都拿一個道德觀念來講，道德不能有正反。正是常，反是變，反道德與道德不能合成一個新道德。西方人講智識理論以及政治、經濟、文藝，種種都可以有正有反。中國人一切要重一個道德，這觀念貫徹在中國文化的各部門。這一點上，造成中國人的歷史。所以曹操、司馬懿，不能同兩漢合來，而成隋唐的復興。歷史的前一段，可以影響後一段，不能說唐朝恢復到兩漢，而魏晉南北朝一段一點影響都不發生，但漢唐是常，魏晉南北朝是變，變了又復常，不是綜合起來才成唐朝。

講到科學，中國人的聰明智慧，以及其思考方法，並無不合科學的地方，亦可說其對於科學方面的智慧能力，不輸於任何民族。中國人到外國去學科學的，絕對不比人家差，但為什麼在中國從來並沒有牛頓、愛因斯坦這樣的人產生？這是歷史上的問題，還是一個機緣或氣候的問題，絕不是說中國文化就是反科學，好像要提倡科學就該把中國文化放在一旁。近百年來科學在中國社會上不生根，這是現代史上的問題，不是中國文化本質上的問題。我才講到中國人很看重道德觀念，我認為中國人這個道德觀念就是最科學的。科學精神與道德精神配合在一起，這個責任應在中國人身上。

何以說道德精神與科學精神是同一的呢？因科學最重要的是實驗，講到這一步，要經過試驗，纔再講下一步。科學的偉大，是在不先造一篇全部空理論，像馬克斯的歷史觀，便不是科學的，因他預先造成一套，不注重在一步步地實驗。中國人講道德，最重要是言顧行，行顧言，少講話，多做事。他講的是眼前的，就該試驗它行得通行不通。從家裏的父母、兄弟、夫婦，到社會上的朋友，以及國家天下，一路前進，主要在能逐步實行，不實行的不算道德，經不起試驗的不算科學，這不是同一精神嗎？現代科學不在中國產生，這該從歷史上求原因，而且中國人也不能產生像西方的那套哲學。我們學西洋科學的人，常認為中國不科學；學西洋哲學的人，又認為中國沒有哲學，或哲學不到家。孔子曰：「學而時習之，不亦說乎？有朋自遠方來，不亦樂乎？人不知而不慍，不亦君子乎？」這話不叫做思想，更非哲學，卻是教訓，他只拿自己的人生經驗來同你講。你要批判他說的是非，也該去實驗，自己學而時習之，再問自己，不亦說乎？自己讀了書有學問，慢慢自然有朋友。遇到有朋友自遠方來，你再問自己，不亦樂乎？他說一句，要叫你照這一句實做，你才明白他這句的意思。不像蘇格拉底的對話集，一人問，一人答。三個人坐在這裏講話，一個人跑出去，可以換一個人來繼續問答，從此中得出結論來。把此番問答寫出，有條有理便是一篇哲學論文。中國人卻不然，孔子說：「學而時習之，不亦說乎？有朋友自遠方來，不亦樂乎？人不知而不慍，不亦君子乎？」他是一種人生經驗。年輕人只能講第一句學而時習之。年齡大一些，才有朋友自遠方來。學問到了某個境界上，才能說人不知而不慍。他像問話，卻不要你答，要你去照他講做了纔能答。孔子又說：「知我者其天乎！」要到孔子這個境界，才能講這句話。我們也要到他這境界，才能眞了解他這句話。所以中國人講道德，你看他講來很平實，但一定要腳踏實地，一步步向前，「實驗」與「思想」二者配合並進，行為進一步，思想再進一步；思想進一步，行為再進一步。因此中國哲學是把實際人生同哲學思想配合來講的。

西方人一本書就是一篇理論。但可沒有一套人生實際在內。因此中國人的這套道德教訓，實際上倒是與西方科學精神相近。科學精神之可貴，在不跨大步，思想有限制的，實驗成這一步，再進向第二步。中國人講道德，一句話一定要配上一行動。如我剛才所講，你怎樣能自信你自己這個心，你這個心怎樣可以控制自己，控制歷史，控制天地，所謂「為天地立心，為生民立命」，不是一番空理論，不是寫一篇哲學論文所能證成，不是一種邏輯或辯證法，應是他自己的內心修養經歷到某階段，他纔認為可以為天地立心，為生民立命。他有這個希望，有這個抱負。你若要問他的理論根據，他說要你

「下學上達」，一步步地去試驗，去實證。

我們不要認為西方科學就是純物質的，純功利的，而且中國人也並不是不講功利，不重物質。如果講眞正的科學，或許中國人的頭腦更合乎科學。若講宗教，好像先要信得一個最高的東西在那裏。中國人講道德，要一步步從小孩子時起，但並不要你一下便先知天命，孔子要到五十而知天命，這個知天命的境界還遠著。「知我者其天乎」！西方人的宗教，要一個小孩也信得上帝在你前面，在你心裏。因此西方的宗教和哲學，頗相近任何一個人，你有一番信仰，一番理論，源源本本，宇宙人生一切眞理全在內了。但你可相信這一套，或者相信那一套，這套與那套，卻不相融合。中國人講道德，既非法律，亦非宗教，又非哲學，但可道一風同，卻與科學眞理倒很接近，因為同是不尙空言，不跨大步，把實際和理論配合起，相輔而行。我所以說，絕非中國文化反科學，也不是科學進了中國，中國文化便非變新花樣不可。

三、問：科學之在中國未能發達，論者甚多，錢先生亦謂中國文化絕無違反科學發展之因素，但中國科學不發達究竟原因何在？個人認為西方科學萌芽之時，正當我國宋明理學最盛之時。理學講心、講性、講人格修養，教人做聖人、賢人，而忽略了人生實務。此種傾向，對於我國科學發展，有無關係？當然近數十年來中國人又太注重實務了，而忽略了道德修養。未知錢先生對此相反的兩種情形，有何感想？

答：講到宋明理學，你說理學家教人做聖賢，照現在的話講來，好像從事科學就不能做聖賢。其實牛頓、愛因斯坦，在中國來講最少也該是一個大賢人。中國的理學家中間，我們特別看重的是朱子。朱子講「格物」，「卽凡天下之物，莫不因其已知之理而益窮之，以求至乎其極」。此卽是一種科學精神，朱子講那些話還在西方近代科學發現之前。西方的現代科學，要到明代王陽明時代前後纔出現。中國並非無科學，現代西方學者卻在寫中國的科學史。中國在科學方面的成就，我試舉一個例，如講水利工程，要算中國人成就最偉大。抗戰時期有兩位美國的水利工程專家來中國，他們去看四川灌縣的水利工程。中國人請他指教，他們說他們還沒有看過這樣偉大的東西，研究都來不及，如何來指教。又如中國運河，貫通南北，不是建築在平面上，而是建築在一個橋形的地面上。諸如此類，都是中國科學上的實際成績，不過中國沒有形成現代科學這樣一個東西。這裏面我們當然要各方面來看它的原因。這是一個歷史上的問題。

今天時代變了，我想明天以後，中國的科學，只要政治上軌道，社會上軌道，絕對不會像過去一百年那樣。至於說從前是看重「心」而看輕了「物」。現在要看重「物」而又看輕了「心」，也可以說有這個現象。我們今天要把握將來，所以我們講文化，不僅是一個道德問題，還有學術問題和知識問題。不專是講思想，要有學術，有知識，這樣或許能把近代西方的新科學和中國文化舊傳統配合起來。我們有此想法，有此願望，然而一定要有大知識、大學問的人纔能起來發生影響。這確是當前我們學術界一個極大責任。

四、問：錢先生提到希望將來能有一個中國的經濟學。此一中國的經濟學，是否指不僅促成物質建設之進步，追求物質的享受，更須強調精神的重要，提高倫理道德的價值，以求人生之豐富而言？

答：我說我們要創造一個新的經濟學，仍該先研究中國已往的經濟思想史。我們要把中國歷史上的經濟思想歸納起來，成為多少條大的原理原則，此下纔有一個指示，實際運用到此下的中國社會以及推廣到將來的世界上去。

中國人做學問，一向喜歡講「通」。因此中國人向來沒有一個專門的經濟學家，也沒有一個專門的政治學家，也沒有一個專門哲學家或道德哲學家。而使學問太專門了，太狹小了，中國人反而看不起。中國人把經濟學和政治學配合，又要和人生最高理想配合。卽如董仲舒，這是中國一儒家，他講公羊春秋，幫漢武帝復古興化。他有一套經濟思想，當然在那時社會上也正發生了很大的經濟問題，他主張經濟不能絕對平等，仍然有富有貧，只是貧的要有一個限度，要使他能有一個安樂的生活。一簞食，一瓢飲，在陋巷，也可以有樂，若把這個生活再降下去，他就不得其生。富也該有一限度，不要因富而妨礙了他的眞人生。其實孔子也就講過「貧而樂，富而好禮」，貧的能有樂，富的能好禮，不能超過此界限。這樣的經濟理論還是拿人生哲學卽道德做一個最高對象。

西方學者講經濟，如原富這本書，這是在英國那時的社會，英國是一個島國，他主張「以我所有，易我所無」，不必怕我們東西出口去人家東西進口來會妨礙著我們，所以他主張一套「自由經濟」的思想，但這個自由主義的思想，只是純粹站在經濟立場上來講的。過了沒有多少年，關稅政策、新經濟政策都起來了，不一定要到馬克斯纔來推翻此種自由經濟的理論，總之他們是站在純經濟的立場來講經濟，所以經濟學家講經濟學家的話，政治學家講政治學家的話，科學家講科學家的話。但如何把各家各套理論來配合整個人生，卻出了問題。

中國人一向認為人生有一個大道，一切學問要配合在這個大道之下。現在的大學教育，仍是各走專門的路，如何能有一個辦法，來保留中國人這一個「大道」觀念在學者的心裏，這是將來學術界一個重大使命。剛才我講文化，講歷史，主要在講人物。人物之造就，一定要有一種學術來培養。這不是講思想，「思想」二字是空的，一個年輕無知識的人，他也有一套思想。我們主要應有「學術」，經過大學教育，和研究院的各項專門訓練，才能成就一個人才。而在這學術中間，如何能使「專」與「通」配合。這是一大問題。如我們要來研究中國歷代經濟思想史，從孔子、孟子、荀子、莊子、老子，一路下來都不是純粹的經濟學家，然後研究到董仲舒，研究到歷史上各代，這一個寫中國經濟思想史的人，他的學問先就不該只局限於經濟範圍以內，纔能勝任而愉快。我們要從這樣的學問裏，慢慢一門一門，從中國已往的各方面去鑽，可能中國人一向主張的「通」的路，也慢慢找出來了。

現在中國人只學西方的已太費工夫，沒有人能切實拿西方的學說與方法來發揚中國的舊東西。我希望中國有新的經濟學，第一個步驟就應該著重在研究中國新的經濟史。譬如講中國政治、中國經濟、中國社會、中國歷史上自有一套，西方人要了解，自然到中國來留學。我們到美國去留學是求了解美國，到歐洲去留學是求了解歐洲，現在他們講中國只是似是而非，仍然是他們的那一套。我們也跟他們講，回頭來批評自己，那就非拿中國社會徹底改造過，否則西方東西也就跑不進來。所以諸位要知道，我們要講中國文化中國前途，最重要的還是要辦幾個像樣的大學，在這裏面栽培出新的學術，新的人才。

講到這裏，我剛才已說過，主要在我們有此一「信心」，然後纔有堅強的力量，十年、二十年、一輩子，而又一代、兩代、三代繼續幹下去。有了這種精神，我們的國家社會才會有辦法。否則今天外國有一個新東西，我們趕快學；第二天人家換了一個，我們又趕快去學。但不知他們也是根據他們的社會以及他們當前種種問題而產生出這一個新東西來的。所以你講西方的經濟思想，也要配合上西方的整個歷史來講。倘使中國人在這方面不能獨立起來，自己的一切保留不住，人家的一切走不進來，到後還是一悲劇。至少我們要了解，要講中國的歷史，並不是專講二十五史那些陳舊的；也不是空講一中國文化，我剛才提到創造一個新的經濟學，也不過舉此一例而已。

（一九六五年七月國防研究院演講，刊載於一九六六年九月國防研究院中西文化論文集，一九六七年十月東西文化月刊四期轉載。）

二　中國文化之成長與發展

一　前言

我先講「文化」二字之涵義。普通說，文化即是人生，但應該說明是大羣的人生，不是個別分開的人生。個人人生不算文化，應指一個大羣集體的人生才是文化。但大羣集體人生與文化兩語之間，還有意義不同。因此我們該說文化是大羣集體人生的種種方式或式樣。譬如吃飯穿衣，房屋建築，都是一種生活方式，而各個大羣集體此種生活方式各不同，這才叫文化。可是這個講法仍覺不妥。因生活方式僅是一個現象，形而下的表現在外。我們要講到生活之內部，即是形而上的一個體。中國人講體用、體相，人生表現在外的只是一個「用」和「相」，深求其裏面，還有一個「體」。那麼我們講文化，該說是一個大羣集體人生之總體相，把形上、形下都包在內。如衣食住行，風俗習慣，信仰理想，藝術文學，一切生活都包括了，始是一個大羣集體人生的總體相。如是來講「文化」二字的意義，比較恰切。

然而我此刻還感覺如此講法仍有不妥當處。因為我們人類的觀念，譬如說文化，似乎人人易知，但要引用一句話來解說，往往很困難。即如我們講人生，豈不簡單，但要用另外一句話來解說此「人生」二字便不容易。現在我要再想一個講法。如說人生方式，那是一個平面的，說人生之總體相，似是近乎立體的，然而人生在空間之外還該加進時間。文化不是限在當下的，它上有來處，下有去處，只說「總體相」三字仍嫌不夠明白。因此我說文化該是大羣集體人生的一個共業。是由大羣人集體共同來造的一個業。這個業，不只從人造，是從人再造，基本上的精神是這樣。我想這樣講法，對於文化二字更合適。這個「業」字，用佛家意思講更清楚。業是一番事，這番事，不限在平面當前的，而是推上去，推下去，有因有果，有一種傳統性的歷史在內，這是人類一個共同的作業。這種作業，不僅表現在外面，而有其一種內在的精神性。這個業，不僅由它造出，乃是前有所承，由它再造。而這個業又是永不終止，復有此後的不斷再造。因此「業」字之涵義，就深富有時間性，深富有精神性。我此刻講得更明顯一些，應該說「文化是人類大羣集體人生中之一種精神共業」。我此刻只講到這裏，是否如此講法還有毛病，還不夠恰切，留待此下再探討。

既說文化是人們一種精神共業，有其傳統性，因此也可說文化有生命性。此種生命和我們人的生命有不同。順著這條路來講，文化生命就可分作兩個過程：一是其「成長」，一是其「發展」。如說一個人，從嬰孩到青年成人，他的身體智慧，一切都在一個成長時期。中年以後，就是他生命的發展時期。又如一棵樹，有根、有幹，這是它生命的成長。有枝、有葉、開花、結果，這是它生命的發展。現在我只依照講題來講中國文化之成長與發展，我再用佛家名字來講，各個羣體人生，都有它們的相同處，這是文化的「共相」。然而各個羣體人生亦有它們的互異不同處，這是文化的「別相」。所謂各個羣體人生之不同，也可說是一種民族性的不同。由於民族性之不同而產生了文化之別相。今天講的，是中國文化之成長與發展。將不重在講我們文化的個別精神，與其特有內容，而是只講我們文化演進的經過，等於是講一段歷史。

上面講到由於民族性不同而文化有其異相，也可說因有了民族才始有各別的文化。那麼我們當問這個民族性由何而來，因何而與其他民族有不同？為何中國人與印度人，或歐洲人，在其性格上有相異有不同？簡單說，因各大羣各集體的自然環境不同。所謂自然環境應可分三方面說：一是天，一是地，一是物。人也是萬物中一物。天最重要者指氣候。地最重要者是土壤與交通。物則由氣候土壤配合而產生。因為氣候、物產、交通情況之不同，慢慢兒影響到住在那裏的人之性格上的不同。這地的人和那地的人性格上有不同，生活上有不同，而各自形成為民族，因此也有其民族性。

中國民族，起源是在一個溫帶的大平原上。當然黃河流域也有山脈區分，可是大體上講，這地和那地易可相通，等於一大平原。世界上有低濕地、有草原地、有沙漠地、有小塊平地，而我們則是一大平原，又在溫帶，適宜於農業耕稼。這些條件，可謂得天獨厚。古代文化發源有埃及，有巴比侖，有印度與中國，稱古代四大文化。埃及、巴比侖地面太小，印度恒河流域較大，又是氣候不好，要找一個農業地區，在溫帶，而又是一個大地面，則只有中國。中國人既是得天獨厚，因此中國的民族性和其產生出來的文化，自然會與眾不同。

二 中國文化之成長

繼此講中華文化之「成長」與「發展」。此兩個階段，從中國歷史上講，究該於何處劃分，以前尚未有人仔細討論過，我此刻只粗陳己見。

遠從上古神農、黃帝、堯、舜，下及夏、商、周三代，禹、湯、文、武而至周公，當已有兩千年的時間。周公以後四百多年而到孔子，這已到了春秋時期。我說這一時期中華文化生長，而且已經成熟了。西周初年，由周公的經營，中國是一個大一統的國家了。後人常說秦始皇統一中國，亦不錯。但秦始皇時乃是一個郡縣制的統一，而西周則是一個封建制的統一。

「統一」的觀念，西方似乎沒有，他們只重征服，不重統一。這兩者間有不同。如封建，在我們是一種「政治制度」，英文裡的 Feudalism，那是一種「社會形態」，兩者間又有分別。羅馬帝國以羅馬人為中心，他們征服了意大利半島，又征服了地中海沿岸，進而征服到法蘭西、英吉利，這才形成了一個帝國。不能說那時的羅馬人、法國人、英國人、埃及人、希臘人是統一了。猶如不能說今天香港的中國人和英國人統一了。那只是被征服，被統治。西周時代的統一政府，就是周王室，以周天子為領袖，分封諸侯，天下統一。一個民族國家之創立，這是中國文化裏面所表現的一點。在今天世界上，一個民族可以不只成立一個國家，一個國家可以包容不只一個民族。而中國文化到了周公，那時民族文化國家的規模，即是其文化之外面建築已經完成。後來只是變些花樣，如由封建變為郡縣，天子變為皇帝，諸侯變為地方行政首長等。然而在此民族大一統的政治組織裏面，還得充實其內容，來講一套教育，講一套理想，這就有待於孔子。

我請問諸位，經過周公、孔子到現在，有沒有歷史上人物能超出於周公，孔子之上的？但從另一面講，卻不是周公與孔子來創造了中華文化，實乃是由中華文化來產生了周公與孔子。周公、孔子是我們中華文化中所陶鑄出來的人物，是由以前兩千多年的文化積累文化陶冶而產生。周公與孔子，只能算是我們中華文化的代表人，或說是兩個最高的代表人，卻不能說中華文化創造於周公與孔子。這個觀念，諸位要很清楚的辨明。

今天反對中華文化的人，隨便說要「打倒孔家店」，他們不曉得中華文化不是由孔子所創造。孔子以前早有中華文化，而陶冶出孔子。孔家店卽是中華文化的產品。此刻要來提倡新文化，認為有了孔子造成了今天的中國，今天有了我，便造成出明天的中國。我早在前面講過，文化是大羣共業，不是一個一個人的，你打倒我，我打倒你，所能隨意創造。

若我們把孔子、釋迦牟尼、耶穌、穆罕默德四人來說，直到今天，還說他們是世界上的四大聖人。因為他們的教可以普及到很大一片的人，超出於政治、學術之上的。這四個人中，孔子是最先第一人，釋迦牟尼略遲些，耶穌要到漢代才出世，穆罕默德比耶穌又遲一步。孔子到現在已經超過二千五百年，耶穌到現在還不到兩千年。但若那時，孔子生在印度恒河流域，試問能成為孔子嗎？又如生在耶路撒冷和阿拉伯沙漠一帶，試問能成為孔子嗎？我想穆罕默德、耶穌、釋迦，倘使他們生在中國春秋時代，或者生在中國漢代，也不可能成為穆罕默德、耶穌和釋迦。耶穌的一套，若在中國漢代，決不會如此講。釋迦牟尼的一套，若在中國春秋時代，也決不會如此講。

諸位當知世界上每一最偉大的人，都是由羣眾中產生，都是由文化陶冶而來，決不是他們能脫離文化傳統憑空來創造出一套文化的。所以我認為要講中國文化的生長，應從古代史講起，講到周公、孔子為止。至於周公、孔子以後到今天，又是兩千多年，這已要講到中國文化的發展史上去了。我們單拿這一點來講，中國文化在客觀條件上，是夠偉大的。到了釋迦牟尼降生、耶穌降生，那時中國文化早已完成，而像埃及、巴比侖等地的文化到那時也早已消失了。

中國文化理想一向兼顧到兩方面，一是「政治」，一是「教化」，這就很特別。釋迦牟尼、耶穌都不講政治，穆罕默德右手一把刀，左手一本可蘭經，乃主以武力傳教，也不是在講政治。他們最多是一偏之見，所以成其為宗教，而造成了後來西方歷史上的政教鬥爭。我們看一部西洋史，他們的政、教鬥爭極激烈。大家都知，不用詳說。到今天，他們是信教自由了，不用再鬥爭，雙方都放開一步，說你可以自由，然而雙方各自分開，誰也管不到誰。我們中國呢？只講看得見的，便很簡單。政治、教化雙方協力，同舟共濟。如上面所講堯、舜、禹、湯、文、武、周公，他們都是一個政治人物，而都帶有教化性的意義在裏面。到周公身上，此層特別顯明，他是一個大政治家而極重視教育的。從堯、舜、禹、湯、文、武到周公，中國在政治上的成長，可說已是極偉大，已經變成了一個「統一」的天下了，文化一統，政治一統。從周公到孔子，然後產出了中國第一個教化上的聖人，成為人類歷史上最早而又最偉大的一個教育家，但同時亦極重視政治。所以周公、孔子就其各自偏重處講，則分別代表了政治、教育兩方面，而成為兩個大聖人。我們從歷史上講來，中國文化乃是從政治慢慢生長到教育的。單就這一點，孔子便和釋迦、耶穌、穆罕默德不同。這乃是各方民族不同歷史不同，所以文化不同，而產生出的人物也不同。

說到這裏，若使我們今天要來完全接受佛教或耶穌教或回教，那就相當困難，這因文化是一種精神共業，從前印度人、猶太人、阿拉伯人都沒有在精神上和中國人合作，各自走各的路，大家碰不上。一天要捨己從人就極難。今天的世界，還沒有一番世界人類的精神共業。今天我們不長進，不用說。即使是我們此刻所崇拜的英國人、美國人，他們也沒有為世界人類著想過。今天的世界，還沒有一番人類的精神共業，因此也沒有一個世界文化，這事要待將來慢慢兒來。

在中國歷史傳統裏，則顯是有了周公，而後有孔子，乃是由政治而發展到教育。我們可否如此說，中國文化是先有了一番實際行為，而後配合上思想的呢？這顯然有些不妥。因周公並非沒有思想，孔子並非沒有行事。大體上講，我們下面歷史的發展，卻往往是思想在先，行動在後。孔子的地位，漸漸超過了周公，所以孔門學者早說孔子賢於堯舜，那亦是中國傳統文化裏面值得注意研討的一項觀念。

以上說到孔子，孔子以後三百年間，就是從春秋末年到秦代統一這段時期，專就學術思想方面講，專就教育方面講，有了孔子，就有墨子、孟子、荀子、莊子、老子，諸子百家都來了。這眞是一段思想極為發展的時期。但諸子百家中，尤其是儒、墨、道三大派中，有一點是他們互相會通合一的，孔子、墨子、孟子、荀子、莊子、老子，他們的思想對象都是全人類的，把全體人類作為他們思想的對象，那又是極夠偉大的。可以說世界上沒有第二個民族產生的文化中間的大理想是以整個世界、整個人類為對象的。諸位看孔子、墨子、老子的書，是不是這樣呢？因此中國歷史上的實際情形，並非是後來秦始皇出來統一了六國，實是當時三百年來的學術思想先已統一了中國民族的大理想，構成了一個大一統的心理期待。秦始皇碰到這個機會，先由軍事統一，但共只二十多年，就有漢高祖以平民為天子之新局面出現，這可說是學術思想發展在前，而政治發展在後。

我們現在誤認為戰國時代最像樣，當時諸子百家自由講學有似古希臘，待秦代統一，中國的黃金時代便完了。所以這幾十年來講中國歷史，都把秦以前劃為一個段落，總說先秦是如何，而秦以後便棄而不論，認為專制政治建立，以下便沒有可講了。但秦漢政治也有來源，難道是秦始皇、漢武帝一人想出，一人定下？我告訴諸位，天下並沒有這樣一個人。我先講過：孔子生到恒河流域去，便不成其為今天的孔子。耶穌生到中國來，也將不成其為今天的耶穌。秦始皇、漢武帝生到希臘，能成為秦始皇、漢武帝嗎？亞力山大生到中國來，也定不是歷史上那個亞力山大。拿破崙生到中國，也定不就是這個拿破崙，清康熙生到歐洲，也不便是一個清康熙。我們此刻談文化，把個人看得太重。文化是人的共業，文化在我們各個人身上，幾千年的傳統，陶冶出我們每一個人。但卻不能把每一人高抬到文化傳統之上面去。

三 中國文化的第一度發展

到了漢代，國家規模比周更大。周代主要只在黃河流域，秦、漢版圖同現代差不多，一個統一的大民族，創建了一個統一的大國家。中國古人文化理想，到漢代可說是十分之八完成了。譬如一所房子已經蓋好，裏面添一張桌子，加上一幅畫，那是小事情。即便是在這房那邊再蓋一房，也都是小事情。所以我認為漢代四百年是中國文化的發展期。不僅是孔子儒家，老子道家他們的思想都擺出來，擺到社會人生的實際方面來，更其是漢代這樣一個大一統，教育、政治合一，已奠下了一大體。

此刻我得提出關於文化上的一大問題。任何一種文化，必有其內在的一個理想，亦可說是文化精神。我們從堯、舜、禹、湯、文、武、周公、孔子一路下來，早有一番理想。其實任何一個國家都有它一套，英國有英國的一套，美國有美國的一套。現在我們國家自己有問題，卻要去學美國、英國，那眞談何容易。英國是自由世界中最先第一個承認中共政權的。美國在國內講民主，在國外只希望和平。今天的美國人，還是再三聲明要和大陸中共和平相處，不要有戰爭，這都由他們文化傳統下演變而來。此刻不講這些，此刻所要特別提起的，乃是文化各有一個理想，文化不斷發展，便會漸成一個定型。大學上說：「古之欲明明德於天下者，先治其國；欲治其國者，先齊其家；欲齊其家者，先修其身……身修而后家齊，家齊而后國治，國治而后天下平。」這是中國的文化理想，理想發展到有一個定型，那就是到了一個止境。如我們人的生命有生、老、病、死，文化也是一個生命，是不是也有一定的生、老、病、死呢？這是我們今天講文化的一個大問題。

西方人對此問題都抱悲觀主義，希臘完了有羅馬，羅馬完了有現代西歐。即就西歐講，葡萄牙、西班牙完了，意大利、荷蘭完了。今天的大英帝國還不是完了，最近英國人要把東方駐軍全部撤退，這就表示他的帝國美夢是覺醒了。但今問英國人除卻其一番帝國美夢之外還有一番更高遠的理想嗎？英國如此，法國亦然。西方人對文化生命抱持一番消極、悲觀的論調，是有理由的。可是要知文化有共相，有別相，中國文化是不是也該死亡了？照西方人講，中國文化早死亡了，他們不認為有四千年傳統不斷發展的一種文化之存在。在此中間，又有各種講法。有的說中國文化到唐朝早死亡了，有的說到漢代早死亡了，有的說戰國以下中國文化早死亡了。但他們都只是憑空講，他們並不懂得中國史。而今天的中國人，則大部認為西方人講的話必然對。文化發展有一個定型，我也承認。待發展到某一時期，它要斷滅，要沒落，那個問題卻值得討論。文化是不是能重生，是不是能復興？他們很悲觀，對此問題，我們此刻不深入討論，且繼續講我們的歷史，可為討論此問題作參考。

四 中國文化的第二度發展

到了東漢末年，中國文化確像已到達一定型。下面經過三國、兩晉五胡、南北朝，將近六百年的長時期。這中間，在中國歷史上發生了兩個大變化。一是異民族跑進中國來，所謂五胡亂華，乃至北朝都是。但我們且問，我們從神農、黄帝以來就是這樣一個中華民族嗎？這不是的。在中國這樣的大地面上，本有很多民族存在。我們這個中華民族，乃是由中華文化所導致而完成。中華文化最偉大的一點，就是它能陶鑄出一個大民族，而由此民族來創建出一個大國家。到了漢代，那國家便幾乎已成為天下。所以説，中國文化到此時，已發展到一定型了。但到東漢末年，就有許多新的異民族跑進中國，血統不同，自然環境不同，文化傳統不同，許多異民族跑進中國，這是當時中國一大變動。第二個變動，是有一個新的信仰，由一個異文化異民族所產生的一種宗教跑進中國來，這就是佛教。

這兩個變動，諸位要知，並不比今天和西方之接觸和衝突來得小。這不僅是大批異血統的異民族跑進中國，而且一個人生最高信仰，中國人擺棄傳統來信仰了印度人的信仰，這是一個極大問題。然而慢慢地經過六百年，隋唐繼起，政治再統一，這些異民族又都融化變成了中國人，都在中國社會裏經中國文化之陶鑄而融化了。而佛教新信仰，也慢慢地變了，也漸漸融化成為中國文化中的一部分。這是說佛教信仰和佛教理論的自身變了。中國文化傳統跑進佛教裏面而成為一套中國的新佛教。我們說文化是人生一總體相，此刻是此一總體相中新添了一些新花樣，而與其原有體相則無損害而有補益。此層該特別提出來多講幾句話，當然也不能詳細講，只簡單講幾點重要的。

第一、是佛教進中國，而當時中國人仍能保持原有文化中的政治體制和政治組織。北朝雖由異族統治，而政治大體系則仍是中國的。

第二、是家庭、家族傳統，當時也保留住。佛法第一要叫人出家，但中國人信佛，還保留著大家庭。當時南北均有大門第，由門第跑進政府，政府也把門第作骨幹。大門第裏面還保留著中國文化傳統精神，當然已打了折扣，可是這政治體系與門第傳統保留著，至少當時中國人腦筋裏，雖是信佛教，而對佛教也打了折扣。接受了那一部份，還保留著這一部份。

第三、佛教教義經中國一般高僧們融化轉變，今天我們稱之為「中國佛教」，表示其和原來印度傳來的佛教有不同。尤其最偉大的一點，是並沒有像西洋歷史上的宗教革命，從舊教變出一個新教來，到處衝突，紛亂鬥爭，而中國則沒有。一般社會不知道，只認為佛教還是佛教，和尚還是和尚，而實際已大變。

這個變，特別是在中國僧人所自創的三宗裏面表現著。佛下分派稱「宗」，今天我們合來稱宗教。但從佛教言，教與宗是分別的。在印度，教下本已分宗，到了中國隋唐之際，又由中國僧人自創新宗，一是天台宗，一是華嚴宗，一是禪宗。我們稱之為中國的佛教，即佛教的「中國化」。本來佛教來中國，主要是中國人自己發願去尋找來的。中國自有了佛教，從道安、慧遠一路下來，發生大力量的高僧也都是中國人。而且這些高僧往往避居山林，由你向他去求，不是由他向你來傳。中國古禮所謂「有來學無往教」，中國高僧們依然有此風格。印度高僧來的也有，但不多，而且也純是私人性質的，其背後並沒有銀行經濟和軍隊武力作護法，而且也沒有教會組織作後盾。同時西域僧人來的比較多。西域自漢代以來雖與中國相通，但多是小國，國際關係上，長時期是中國的藩屬，但在他們來一僧人，中國人卻尊奉之為大師。即此一點，可見中國人的心胸開濶，純是一種宗教信仰，更沒有絲毫世俗富強觀念夾雜著。在如此的情況下，佛教來中國後，有中國僧人自創新宗，那是不足為奇的。在先，中國僧人努力是翻譯印度經典，加以闡釋。所謂新創三宗，也各自依據佛教經典中之某一部經典來發揮。天台宗所依的是一部法華經，華嚴宗所依的是一部華嚴經，禪宗開始是依據一部楞伽經，後來依的是一部金剛經。現在此四部經典依然存在，我們只要把來和此三宗高僧們所闡發的教義作一對比，自知其間已有不同，確是有了變化。雖說依然是佛教，但其中已有一番新信仰，也可說在佛教信仰中已然翻出了新花樣。他們已是講出了中國人傳統的，和中國文化相協調相融和。

原來佛教主要精神是「出世」的，講輪廻，講涅槃。中國人新創的三宗，則是轉向「入世」，把入世出世融而為一。如天台宗講「一心三觀」，即空、即有、即中，三個看法，融在一心，那麼入世出世自不必嚴加分別。又如華嚴宗講「四法界」，一是理法界，一是事法界，一是理事無礙法界，一是事事無礙法界。天台從內心講，華嚴從外界講，同時一種大融合，同是把入世精神與出世精神相調和。

再講到禪宗。「不立文字，直指本心」，經典也只是文字。中國僧人幾百年來，花盡心血，把印度經典逐一翻出，此刻卻說可以一個字也不要。本心是各人自在自有，單憑此心一悟，可以不由階梯，徑超直入，卽身成佛，立地成佛。而且又說煩惱卽是菩提，佛卽眾生，眾生卽佛。他們自稱是教外別傳，教中只有佛菩薩，他們卻有祖師，而且有些祖師們還保留著俗姓，如馬祖就是姓馬，大珠和尚本是姓朱，別人為他加一稱號為「大珠」。這可以說禪宗是佛教中一大革命，因有禪宗，更顯見其是中國的佛教了。

現在我們再講天台、華嚴兩宗在佛教裏的貢獻，除把佛教出世精神轉回到入世，和中國自有的人文本位的傳統文化相協調外，更有一點重要的，是他們兩宗能把佛教統體組織化。本來釋迦牟尼講了些什麼，印度人不看重歷史，並不太理會。佛教教義愈演愈複雜，照例都說是釋迦牟尼所講。但所講內容不同，究竟是那個對？中國人好學心重，把印度佛經有一部翻一部，但也有選擇。小乘經典翻得少，大乘經典幾乎全翻了。後來天台、華嚴兩宗又把各種講法加以會通組織，這個工作，在當時喚做「判教」。他們把一切經典中教義全歸到釋迦牟尼身上，卻把來分作幾個時期，為各別的對象而說法。說釋迦牟尼開始講的是某些經，後來講是某些經，最後講某些經。天台宗說是法華經，華嚴宗說是華嚴經，雖說法不同，但他們把印度一切經典許多相反的、旁出的、錯亂的全會通起來而加以組織化，由先到後，由淺入深，相反相成，無不條貫。這一種智慧力量，可稱偉大已極。現在我們只說中國人思想沒有組織力，即就天台華嚴兩宗幾位高僧對佛學所下的判教工夫，即可為此辨誣。

西方人講的組織，似乎注重在自己一家之內，如康德就是康德，黑格爾就是黑格爾，馬克斯當然就是馬克斯。他們的思想當然有組織，但組織得愈嚴密，愈圓滿，排外氣氛卻愈濃愈深，外面別人的話加不進去，只有再來一派。

中國人著書立說，像是無組織，但中國人注重一「通」字，會通、旁通、圓通，儒家從孔子到孟子、荀子，到此後都把來會通組織起來。道家亦然。佛家的天台、華嚴兩宗，在龐大複雜的佛教教義方面，可說他們所做的會通組織工夫貢獻太大了。佛教在印度終於要傳不下去，為什麼呢？說法愈多，莫衷一是，理論紛歧，不成系統，到後來自會慢慢地消沉下去。能組織，有系統，又要相互會通，不專在小圈子中求。中國人愛講「道一風同」，是要一個大組織。儒、道、佛三教各有組織，卻要來三教合一，三教會通，那是中國人想法。至於禪宗，卻說許多經典許多理論都不要了，簡單扼要，只須一個字一句話，甚至可以不要一個字一句話，而一切都通了。這是顯然相反的兩面。天台、華嚴把全部佛經，凡是中國人翻過來的，都組織成一個系統，都會通了。禪宗不要組織，只單提一個字一句話，作為一個簡單中心，一切可以由中心通去。因此天台、華嚴之所長，在能會通、能組織。禪宗之所長，則在能簡單扼要。後來禪宗盛行，又走到禪、淨合一的路上去。淨土宗注重念佛號，只要念一聲「南無阿彌陀佛」，把此心集中在這上，能畢生只念此六字，到臨死也只念此南無阿彌陀佛六字。連禪宗所參種種話頭也不要了，豈不更是簡單扼要。你要問：何以念此六字，便能升西天，證佛果？他們自有種種講法，叫你念這佛號六字，則只是一個簡單扼要人人易行的方法而已。

我此所說，並不是要來提倡佛教，更不是要在佛教中來提倡禪宗與淨土。我只在指出，中國僧人把印度佛教傳進中國，而又使其中國化，成為中國傳統文化中一新枝，此一番歷史經過極重要，值得我們注意。其次是從此指出當時中國僧人智慧力量組織會通與簡單扼要之兩方面，使其表現出如此絕大成績來。因此在隋唐時代，可說又是中國文化的第二度發展。在上面，唐太宗、魏徵、房玄齡、杜如晦，與唐諸賢重新組織了一個新政府，又完成了中國的統一。異民族進入到中國的，全同化為中國人。在下面，一輩佛教高僧們又把印度佛教融化，變成為中國化的佛教，變成為中國文化一新枝。此兩事皆值我們重視，並可具體證明中國民族和中國文化之偉大。我們講到這裡，又該提出文化研究上第二個重要的問題。第一個重要問題，是講文化是有生命的，是不是定像人的生命般有其生、老、病、死之必然過程。現在我們指出中國文化從兩漢下到隋唐，又獲新生，不像西方從希臘到羅馬，從羅馬到現代西歐，又由現代西歐轉到美國和蘇維埃，而西歐英法諸邦慢慢地垮下臺去。但在此，我只指出此事實，不再進一步作詳細的討論。

此刻所要講的，文化既是一生命，此生命又是很微妙，寄託此生命的應該有一構造，有一體系。換言之，我們說文化應是一機體，如人身般，有眼睛、有耳朵、有鼻舌、有手腳、有心臟、有胃腸、有肝腎、脾肺，各方面配合起來，成為一個生命的機體，在此機體上來表現我們的生命。上面我們講文化是人生總體相，分言之，構成此文化的也有許多體配合，如宗教、教育、政治、文學、藝術等，而政治方面又要加上軍事、法律等，這一文化體系是由各方面配合而成。中庸上說：「致廣大而盡精微」，文化體系應該能「致廣大」，應該無所不包。而在此致廣大之內裏，還要「盡精微」，在看不見的地方，該有一個最高中心之存在。人的一身，眼、鼻、耳、舌、胸腹五臟是致廣大的。眼睛能看，耳朵能聽，而且愈看愈遠，愈聽愈遠。肚子吃東西，什麽都可吃。這是人身的廣大，而中間這一個生命則是極精微的。文化體系也如此。中庸又說：「極高明而道中庸」，文化理論講來「極高明」，但太過高明了別人不懂，不能成共業，故又要「道中庸」。人人能知，人人能行，文化共業才可久可大。西方人講文化，多從其別相方面來看。西歐人、印度人、中國人、非洲人，他們到處都看，見聞廣。他們知道人類文化種種的「別相」，即在此種種相上而稱之曰「文化」。但中國人看法，定要在別相之上求得一「共相」，求得其更高精微之所在，而又要使大家人人能知能行，這才是世界人類文化的遠景。

換言之，文化該在一大體系中求配合，但西方不然。如你看馬克斯書便不易，看黑格爾更難。看到康德，能懂的人更少。他只自成一套哲學，若要把此一套哲學推到別處，便易出毛病。黑格爾比較只講哲學，已出了毛病，他把他的哲學講到日耳曼民族之最高無上，便出毛病了。馬克斯更不得了，他講歷史社會，講經濟，講政治，驟看是哲學而平實化了，所以一下子風行全世界，然而真實推行起來，便出大毛病。毛病出在不顧到文化大體系，而儘在某一觀點上來推概，違反人性，遺禍無窮。中國人則在兼顧各方面而求其通，所講極廣大，而有其精微之所在；所講極高明，而有其中庸之所在。要懂得一整個的大體系，而能來組織化，能來簡單化。主要在求通，通了便不爭。若使整個文化中之各體系總是相反相爭，這對那不對，如何完成一整體？若要專仗一部份來推概其他部份，吞滅其他部份，更不行。

說到此處，唐代文化復興，在此裏面仍不免有毛病。

第一、唐代融化異民族使他們全變成中國人，其中有政治家、文學家、藝術家、軍事家，這樣成績固不易，然而裏面還剩下許多渣滓，融化未盡。唐代極多番兵番將，如安祿山、史思明，那些都是渣滓，掌握軍權，怎會不出事情？唐代的中國人，心胸是大了，認為外國人都可變中國人，一視同仁，不加提防，就出了問題。安史之亂以後，唐代的藩鎮節度使帶兵在邊疆，十個中至少有八個是外國人。平安史之亂的，如郭子儀是中國人，李光弼便是外國人。李郭並稱，李光弼是融化成為一個像樣的中國人了。但安祿山、史思明便不然，沒有融化，成為渣滓。以後一路下去，唐代兵權都在番將手裡。由藩鎮轉變到五代。五代中五個開國的，三個是外國人，都是在中國文化中沒有融化的渣滓。這樣便使這文化機體出了毛病。

第二、佛教雖說是中國化了，在原來佛教中已有了配合中國文化的新信仰，然而同樣是融化未盡，佛教信仰並未和我們的修身、齊家、治國、平天下一套人文理想的文化大傳統相配合。他們握有思想上的最後支配權，不論皇帝宰相大臣，一切知識分子乃及社會平民，會常到和尚寺去聽和尚們講佛法，講一套最高的真理。但真要治國平天下，還要靠中國自己這一套，佛教南無阿彌陀佛，不能打黃巢，不能打藩鎮。當時佛教在中國，是思想的領導。周公孔子只落在較低一級的地位上，從皇帝起到平民小百姓為止，都信佛教。佛教進行到幾乎全國化了，大家能聽得懂，隨便在街頭巷尾都有人講禪宗的道理，又簡單，又扼要，大家都喜歡聽。可是，在中國文化體系中可以容納一佛教，而佛教到底不能來做中國文化的中心，所以唐代終於垮臺而為五代。五代時有一個大和尚，他卻在和尚寺裏勸和尚們讀韓昌黎集，韓昌黎是唐代一個最反對佛教的人，到底佛教僧徒們覺悟了，若不講治國平天下，政府和社會都不上軌道，和尚們也不得安。這樣一轉，纔轉出下面的宋朝。

我們把歷史來講，中國唐代末期，比東漢末期更壞更可怕，只有兩種人最占勢力，一是和尚，一是兵。然而西方羅馬垮了，再沒有羅馬。中國漢代唐代下面依然還有中國，這又是大值我們注意的。所以我說漢代是中國文化第一次的發展，唐代是中國文化第二次的發展，下面來的是宋、元、明、清四代。

五　中國文化的第三度發展

中國文化到唐代，可說是多彩多姿，有一個最高的發展，然而也有一個最大的危機。不過沒有像羅馬帝國那樣亡了，還跑出宋朝來，把這個歷史危機重再挽轉。有幾點可以提及：

第一是宋朝人刻意要把文人地位高高的放在軍人之上。這也可說是宋代一個缺點，可是也有不得已。唐代末年軍人跋扈，驕兵悍卒，實在使國家民族受禍太深了。

第二是宋代的理學。唐代高僧們把佛學中國化。宋代的理學家再把佛學來儒家化。所以宋代理學，現在稱之為「新儒學」。他們在儒學中，融化進佛學與道家思想。在唐代，道教亦盛行。道教是模仿著佛教而來的。宋代的理學，把佛教、道教都容納進來，使它儒學化。

在理學中，也可分成兩大派：一是程朱，他們主要的在能「組織會通」，另一派是陸王，他們所長是在「簡單扼要」。我們可以說，程朱學派略等於佛教中之天台、華嚴，陸王學派略等於佛教中之禪宗。這兩條路，可說是中國人之所長，但此兩條路還要相互為用，不能只有了朱夫子，沒有陸象山；也不能只有了陸象山，沒有朱夫子。我們若再推上去說，孔子集大成，便是組織會通，而孟子則把來簡單扼要化了。自然講儒家思想有了孔子，不能沒有孟子。中國社會到了宋代，可說是純淨化了。不像唐代，有新的外國宗教，有許多異血統、異民族，宋朝都把來純化，學術領導是儒家，整個社會是中國傳統，在此一點上，宋代更與漢代相似。

然而宋代人有一大毛病，這個毛病也不是宋代人應該單獨負責的，大部責任該由唐代人負。宋太祖爬起來，遼國已經很強了，遼在前，宋在後，中國還能保留，已經了不得。燕雲十六州是唐末藩鎮送給遼國的，宋代一開始，什麼都沒有，經過了一百年，才慢慢像樣起來。從宋仁宗、英宗到神宗，中國才能像樣上步。遼國垮了來金國，把中國北部拿去。緊接下來的是蒙古，把整個中國都拿去了。可是蒙古只拿了中國的政權，在中國社會下層，中國的傳統文化還保存著，比宋代初年好得多。最重要的是書院，書院固然遠始唐代，但到宋代始盛。蒙古人統一了中國，特別在江、浙一帶，經濟並未十分破壞，講學風氣還是有。在元代，中國的理學、文學、史學、藝術、科學各方面，種種都遠超過唐末，這是宋代人的功績。因此到了明代統一，政權一拿回來，就成了中國文化的第三度大發展。明代向外發展，並不輸過漢、唐，或許更盛。以後，滿洲人跑進中國，這是明末政治腐化所招來，但清代入主，對於中國社會並沒有大破壞，明代傳下來的政治法制、學術思想還保留著。因此，我們把明清兩代合著看也可以，所以今天的中國社會，實可以說是由宋代一路下來的，與漢唐各不同。現在由我們的社會往上推，推到宋朝，是近代的中國。由宋代往上推，變化很大，這是中古和古代的中國。

這樣講了我們中國四千年的文化傳統，成長在周公、孔子，發展在漢、唐、宋、明。宋代全國沒有統一過，可是到宋代，才是中國社會的一個再純化。宋代以後和以前有一個極大不同點，宋以前人講周公、孔子，宋以後轉講孔子、孟子，把教育放在政治的上面，這是宋代的大功績。

六　西學東漸

接下來要講現代的所謂西學東漸，歐洲人的力量跑進中國來。若我們把東西歷史、年表作一對照，近代西方這許多國家，到了明代才有。西方文化來到中國，嚴格說不到兩百年，而使中國文化又碰到一個極大的新危機。從前我們碰到的，只是些異民族的武力騷擾。印度佛教，是我們中國自己去請來的。現在的西方，有他們一套整個的文化體系，遠有淵源，無可諱言。這一百多年來的雙方接觸，顯然他們是在我們之上。要拒絕，不能；要接受，也不易。今天的大問題就在這裏。

現在我們且說，為什麼我們不易接受西方文化？西方文化也是一個大體系。由四根大柱子建立起，一是希臘，一是希伯來，一是羅馬，一是現代科學。西洋人講西洋史，自然從埃及、巴比侖、希臘、羅馬一路下來，但我們不妨有另一種看法。今天的西洋人，只是羅馬帝國崩潰以後一大批蠻族。蠻族入侵，使羅馬帝國崩潰，此下便是他們的中古時期與黑暗時代。他們建立文化的第一根柱子是耶穌教，這是希伯來精神。要到他們文藝復興這時候起，今天的西方人才接受到希臘羅馬的古代文化。他們才知道這個世界在靈魂之外，還該注重肉體。此所謂「由靈返肉」。卽由教堂建造論，中古時期北方「哥德式」的教堂，都是漆黑的，把人關閉在裏面。文藝復興以後的教堂，解放得非常漂亮，在教堂裏可用眼睛望到外面去，外面光線也得進來。西方文化是先有了耶穌教，再有希臘、羅馬加進去。今天的西方文化，實是從中古時期開始，下面接上希臘、羅馬，又由他們自己發展出一番現代科學，於是突飛猛進。照這樣講，由耶穌教到希臘、羅馬，到現代科學，那是接得上的。若從希臘、羅馬接到耶穌，便不易。再由耶穌教接上現代科學，也不易。依西方歷史講，自然是要從埃及、巴比侖、希臘、羅馬下來。現代的西方人，也愛把希臘羅馬為他們生色。今天的我們，惟恐不能把古代切斷，若還要堯、舜、禹、湯、文、武、周公、孔子，似乎中國人便失去了面子！西方人則認為他們的文化源遠流長，必要追溯到埃及、巴比侖、希臘、羅馬，一路下來，但實際他們則是從中古時期倒接上去的。

我已講文化有一個大體系，西方文化則由四根大柱子建立起，但此四根大柱子並不能十分融合。希臘人講自由，羅馬人講組織，講法律、軍隊、帝國主義。在今天的西方，「組織」與「自由」這兩面永遠相衝突，一則成為個人主義，一則成為社會主義。今天的美國人崇尚個性自由，蘇維埃並不能像英國的湯恩比那樣，把它排出在西方之外，而把它推排到東方來。今天的美、蘇對立，依然是自由與組織，個人主義與社會主義之對立。「宗教」與「科學」這兩方面，也不易融合。地球繞太陽轉，還是太陽繞地球轉？是上帝造人，還是生物進化？科學一天天發明，宗教一天天退後。現在人類快到月球去，天文學知識日益擴大，天堂究在那裡？上帝躲在什麼地方？他們的文化演進由耶穌教而文藝復興，而現代科學。似乎愈往後一步步進，上面的本原卻一步步萎縮。就西歐文化史講，耶穌教是大本大源之所在，若萎縮了，對它生命有很大的危險。倘使西方人沒有了耶穌教，只講自由、組識與現代科學，這是危險的。今天的西方，已經是所謂上帝迷失了。湯恩比亦說要西方復興，第一要復興耶穌教。可是我認為西方要復興耶穌教也很困難，耶穌在當時，猶太人正給羅馬統治著，所以耶穌只講了一半，說「上帝的事由我管，凱撒的事凱撒管」，地面上的事都是羅馬皇帝的事，耶穌管不到。所以在耶穌教裏面，不見有政治、經濟、教育、文化等等問題。它是一個宗教，在此方面，和佛教有相近。耶穌釘死在十字架，就因他不能管凱撒。西歐人到了中古時期，慢慢兒讀到希臘人的書，想把希臘哲學和耶穌教拼起來，建立他們的神學。但拼來拼去拼不好。耶穌教義如何和希臘的哲學家柏拉圖、亞理士多德拼得起？神學逐漸衰落，才有近代哲學興起。從康德、黑格爾，而到馬克斯，顯然在西方思想上引起了大災禍。西方文化固然包羅萬象，極廣大，無所不有，它的力量很充實。可是從另一面講，這四根大柱子，講到最後，還有些處不能相通相和。在這四根大柱子建築起來的大屋子中間，還有裂痕，不僅像我講唐代文化到後來有些渣滓，融化未盡而已。在這情形下，西方文化不能在這四根大柱子上來結一個頂，有一個更高的結合。若說宗教，很難有一個超出耶穌的救世主出世。若論哲學，我上面已講過，西方哲學家都是自成一家言，在他一家裏面組織得太嚴密，和別一家不易相會通。

在這情形之下，西歐文化，六七百年來，從黑暗時代加上文藝復興，加上現代科學，一步步的前進，在西方社會上雖有毛病，而毛病不顯著。我們今天要把這四個大柱一起搬來，而沒有幾百年時期來逐步搬進，逐步消化，這毛病就大了。他們雖有長期的演進，還是支離破碎出了毛病，我們無端的如何能把他們的四根大柱子一起搬來？我們該有一更高結合，在他們西歐人觀念之上來一番調和，而融合為一。如講自由、講組織，都好。自由是人生大道，組織也是人生大道。合乎道，可以有自由，也可以有組織。不合乎道，不該自由，也不許有組織。這不是把兩根柱子結合起來了嗎？耶穌教來傳道，傳的是天道，上帝的道，我們講一個「天人合一」之道，不是把三根大柱也可結合為一了嗎？若把宗教與科學來講，中國人也講天，天可以說是上帝，也可說是自然。自然的後面，該有一個最高眞理，科學研究總留著有不可知的地方，不會徹底可知。在這不可知的地方，有一最高眞理。中國人講「天」，卽是包涵有那一個最高不可知之眞理在內。那麼像孔、孟、子思所講格物、致知、盡物性、知天命，科學宗教這兩根大柱由中國人觀念講，豈不也可以合而為一嗎？科學講的是物理，無生物、有生物，一切有理。整個大自然該有一最高的理，不然不會有此一個大自然。這個理是什麼？宗教家說是上帝，上帝就是一個理，這是抽象的。倘使這樣講的話，我想中國人所講的道理比較圓通，可以把西方人的道理加上一個更高的融合。若照西方人自己講法，上帝和自然這兩個名字，很難講成一塊。我們講一個「天」字，既是上帝，又是自然。西方人講自由、組織，也很難講成一塊，我們講一個「道」字，那麼只要合乎道，道並行而不相悖。組織之中也要有自由，也該發展個性，可是還該顧到大羣，有組織。家、國、天下，便都是組織。社會主義不能抹殺個人，個人主義不能抹殺社會。因此我們今天要接受西方，主要還該自己能站起。

我們今天的毛病，則要先打倒自己，再來接受西方，便倍感困難。西方人今天也正有危機，正同中國唐代一樣，唐代在極盛之後生了大危機。西方也一樣，他們發展到五十年以前，危機來了。在第一次世界大戰前後，德國人斯賓格勒寫了西方之没落一書，我們中國人極度崇拜西方，卻不肯把西方的書大量翻。崇拜西洋的人很多，卻不肯把西方的詳細講給不懂西方的中國人聽，只叫人去留學。倘使從前南北朝時代那些高僧們也說，你要做和尚，你到印度去，中國那會有佛教？如斯賓格勒所講西方之没落一書，我們也該參考。他說文化發展，集中到都市，都市經濟繁榮，到了某境地，就要產生文化崩潰。我不懂西文，又不見該書譯本，只能簡單如此講，似乎他的講法，比較馬克斯合情合理些。他是一個西方文化的悲觀論者，西方人也不易接受。馬克斯比較積極，他的講法，由奴隸社會到封建社會到工商資本主義社會而到共產社會，比較有一前途，甚至當時英國哲學家像羅素，大戲劇家像蕭伯納，都欣賞到這一講法。蕭伯納說：「一個人在三十歲以內不相信馬克斯，這個人不行了。三十歲以後還再相信馬克斯，這個人也不行了。」這幾句話的意思，想是他亦認為西方文化有了毛病，但馬克斯主義推行起來也有毛病。人在三十前應有理想，便應欣賞馬克斯，三十以後應懂得實際經驗，不應再欣賞馬克斯。然而西方出路，他自己講不出。羅素的講法，他認為將來的世界，要從島國變成大陸國，島國經濟是殖民經濟，是帝國主義的經濟，自己沒有原料，要向別人去拿，把別人的農業作基礎。他看得對，帝國主義不能再得勢下去，那麼必待自己有農業，再在農業上加上工商業，這樣的國家，世界上只可能有三個。一是美國，一是蘇維埃，其三是中國。可惜我們這五十年來把機會丟了，否則像今天美、蘇對立，我們自可舉足輕重，左右逢源。但中國急切要西化，打倒孔家店，又不請耶穌來，那麼來了馬克斯。這樣西化是簡單，可是四根大柱子只要兩根，而中國那麼的破舊大屋，又急切推不倒，拆不盡，那就百病叢生了。

現在我們要講文化復興，但又怕復古，復古是我們今天中國人最怕的。堯、舜、禹、湯、文、武、周公這個古，在現代中國人心裏，不感興趣。但像英國湯恩比要復他們中古黑暗時期的古，要復興耶教信仰，但湯恩比是外國人，我們也一樣稱重崇拜。從前有一位德國學者，還在湯恩比以前，他說：「中古時期並不黑暗，依耶穌看法，黑暗應在我們的現代。」這也是西方學者說的話。我們若肯把西方人話多翻一些來中國，也讓中國人多有些參考。依我個人愚見，我再不信下面領導世界的還是英國和法國。西方文化已分裂到別處去了，成為美、蘇對立。拿我們的主觀來講，我們的西化，是只要美國化，不要蘇維埃化，但共產主義只是資本主義一個反動，美國人在理論上沒有可以針對共產主義而加以徹底的打擊。美國人只說等著吧！只要蘇維埃科學眞進步，經濟一天天向上，也會轉向學美國。只講現實，不講理論，這不是文化前途一大危機嗎？

今天我們全盤西化的論調不提了，只講接受現代科學，這裏有一個老問題，為什麼一百年來西方現代科學不在中國生根？這一問題，依我上面講法，我認為很簡單。因文化有一個大體系，要把一件東西拿來，應對這個大體系之各方面加以調整。我們每人會問，為什麼日本人便能接受西方科學？這並不是日本人比中國人強，否則中國人為何能發展一個文化體系，而日本人並不能。其次我們也不能說中國文化根本不能接受西方科學，因日本也是中國文化，唐以後到近代，日本都受中國影響，誰也不能否認。日本人學中國，也不是一口氣學去，自唐以後逐步學，到今天，也並沒有一個完整細密的體系。在一個幾千年來的文化大體系中裝進一新東西，當然困難。因此日本接受科學反較中國簡單而輕易。還有一點更重要，一個新東西跑進社會來，總得這社會安定。日本人由藩府變成明治維新較簡單，中國由清末到民國，這一個大調整，兩千年來政治傳統上一個大變化。清代的政治，怎能同德川時代的藩府政治相比？民初的政治，急求安定已困難。論到教育，中國幾千年來的傳統，那樣的基礎與規模，日本沒有。政治、教育如此，其他可以例推。所以中國近代科學不獲急切發展，那只是歷史上的偶然，並不能說從中國文化的根本上要來拒絕科學。說中國文化與科學根本對立，決沒有這事。從滿清變成民國，從科舉變成現代教育，這是一個極大的大變，來不及安排一個科學在我們社會生根的機會。除卻軍閥割據戰禍頻仍之外，還有經濟問題。就關稅一項說，經濟命脈控制在外國人手裏，我們的經濟，永遠是孫中山先生所說的次殖民地的經濟，經濟一天天枯竭，那會便有科學發展？我們該要調整我們的經濟、政治、教育，就是這一段中的變化。而又走錯了路，認為先要打倒中國文化，小題大做，思想情緒都激起了大混亂大動搖。倘使我們保留得一個身體在這裏，吃藥補救總有辦法，現在是要斬斷舊生命另尋新生命，那就難了。直從新文化運動一路跑出今天中共的文化大革命，他們要硬出難題，硬走絕路。當知科學不能到中國，只是中國文化暫時有病，不是中國文化妨礙科學進來。若說文化有病，那麼西洋文化裏也有病。根本上今天世界任何一種文化都不能到一個絕沒有病的地步。等於我們今天的人，還沒有到達全沒有病的健康一般。我們不能否認清末到民初，中國是在一個病的狀態下掙扎。文化有病，我們該承認。不僅在那時，歷史上一路有病，已在前面講過。在這樣一個情形之下，科學來中國，碰到很多挫折，也是理有固然。從前佛教怎樣跑進中國來？中國文化是人本位的，以人文主義為中心，顯然是一個入世精神的，而佛教是一個提倡出世的。佛教與中國思想，尤其是儒家，處在一個顯相反對的地位，然而佛教能跑進中國來。至於科學，中國古人講正德，利用、厚生，講盡物性，講致知、格物，中國人有很多理論該歡迎科學，不該拒絕科學，而且中國人也自己早有科學。近代英國人李約瑟寫一本中國科學史，證實中國科學發展遠在西方科學之前。如朱子，他對地質學上的發現，便是全世界最早的一個。像這樣的例，不知有多少。尤其中國人的思想態度是接近科學的。中國人的思想，總喜跑一步講一步，言行相顧。如孫中山先生講「知難行易」，王陽明先生講「知行合一」，中國古人講「知易行難」，不管怎麼講，中國人總是將「知」「行」兩事放在一起，這便是科學精神，不憑空講玄虛話。科學家在實驗室裏，有發明，再實驗，再發明，並不是要先立一個大系統，遠遠地講出去，這和哲學不同。馬克斯自認為他的理論最科學，其實還是一套哲學。他在倫敦看見近代資本家對工人那一套，我想他只要講你要發點良心吧！賺了這許多錢，該對工人福利注意一下，這就好了。這是中國思想不走遠的講法。他要把西方哲學體系推上去，由經濟學講出剩餘價值，再推上去講唯物史觀，講階級鬥爭，講歷史命定論，愈講離題愈遠。若只講第一步，現在英國對於工人福利不是已經有改善嗎？定要從根本上講起，整個歷史是唯物的，必然的。又把社會分成幾個階段，奴隸的、封建的、資本主義的、共產主義的。言之成理，持之有故，然而實在是不科學。科學要你到一步再講一步。中國人講道德，孔、孟儒家思想，正是走一步講一步，再走一步再講一步。因此中國的大政治家，也沒有一套完整的政治理論。中國也有經濟學家，也是一步一步就現實問題上來求解決。西方先講自由經濟，理論講了一大堆，然而不行了。又來講統制經濟，也是一大堆理論，也不行了。中國人不要先來一大堆理論，幾句話就行了。這就叫「言顧行，行顧言」，這卻是科學精神。言要顧著行，行要顧著言，思想行為兩方配合像左右腳相似。科學家就是這個精神，一步一步往前。那麼中國人的整套文化精神不是有合乎科學精神嗎？只是西方近代科學是自然科學，中國人的是人文科學，在教育上、政治上、經濟上，在一切上總是顧著現實，講一步行一步，不放遠，沒有一套大理論。然而更要知，在此以上，卻有一套更高理論來會通，那卽是中國人講的「道」。道在邇，而求之遠，中國人不贊成。

還有一點，佛教跑進中國，正值亂世。佛教是一套思想，抽象的思想，在我們亂世，儒家思想不受信仰，佛教纔跑進來。科學則是具體的，不僅是一套思想，迷迷糊糊一陣風就到你腦筋裏，科學卻要種種具體條件，要有儀器，有實驗室，又要逐步進行。科學要跑進一個合條件的環境，那環境先得要安定，不比思想則虛無縹緲可以直跑進你腦筋來，所以要求科學跑進中國，希望中國社會先能安定。在安定的環境下，還要有一個精神領導。西方人的科學發展，他也有耶穌教，有希臘、羅馬精神，社會在安定狀態下，才有科學。而我們近代社會不斷動盪，馬克斯思想飄來了，難道中國文化是在根本上反對科學而歡迎馬克斯的嗎？

以上是解釋科學何以在此一百年中不能傳進中國之情形。

七　如何迎接將來

情形改變了，科學跑進中國可以很順利。在中國沒有一個人在那裏反對科學，坐三輪車還是坐飛機？點油燈還是點電燈？此皆不待問而知。而我在此尚有一個更要緊的問題要提出。我認為並非是科學不容易跑進中國來，我要講的是科學跑進了中國，也並不是就能救中國。我們不要認為科學一來，什麽問題都解決，這個想法危險性也大。我們一切問題都起在腦筋裏幾個觀念上，說舊文化不打倒，科學不能來，這句話害了我們幾十年。今天我要先提出一句話，請諸位仔細考慮一下，即是說：「不是科學跑進了中國，便一切問題自解決。」若此處不先認清楚，下面又要出麻煩。怎麽說科學跑進中國，中國還不得救呢？這很簡單，美國科學發達，就要送人上月球，然而美國的內部問題就都能解決了嗎？黑白問題以外，今天又有存在主義，稀癖青年。那問題實重要，不僅如從前所謂少年犯罪而已，在其背後還有一套哲學，一個背景。稀癖青年不是過激，就是頹廢。這是一件事的兩面。今天西方青年在社會種種壓迫下看到自己沒有出路，就有存在主義出來領導。從中國人看存在主義，只是淺薄的老莊思想，今天風行歐美，這正是西方文化一病徵。從前英國人把鴉片來害中國，今天西方青年吃一種類似鴉片的藥物，把來遺忘一切，擺脫一切，叫外面一切不存在，內心可以一時得解放。即便成年人智識界學術界羣喜印度瑜伽、中國禪宗，也是他們社會病態精神病態另一方面的暴露。科學發達，機器愈來愈精，人的內心卻愈來愈感無出路，最後出路要放到核子武器上去。最近美國人曾放出風聲，說要改變戰略，一旦發生戰爭，美國的核子武器將儘先攻擊敵人的大都市。這簡直太不人道，沒有上帝，夠害怕了。萬一蘇維埃先動手，當然是一樣，所以美國先作此恫嚇。上面所說，只說明了美國科學發展，也解決不了美國本身一切的問題。美蘇科學發展，也解決不了世界人類一切的問題。此刻大陸中共，也有核子彈、氫彈，能解決大陸的問題嗎？

諸位當知，科學只由人來派用場，使用科學的還是人。資本主義、共產主義一樣可以使用科學，警察、盜匪一樣可以使用科學。現代科學在西方出現，接下來的便是資本主義、帝國主義。我們今天吃了大虧，纔知非有科學不能對付。英國人、法國人如一羣老虎，本來在那裏要吃人，科學為虎添翼，那些歐洲老虎滿天飛，使遍地受災禍。我們為全人類文化前途講，必先辨明科學只可供使用，使用不得當，引起更大糾紛。第一第二次世界大戰之後，可能再來第三次，全世界人類文化都要大破壞。

因此我們要求科學跑進中國，還要好好研討如何利用，不再要資本主義、帝國主義，當然也不要共產主義。我們要好好利用科學的話，我們要有一準備。首先重要的。要有一套新經濟學，能配合上中國人文化傳統的經濟學。孫中山先生提倡民生主義，我們要在這一主義下來一套經濟學，不能仍去抄外國，西方經濟學針對西方社會而起，我們也該配合自己國情。新經濟學以外更重要的應有一套新的教育理論，不能只說科學教育一句話，動輒罵人不科學。人生不能由科學包辦，不能只在一個物質條件下生存。卽如少年犯罪，頹廢思想，過激思想，都要有一套更高的教育精神來作領導。科學只占教育裏的一部份，不能專有理工大學，沒有人文藝術其他方面的。西方教育已然不能善盡責任，在課堂中傳授知識以外，還要在教堂中講上帝，講人生。中國沒有教堂，課堂該要兼包有教堂精神。中國一個教師，應該是一半和尚，或是一半神甫和牧師。中國人既不能全盤西化，就該把自己文化傳統來創立一套新的教育精神和教育理想，來好好使用科學。我們若有一套新的經濟理論，新的教育精神，新的教育哲學，然後科學來中國，纔能為我之用。而不是待科學來用我，科學也不會來用我，怕的是自有壞人壞主義來用這科學，自有錯主義、錯道路，科學也會跟著跑。簡單舉一個例，我一到臺灣來，見到家家有一個電視機，這也是科學，然而電視裏的內容卻糟糕，老人小孩子大家看電視，裏面唱的、跳的、講的、做的，不是商業廣告，就是外國電影，教淫教殺，一個小孩，上了一天學，晚上看電視，都被打破了。科學是世界性的，電視機也可供世界通用，主要是懂得如何把科學派用場，如何利用電視機，不能只站在科學立場講科學，更不能專為發財強兵來講科學，科學不是至高無上，我們總要自己好好安排一條路，使我們有前途。我們能不能在一個更高的理想和精神之下來提倡科學，使用科學呢？

八　結語

總說一句，我們該在「復興中華文化」這個大前提之下來提倡科學，使用科學。我們要科學，卻也要防其弊。我們該有像從前的高僧們，來把西方科學融化成中國文化的一部份。這只是我個人的淺見。我總認為只有中國文化對世界人類有利無弊，至少是利多害少。中國文化曾到韓國，到越南，到日本，中國文化所到之處，對他們都沒有害處。西方文化到我們這裏來，沒好久，弄得我們天翻地覆，我們固然佩服它，然而西方文化一到，它要把政治權、教育權拿去，全部一切都拿去，也值得害怕。我們要提倡文化復興，值得我們佩服的，我們要；使得我們害怕的，我們可不必要。

我認為在我們文化復興之大前提之下來利用科學，科學自能為世界之利，不至為世界之害。到那一天，又將是我們文化經漢、唐、宋、明幾度發展之後的又一發展。到那時，應可使科學在整個世界上有一個新面目、新作用。讓我再補說一句，我並沒有講中國文化發展只要依著周公、孔子這條路就完了。只我實在無此聰明，要來講一個新的中國文化超過了周公孔子之上。或許中國人中間將來會出一個更了不得的，新周公、新孔子，那要看將來的中國人。至少新周公、新孔子還是從古周公、古孔子的那條路上來，中國新文化則還是從中國舊文化那條路上來。

我認為中國文化有它一個完整的體系，諸位或許認為中國文化有一大缺點，即是沒有現代科學。但千萬不當認為中國文化根本上反對現代科學，或者說中國人的腦筋根本上不適合現代科學。幸而今天我們中國人也有得到了科學上的諾貝爾獎金的，可見中國人的頭腦並不和現代科學相衝突。此刻中國的科學家成名的不少，我講過，文化就從民族性表現而來，中國人的民族性，並不反對科學，為什麼中國文化卻要反對科學。因此我希望我們能有一番更高的眼光來接受科學，發揚科學，使中國文化獲得再度的新發展！

（一九六八年一月二十五日國防研究院九期思想文化課程講演，一九六八年四月東西文化月刊十期。）

三　中國文化與國運

孫中山先生曾說：「革命必先革心。」在物質建設之前，又先有一個心理建設。他又說：「知難行易。」「知」非技術方法之謂，「知難」即難在心理建設上。他又說：「信仰產生力量。」信仰亦是一種心理建設。他的三民主義，第一即是民族主義。沒有民族，談不上民權與民生。我們試根據孫先生遺訓，來重提以下的信心。

一、中國問題該由中國人來解決。

二、亦只有中國人才能解決中國問題。

三、中國國運前途，把握在中國人自己手上。

若由非中國人來解決中國問題，將會愈解決，愈糾紛；愈困難，愈不易解決。否則，若由非中國人可把中國問題解決了，那中國也完了。若中國人不能把握中國自己的國運，則中國人也該完了。

但中國人並不是一天完成的，中國人之形成，已有其四五千年以來之歷史，若我們把歷史切斷，今天將只賸有四億五千萬在中國土地上生活的人，而將不見有一個中國人。因此所謂中國人者，乃指具有「歷史性」的中國人而言。單生活在中國的土地上，不一定就可算是中國人。若說歷史性的中國人，此卽所謂「中國民族」。

世界沒有無歷史的民族，民族必具有歷史，必包括古今。具有歷史，包括古今，卽具有文化。世界亦沒有無文化的歷史。歷史、文化、民族三者所指，乃屬一體。只知道現在，不知道歷史，則只成為一羣人，不成為一民族。一羣人可以無文化陶冶，一個民族，決不能無文化陶冶。文化陶冶則非一日間事，必由長期歷史所演出。因此我所謂中國人者，乃指其受有中國文化陶冶之中國人而言。此所謂受有中國文化陶冶者，乃指其在中國歷史、中國民族中生長而言。不識一字，不讀一書，他也可在歷史中生長，在民族中完成，此乃一種不自覺的文化陶冶。識字讀書人，否定中國歷史，否定中國文化，卽是無異於否定了中國民族。他雖可不自覺的亦受有中國文化之陶冶，但在其意識上，則他不像是一個中國人，或可說他不願是一個中國人。在他意識上，他只願由他來重新創造些新的中國人，新的中國歷史，新的中國文化，新的中國民族，也決非一日間所能創出。如是則在他之當身而言，他將不成其為一中國人。他只在中國土地上生長，他與中國之以往，在其意識上漠不相關，而且含有敵意。

英國人來到香港，日本人來到臺灣，但我們不能說我們是從某處來到中國。英國人自謂能有辦法解決香港之一切問題，日本人自謂能有辦法解決臺灣之一切問題。因他們是具有歷史性的英國人與日本人。他們自信英國文化、英國民族高出於香港之中國人；日本文化、日本民族高出於臺灣之中國人。他們憑仗這一信念，才能把握香港，把握臺灣，來解決香港、臺灣的一切問題。但我們要問，他們成績如何，是否已能完成了他們之理想？我們又要問，我們來自何處而到中國？我們憑仗些什麼來高出於與我們同文化同民族的中國人？則我們有何力量能脫離中國歷史，脫離中國文化，來解決中國的一切問題呢？

若說我們憑仗的，也是英國文化、英國歷史，或說是日本文化與日本歷史，則我們並非來自倫敦與東京，我們尚是假英國人、假日本人。眞英國人、眞日本人尚解決不了中國問題，難道假英國人、假日本人，反而能解決了中國問題嗎？我們脫離了自己的歷史，自己的文化，我們只是飄萍浮梗，我們只是游魂散魄。我們憑仗些什麼來高出於我們的民族，高出於我們的祖先？

讓我們確立信心！

只有憑仗中國民族，才能解決中國問題。

只有憑仗中國歷史，才能解決中國問題。

只有憑仗中國文化，才能解決中國問題。

須是明白得上列三義，才能說只有中國人能解決中國問題。這一類的中國人，必須是具有歷史性的中國人，必須是受有中國文化陶冶之中國人，必須是中國民族裏的一個中國人，而非只是生長在中國土地上的任何人。明白言之：要取得中國人的資格，要具備解決中國問題，把握中國命運條件的中國人，必須與已往的中國人通氣。世界上有中國人不自今日始，中國人已有四五千年以上的歷史文化，今天的中國人，所以成其為中國人者，以其與四千年以上的中國人通氣。我們縱然崇拜西洋文化，仰慕西洋歷史，想把我們這一輩人改造成西洋民族、西洋人；但我們須得知道，西洋人也遠有淵源，我們急切間不得與歷史上已往的西洋人通氣，那我們終將無法接受西洋文化，走上西洋歷史，而搖身一變成為一速化的西洋民族與西洋人。

中國人自有中國人的辦法，因此形成了一套中國史、中國文化與一個中國民族。我們必須信仰從來的中國人有辦法，才可相信我們這一代的中國人也可有辦法。若從來的中國人根本不可靠，我們不信他們有辦法，我們如何能信這一代的中國人，即我們之自身，卻忽然能有辦法呢？否定了歷史，否定了文化，否定了民族之已往，必將否定到我們之自身。否定了我們之自身，便將痛切感到非徹頭徹尾學習人家，自己將根本不能有辦法。中國共產黨，即從這裏生根，即從這裏出頭。

中國共產黨學習蘇聯來統治中國，來求解決中國問題，我們知道反對。英國人統治香港，日本人統治臺灣，來求解決香港、臺灣的一切問題，我們也知道反對。現在我們說，我們要擺脫中國已往歷史，擺脫中國已往文化，改革這一代的中國人，因為他們還是受中國已往歷史已往文化之陶冶與熏染。試問我們如此樣的意見，又與中國共產黨，與香港的英國人，臺灣的日本人，相去幾何？我們要統治中國，要求解決一切中國問題，讓我們向中國人學習，讓我們向中國民眾學習，此即是向中國歷史學習，向中國文化學習，向中國民族學習。只有如此，才是一條正路，才是一個正辦法。

不幸而這一個理論，一百年來，未為中國人所覺悟，所瞭解。近百年來之中國史，顯見有兩條大流：一是深藏在下面的伏流，一是浮現在上面的逆流。伏流表現著中國民族意識之潛在要求，逆流表現著中國文化傳統之故意摧殘。這兩條流力，相激相盪，形成了近百年來中國史之悲劇。

洪楊太平天國，它所擁有的隱藏在中國民衆內心深處的潛在伏流，是推翻滿洲皇室，復興中國傳統。但洪楊所浮現在上面的，領導這一伏流的力量的，卻與這一流向正相違逆。他們說：耶穌是天兄，洪秀全是天弟，此後的國家是天國，孔廟該燒，儒籍該焚。

辛亥革命之成功，依然有此兩大流。中國革命，並非卽是美國革命，也非卽是法國革命，而純粹是一種中國革命。這一革命事先之號召，也有盧梭，有華盛頓，有西方民權思想作刺激，作鼓勵，但同時也有晚明諸大儒，像顧亭林、王船山、黃梨洲諸人之民族意識與民族精神作憑藉。只憑藉盧梭、華盛頓，而更無晚明諸大儒，這一革命，將無法產生，亦將決難成功。但革命以後，似乎只想把這一革命接上盧梭與華盛頓，只想把中國趕上法國和美國，忘卻中國之以往歷史，忘卻中國之以往文化，浮層之顯流與下層之伏流游離，而顯流也遂失其力量。

中國趕不上法國，趕不上美國，這一代的中國人，急切不能與西洋人接氣，我們認為是以往的中國人，歷史上的中國人在作祟，在作梗，於是有新文化運動，主張打倒一切，赤地創新。但不知歷史本無不變，本無不新。歷史之本質卽是變，卽是新。老不變，永無新，將不會有歷史。求變趨新，不該反歷史。若求把以往歷史一刀切斷，那是死滅，非新，亦非變。變與新仍須一根底，此根底卽是歷史，卽是文化傳統，卽是民族之本身。只有從歷史中求變，從文化傳統中求新，從民族本身求新生命，仍只有在與古人通氣之中求今人之再造。新文化運動之顯流，還是與伏流相違逆。繼之而起者，有中國共產黨與共產主義。共產黨所擁有的力量，還是中國民眾的力量，但共產黨的領導，則違逆了中國民眾之內在要求。共產黨依然是一個變相的太平天國。馬克斯、列寧是耶和華；史達林是耶穌，是天兄；毛澤東是洪秀全，是天弟。力量在下層之伏流，錯誤在上層之領導。下層力量沿接著中國歷史，傳襲自中國文化，蘊藏中國民族之本身之內在要求；上層則主張否定已往歷史，否定已往文化，以非中國人的意識，非中國人的姿態，非中國人的身份，來消散中國民族。

我們或許可以說，死人不能解決活問題，舊歷史不能對付新時代，這話並不錯。但活人仍必與死人通氣，新歷史仍必從舊歷史發脈。否定了死人，活人斷了氣，那將只有這一代的一羣人，不再有民族；否定了歷史，則時代挖了根，那將只有這一世的環境，不再有文化；否定了傳統文化與民族歷史，那將只賸有一個個的人。一個個的人，急切間造不出歷史，創不出文化，摶不成民族，形不成國家，產不出力量，完不成事業，只有倒向別人家的已往歷史，已往文化傳統，與依仗別人家的民族精神中來借屍還魂。不，這是引魂起屍。屍體復活了，但他必否定他已往的一切，不承認他已往的自己。屍是他的，魂是別人的。

歷史文化與民族意識、民族精神，是我們這一代的元氣，是我們這一代的生命，是我們這一代的靈魂。我們必得有元氣、有生命、有靈魂，始得解決我們當前的一切問題。元氣斷了，生命絕了，靈魂散了，一切也完了。我們要根據歷史文化與民族精神來打開當前一條出路，來尋求我們此後的新生，那決不是頑固，決不是守舊，那是生命延續之唯一原理。

而且照我們已往歷史看，也實在無法證明我們的傳統文化要不得。世界上無歷史無文化的人羣多的是，有歷史、有文化，而他們那種文化無法形成大民族的還是有。只有我們中國人，遠在春秋戰國時期，已經形成了一個世界人類歷史上曠古未有之大民族，一到秦漢統一時期，又由這一個大民族來形成了一個世界人類歷史上曠古未有之大國家。西方歷史上有希臘人，卻並無一個希臘國。而且希臘人的數量，若比起中國人來，還是少得可憐。稍後有羅馬國，但在羅馬國統治之下的人民，又始終未能形成為同一的羅馬人。統治羅馬國的羅馬人，其數量還是少得可憐。西方人直到近代才始知道需要有民族國家之創建，但此理想，始終仍未完成。瑞士是這樣一個小國，但在他們國裏，還是包含有許多的民族。西班牙與葡萄牙，法蘭西與比利時，民族血統儘管相近，還是各自為政。英倫三島，英格蘭、愛爾蘭、蘇格蘭始終未獲融凝為一。意大利、德意志之統一，只是一百年內事。日耳曼人始終未能完成一日耳曼國，斯拉夫人始終未能完成一斯拉夫國，於是有大日耳曼主義、大斯拉夫主義，屢次激起了近代西方歷史上的大流血與大戰爭。民族決定於文化，並非決定於血統。世界上並無純血統的民族，在民族摶成的進程中，儘可有相異血統之交流。中國民族在秦漢大一統以前，也並非純一血統，在秦漢大一統以後，依然有不少相異的血統繼續羼入。何以西方文化始終局限於許多小民族之各自分峙，各自對立，不易融凝成一大民族，而中國文化卻特易於大民族之摶成？此乃世界人類歷史上最值得注意的一個文化本質問題，而非民族與民族間的血統異同的問題。中國人很早便知道同一民族應該創建同一國家，而在同一國家之統治下，應該融凝成同一民族，何以西方歷史上同一民族往往分裝進許多國家，而同一國家又往往分裝進許多民族？這又是一世界歷史上最值得注意的一個文化本質問題，而非國家與國家間的政權分合問題。西方人能創製科學利器，近代史上一隻輪船一條鐵路之發明，西方人自己誇道不置，我們也極度的讚佩他們。但在我們，很早以來，卻已能創造出一大民族來。此是中國歷史中國文化之偉大處，比較創製一隻輪船一條鐵路對人類本身貢獻更大。因為民族可以利用科學，科學卻不能摶成民族。民族融凝，科學發明自然是利多於害。民族分裂，則科學發明有時將害過於利。人類文化本體，必然以擴大民族為主，不能以發明科學為主。換言之，人類歷史進程，始終以人類本身為主體，不能以科學發明為主體。人類文化必然以摶成大民族，創建大國家，使人類得以和平相處，為其終極目標。在此大民族大國家和平相處的大環境之下，科學發明才始得為人類之福利。科學只是一種工具，其意義在增進人類和平相處之福利，不在加添人類割裂相爭之強力。若把這一觀念顛倒了，便很容易走上「唯物史觀」與「階級鬥爭」的路。這將不僅破裂了民族之摶成，又將破裂了國家之凝固。

近代西方所憑仗以反對唯物史觀與階級鬥爭者，則為「個人自由」與「宗教信仰」。單憑宗教信仰反對不了共產主義，必加上個人自由。單憑個人自由也同樣反對不了共產主義，必加上宗教信仰。此二者在中國都生不上根。中國人所憑仗以反對唯物史觀與階級鬥爭者，則為「民族文化」與「歷史精神」。中國在其歷史文化所禪演而成之大民族之融凝摶結中間，有一傳統精神。而此種精神，則並非宗教。中國有一大羣之結合，卽民族而非階級。階級鬥爭乃西方社會個人自由之反動；唯物史觀乃西方社會宗教信仰之反動。在西方傳統文化之兩大柱石，卽宗教信仰與個人自由。當知此兩大柱石，均不宜於融凝成大民族。自此兩大柱石發生動搖，而後唯物史觀與階級鬥爭乘時崛起。但人類文化，仍將以民族摶成為主，不當以上帝信仰與個人自由為主。上帝信仰是出世的，個人自由是分裂的。西方社會把個人自由來為上帝信仰補偏救弊，亦仍賴上帝信仰來為個人自由補偏救弊。但此二者並不能有更高之結合。只有民族融凝的文化精神，可以更提高更擴大而化成天下一家與世界大同。只要世界走上同一文化，則世界人類可以融成一體，全世界只有一個人羣，卽一個民族。然此只有中國文化之潛在精神可以覬望及此。西方文化太看重個人，融凝不成大民族。要把中國文化轉化成世界文化，此亦非今日事。乃百年幾百年後事，故孫中山先生有竹槓中藏頭彩之譬喻。只有中國文化，乃為竹槓中藏有頭彩。因惟有中國文化，乃可稱為一種民族文化，卽以民族融凝為中心之文化。此種文化，最易於擴大提高而成世界文化者。其他宗教中心的文化，個人主義中心的文化，或物質主義為中心的文化，都不易於擴大提高而轉化為世界文化。因此在此等文化中，均非藏有頭彩。將來世界人類新文化之頭彩，在中國人手裏，藏在中國傳統文化以民族融凝為中心的文化之竹槓裏。

此等人類文化將來之大趨向，決非單憑當前現實一短暫時期中之貧富強弱之皮相所能衡量與推斷。個人自由乎？階級鬥爭乎？此在西方傳統文化中可以成一對立。中國文化則以融凝人羣成一大民族為其主要精神，此兩對立皆可消弭，失其存在。上帝終極乎？物質至上乎？此在西方傳統文化中，仍是一對立；但在中國文化以大羣融凝為其最高祈嚮之主要精神者，則此兩對立仍可消弭不復存在。中國傳統文化，實在不僅可為當前之中國打開困境，而且可為將來世界新文化導其先路，主要則在中國人自己的「信心」，要先從心理上建立一基址。知難知難！這是我們中國人當前的責任，縱難亦無所逃避。

（一九五一年一月思想與革命創刊一期，一九六八年十一月十二日青年戰士報重載。）

四　怎樣做一個中國人

中國的空軍雜誌的編輯人，特地造訪，要我寫一篇「怎樣做一個中國人」的文章，我因他出題正大，於心有感，一口答應了。卻不料下筆又再四躊躇，覺得要說的話太多，苦在說不盡。同時又感無話可說，說來全是廢話，不如不說好。下面所說，還望讀者先能了解其心情，再來體諒其作意，若能當作沒有說則更好。

諸位或許會問，我們都已是人了，何以還說要做人。但做人是人的本分。天地生人，只生男女，不生夫婦，夫婦由人自做。所以中國古人說：「君子之道，造端乎夫婦，及其至也，察乎天地。」中國古人又說：「人之異於禽獸者幾希。」人類有文化，所以異於自然界其他生物者，都是人自己做來。

或又會問：要做人何以定要做中國人？猶憶對日抗戰時，在成都，曾和一位頗負時譽的中國思想家某氏，公開辯論過此問題。我主張要教我們中國人好好做一個中國人，他說：此時代已過了，我們該教人做一「世界人」，不該再教人做一中國人。我問他：不先做一個中國人，如何去做世界人？他當時無話回答我，但我也知他心裏不服，只是有話不說罷了。

直到目前，世界上已有一百以上個國家，但尚不見有一個無國籍的世界人。你生在中國，長在中國，自然已是個中國人。論道義，也該做一個中國人。但論各人內心，做一中國人，似乎不自滿足的太多了。總覺得，做一中國人，不如做一美國人或其他外國人，比較值得滿意或光榮。這樣的人，我敢說決不在少數。或則存在心裏不肯說，或則存在心裏而不自知。

我家曾來一女傭，她愛看電視機上的美國電影，遇到中國節目，便離去不看了。她只是小學畢業，不懂英語，憑藉幾行中文字幕，對電影中情節，我想她未必清楚。或者是只看些伸拳打架，拔鎗殺人，擁抱接吻等鏡頭，覺得夠刺激緊張。或則她也已感到月亮是外國的圓，不幸她不能升學，不能有出國留學機會，否則就她目前態度，當下心情言，將來她也必是一個崇洋蔑己，很時髦的人物了。但在此刻，若和她講上面這番話，根本上如牛頭不對馬嘴，談不上。此正可見時下風氣，深入人心，她不過是其中微小已極不值提起的一例。

所以我們要說怎樣做一個中國人，在此時，還是一個不應該成為問題的大問題。此一問題，像可不說話，而又不該不說話，說又說不盡，而又會感到無話可說，那眞是當前一大難題。難在各人心裏有一套，卻不肯眞實說出來，作眞實的討論。

要說怎樣做一個中國人，並不要你早餐定吃豆漿燒餅，不吃麵包牛奶。也不是要你只穿中服，不穿西裝。講到做人，本不重在那些物質條件上。但如我上舉那女傭，你若帶她進夜總會，上跳舞廳，她定會高興。中國一切舊花樣，她準不會生趣味。此乃牽涉到社會風氣、時代心理，又可由此引伸到政治教育各項大問題上去。違逆人心總是難，而開導人心又不易。因此我舉此小女傭為例，請大家莫忽視。

我曾去美國，一位美國朋友託他一朋友在夏威夷機場接候。他那位朋友是一虔誠的基督徒，在夏威夷當一私立教會學校的校長。他為我夫婦定妥了旅館，又約某晚赴一盛大音樂會，他在那裏作東道主。我夫婦在旅館中幾天早餐，常遇到一位白髮滿頭的老太太，氣貌慈祥，說來此看她六七年未見的子和媳。那晚宴席上，老太太也來了，始知今天的東道主，正是她老人家之兒與媳，她今晚也是同席一來賓。我夫婦席散告辭，回到旅館，適有來客在客室中坐候，我們留在客室中談話。客室一頭是上樓電梯。少頃，門外車聲，那晚的東道主扶著老太太進客室來，親了一下她的面頰，道聲晚安，那老太太獨自進電梯上樓，她媳婦則留在車上未隨其夫同進旅館來。翌晨早餐，那位老太太萬分興奮，說她兒媳還約她去家中吃一次午餐，她此下即離此返紐約了。

上之所述，不關物質事，只是講做人。若我們要學外國人做人，實也不簡單。上述三人，學老太太最易，只要不對兒子抱存什麼希望便得。媳婦也易學，只要是一新女性，誰也奈何她不得。學兒子最難，至少一點是社會不許其如此。人人羨慕外國人，但又不許人眞做像一外國人。其中理由很難說，好在其事人人易知，也可不煩再說了。

我在美國，又熟識一美國青年，他亦是一虔誠基督徒，大學畢業後進神學院，那時已是一位傳教士。言下屢以婚事縈慮。我說：「以前中國社會竭力宣揚美國晚婚風氣好，教中國人學步。現在你們又急得要早婚。」他說：「那也沒法，我到此年齡，再交不上女朋友，此下愈困難。」我也認識他父母，我說：「你父母只你一子，又是對你很好，你獨身生活感孤寂，何不時時回家省親，好獲得家庭之樂。」他說：「美國家庭情形，你有所不知。若我携著妻子回家，我父母把我當作賓客看待，因我已是獨立成人了。此刻沒有結婚，縱有職業，回家還是一兒子，父母不能以賓客待我，我心終有不安，不如少回家較好。」

上一事在美國早是一種普遍風俗，到處皆然，下一事則屬一種心理習慣。中國古人說：「非我族類，其心必異。」若非經他訴說，我們那裏得知。

從前中國青年出洋留學，短短三五年，埋頭學校中，回來儘說外國好。我那次去美國，自對日抗戰到中共得國，滯留在外的多出十年以上，我聽他們講美國便不同。最主要是在外國做一中國人，其事究多不自然，而且也不稱心。年老的更怕兒子娶進洋媳婦，女兒嫁了洋女婿，把家庭氣氛全變了。中年人怕兒女一進學校，回家便不肯講中國話，累得心裏焦急，也沒法。只有年輕一批無所謂，但住久了，也得成家，也得生兒女，到後還不免要有中年老年人心理。

因此我再進一層講，中國人在外國，存心要做一個外國人的縱使不能說沒有，還是極少數，而且少之尤少。但在國內又不然。看人去外國，一如登天般。能久留不歸，總是有辦法，令人生羡。其病根則在我們這一代的中國人，實也做得不像樣，不健全，不光榮，所以總想變。我因此想，若我們這一代的中國人，能徹頭徹尾變，能大家變做一個像樣的中國人，皆大歡喜，不好嗎？

既要大家徹頭徹尾變做一像樣的中國人，便該提倡中國道理，宣揚中國文化，使人有所適從。但又有人在此上懷疑，說：當前已是原子時代，那能讓你關著門來做一中國人。這又回到三十年前我和那位負時譽的思想家所辯論的老問題上去。因此造成了這一時代的中國人常在思想苦悶中，左不是，右不是，無出路，無作為，大家隨波逐流，過得一天是一天，做人道理擱一旁，不要談，這不是我們社會今天一番眞情實況嗎？

如若我們要來談怎樣做一個中國人，那便應該提倡中國已往的做人道理，闡揚中國已往的傳統文化，好教人有一套做人榜樣。但如此說下，又牽涉到文化問題、歷史問題上去，又牽涉到思想問題、哲學問題、道德問題上去，並且又會牽涉到當前政治問題、教育問題、社會問題、經濟問題、種種問題上去。做人問題在眼前，該當下立刻做。但此種種問題，儘討論十年二十年，五十年一百年，也會討論不得一終了。其實在今以前一百年來，也已討論到此等問題，只是徒增糾紛，不見解決。其癥結正在人的問題上。只因我們這一百年來人不像樣，所以種種問題會愈攪愈壞，若使人像樣了，那些問題也就易得解決了。問題由人來解決，不是要待問題解決了才做人。中國古人說：「由人弘道，非道弘人。」又說：「道不虛行，苟不至德，至道不凝焉。」這正是一切全由人。做人則只是做人，且莫轉移目標，故意把此問題放開去。

現在單就怎樣做一個中國人之主題言，當前中國社會，究竟不得謂無人。人的好壞，人人易知，也不得謂當前中國社會無好人。若我們決心要學做一中國人，便當在中國社會中國人身上去學。當前即可，不必遠求。孔子說：「三人行，必有吾師焉。」三人之中去了一人是我，其餘只有兩人。縱使在行道匆促中，不怕不識貨，只怕貨比貨，只要客觀一比較，此兩人之高下優劣，自屬顯然易見。我只擇其善者而從之，其不善者而改之，則自見師有餘而學不足，自能下學而上達。所以中國古人又說：「使我不識一個字，也將堂堂地做一人。」當知做人無條件，只要有志做人，連教育條件也可不必要。不識字，不阻礙我做好人。多識字，也不能阻擋我做壞人。

中國歷史上第一大人物是舜，自古稱他為「大舜」。但舜未尊顯時，居深山之中，與木石居，與鹿豕遊，其所以異於深山之野人者幾希。及其聞一善言，見一善行，沛然若決江河，莫之能禦。但當知，舜之所聞所見之善言善行，其實最先亦只是在深山野人中間之一些善言善行而已。眾人學賢人，賢人學聖人，聖人何所學？聖人則只學於「眾人」。舜之居深山，孔子之三人行，皆是中國古代大聖人教人如何做人之絕大道理。故曰：「待文王而後興者，凡民也。若夫豪傑之士，雖無文王猶興。」今天的中國社會，縱使你說沒有一文王，但只要是豪傑之士，也會卓然興起，做一像樣的人。否則我們又要問，文王又是如何興起的呢？中國文化最著精神處，便在教做人。只要我們莫多作怪論謬論，認為中國人根本要不得，在此時代絕不該再做一中國人，此等怪謬論消退失勢，單單由我們回頭來討論怎樣做一個中國人，則中國古人對此問題討論已久，全部文化傳統，最緊要最精采處便在此。禮失而求諸野，中國文化，還多在今天中國人身上。好榜樣的中國人，還是存在於今天的中國社會上。只要我們肯立志要做一中國人，更請諸位能學大舜之隱惡揚善。則當前中國社會，仍不失為一個善的社會，我和你自然該可做一中國善人，循而至於做一中國聖人也不難。所以此一題目，還在各人立志，到底可以不說話。無志而空說，全是廢話，不如不說好。

（中國的空軍雜誌邀稿，一九七〇年十月十八日香港時報轉載。）

五　變與濫

周易「易」字，第一便是「變易」義。一部易經，只講箇變易。故曰：「窮則變，變則通，通則久。」易傳裏每以事業與變通並言。能變通，此事業始可久。不可久則亦無事業可言。但變非人人能之。易之革卦九五說：「大人虎變。」上六說：「君子豹變，小人革面。」此是說只有極少數大人君子始能變。羣眾小人非不想變，但不知變，不能變，則只能革面。革面亦是變，只是變的外皮，並不能在骨子內裏變。大人君子變了。羣眾小人亦革面相從，而後其變始定。

民國以來五十六年，眞是一大變之局。最顯見者，莫如女性。高髻變而為短髮，纖足變而為天腳，自頂至踵皆變了，但此等只是革面之變。一個新式女性，並非即是一個新女性。其次是讀書人變得大，科舉變而為學校。民國初年稱為洋學堂，進了洋學堂，最後階段是出洋留學。當時有人譏之為洋八股、洋翰林。一個新式的智識分子。也並非即是一個新智識分子。若使今天中國社會的女性，都是新女性；智識分子，都是新智識分子，那麼今天的中國社會，也早變成一個嶄新的新社會了。然而我們身居此社會中，卻深感其不然。可知變不是一件簡單輕易的事。

冬天如何變成為春天，小孩如何變成為大人，並非一朝一夕忽然地變了，乃是朝朝夕夕、夕夕朝朝，默默地、寂寂地在變，忽然一天春天到了，小孩已成大人了。故易傳裏又說，「化而裁之之謂變。」春、夏、秋、冬是一氣之化，生、老、病、死是一生之化，「化」是在不知不覺而又不止不息中進行。化到某一階段我們才知是變了。故所重在化，能化始有變。若使冬天冰堅雪厚，忽地一夜變得春來了，滿眼楊柳桃花。氣候變得太劇烈，我們的身心反而會感得受不了。若使一個嬰孩，忽地一夜變成一青年，那則非神卽怪，人的教育亦就無法可施。康有為上書前清德宗皇帝，說：「守舊不可，必當變法；緩變不可，必當速變；小變不可，必當全變。」德宗與康有為之變法是失敗了。但民國以來，此必變、速變、全變之意見，卻成一種時代思潮，於是而變出了毛澤東與紅衞兵。

周易「易」字之第二義是「不變」。事有當變，有不當變，亦有當不變。此非大人君子不能辨。孔子告子路說：「君子固窮，小人窮斯濫矣。」又曰：「道之不行，已知之矣。」道窮不行而仍須固守不變，此更非大人君子不知不能，小人則窮了急要變，於是變而濫。「濫」是流濫、放濫、氾濫之義，如水流離其故槽，四散橫溢，遇低窪處卽去，儘自向下流。下流那可居，於是更要變，卻變而益窮。在小人尚自以為求變，而不知其變是濫。一川之水，變而為一條乾涸的廢槽，那些水滴，則就不知去向了。

民國五十六年來之中國社會，則不能使人無「變而成濫」之感。一般婦女界，不僅剪髮放足進洋學堂，全成了新式女性。她們不甘心留在舊式家庭裏做賢妻良母，那是一種舊人生舊道德，現在是該變了，但前面沒有一條路，不知該如何般變。當然，也有不少女性中的大人君子，她們知變能變。但大多數則只變在外貌上。子女交與學校，家務交與僕傭，出空了身子，邀朋喚友，無日無夜，作為方城竹戰之戲。那亦算是新婦女新家庭了，這不能說不變，只是變而濫。

進了新式的洋學堂而出國留學。當時本說是學成歸來，救國家，救民族，此亦古人所謂通經致用之義。舊學之路既窮，變而求新學。此事不僅不可厚非，而且正是當務之急。但現在漸漸變成學成不歸，不歸也罷，又漸漸地變成歸化為外籍，由中國人變而為外國人。國內人儘喊人才外流，在國外則說中國社會不長進，學成歸來也無用。其間誰是誰非實也難論，要之是變成了新風氣。為父母的，明知放子女出洋，不啻是失了此子女，但不能不放。政府也明知放人才出國，可以失了此人才，但亦不得不放。嚴格言之，此種變亦可說是變而濫了，則前面仍然會是窮，而且益濫會益窮。

不守故道，不走老路，想要換一條新道路，其事若易。但是倡導一新道，創闢一新路，其事則並不易。必有待於大人君子之知變能變者。大人君子之變，則必不是為其身生活私人打算而求變，乃為道而有變。道則人所共由，故待君子豹變而小人亦革面相從，而相與以共成此一變。當前的問題，不在爭該變與不該變，卻須平心認識我們究是變到了那一條道路上去了。才是！

易之革卦之象傳又說：「澤中有火，革。」這一局面很微妙。兌卦澤在上，離卦火在下，而合成為革卦。火在下，火燃則水乾。水在上，水決則火滅。革卦之彖辭又說：「二女同居，其志不相得曰革。」據卦象是中少兩女，少女在上，中女在下，此兩女間，意趣情感均不易相得，於是遂成此局面，故須革。近代中國，是一新舊衝突之時代。時代反映到人心，甚至於各個人自己前後相衝突。如前清譚嗣同著仁學，主張破壞中國一切舊倫理、舊禮教，謂父子夫婦，亦各以名勢相制。子為天之子，父亦為天之子，父非人所得而襲取。但譚氏到後來協助光緒變法，終以身殉。康有為以必變、速變、全變之，進告光緒，最後乃勾結張勳謀復辟。此下學人，如王國維之蹈頤和園昆明湖。梁漱溟之以民盟袒共。此一時代前後學人之悲劇，亦即是此一時代大悲劇之縮影。我們則仍在此時代悲劇中，我們需變，主要乃在如何變得此悲劇停止續演。

革之初爻：「鞏用黃牛之革。」象曰：「鞏用黃牛，不可以有為也。」這是說當革之初期，最怕是急欲變，急欲有為。黃牛皮堅韌，可以用來約束使物不流散而團結鞏固。不是用來防變，乃是用來防濫。羣眾一知前面道路窮了，於是急得爭著變，但又不能眞知如何樣變。棄卻舊的，爭向新的，氾濫四出，不可收拾。那時便是正少一條黃牛皮帶子來約束來指導人慢慢地向一條正路上去變。

猶憶十數年前去日本，日人某君長我十歲以上，屢與我談東方文化中日國運等問題，相得甚歡。一夕有宴會，賓客未集，某君拉我坐一角落，與我長談彼邦社會前途可慮。謂重獲自由，人心浮動，而趨嚮未覩。那時距離耶穌誕尚有一月之期。彼告我近來日本社會盛行遞送耶誕賀卡，尤其是學校青少年最喜此風，漸染及於全社會，日本本非一個耶教國家，而此風如此流濫，彼謂只舉此一例可概其餘。彼因告我，意欲效法我們蔣公昔日所提倡之「新生活運動」，欲在彼邦結約少數同志聯合發起，彼欲詢我以此一運動之經過及其實際情況，並欲聽我對彼這一番意見之批評。我告彼耶誕新風氣，中日兩邦正如魯衛之為兄弟。正欲繼續長談，而客來漸眾，不能兩人長坐一角落儘談下去。因約另擇一暇時再談，而竟未得此機會，我即匆匆離去。隔了幾年，我又途經日本意欲特訪此老，適彼有西歐遠行，先一日進醫院，作全部身體檢查，另一友人告我，在此兩日內，恐彼不能見客，而出院便須成行，遂只通一電話致候。又越三數年，聞彼已逝世，惟彼之一夕談，則長留我腦際，迄今未忘。最近日本社會變動，較之十數年前初晤某君時，更已大異。我亦不知日本社會之近況。要之某君之意，則正符周易革卦初九「鞏用黃牛之革」之涵義。彼亦非欲禁日本社會之變，乃欲防其變而濫，深識遠慮，良足追念。

我寫此文，又正是耶誕節日快來。我們的耶誕新風氣，應比往日某君所見日本社會的情形更甚了。此種風氣固是變，但亦有些近乎濫。若眞能變，則定不會至於濫。濫了，也得有減損。多搓幾場麻將，總於改革新家庭的理想有損無益。多有幾人留學不返歸化外籍，也總與革新教育的理想有損無益。逐年增加耶誕熱鬧，也總於改革新社會新風氣之理想有損無益。今世界有大人君子，如何來一個虎變豹變叫人革面相從？我們只能馨香禱祝以待。我此文則僅能指出易經革卦初九一爻「鞏用黃牛之革」之涵義，來警戒我們且勿輕於有為，莫以無益損有益。雖是卑之無高論，但我們要好好迎接此一變的大時代之眞箇來臨，此卻不失為一番有意義之警戒。否則先是窮而斯濫，久則會成濫而益窮的呀！

（一九六八年一月一日自由談十九卷一期）

六　中國傳統文化與宗教信仰

去年十二月四日，基督教中國宗教研究社賈保羅博士介紹丹麥作家羅時甫先生來新亞，當日所談問題，以中國文化與基督教為主要點。同來者尚有石施仁牧師，及新亞同學石治平君，會談幾及兩小時。羅時甫先生以極誠摯之態度提出問題，事後並由石治平君摘要記錄。頃賈保羅博士創編景風，特來徵稿，爰本當時石君治平之記錄，撮述大旨以應。

中國傳統文化中雖無自己特創的一種宗教，但不能說中國人沒有他們所特有的一種信仰。中國人相信在宇宙一切萬物及人類之外，別有一個最高存在，即「天」。此一最高存在之天，乃為宇宙一切萬物及人類之最後主宰。

但若求中國人對此一最高存在之天，作一具體而肯定之特殊描述，則中國人必以「不知」二字答之。蓋中國人認為此一最高存在之天，乃超越於人類知識範圍之外，並應歸屬於人類所不可知之部分者。

惟中國人又認為宇宙一切萬物乃及人類，皆由於此最高存在之天而有，因此，宇宙一切萬物及人類，其相互間，應有一「原始和諧」乃及「終極和諧」之一境界。至於過去、現在及將來，宇宙一切萬物及人類相互間，種種紛亂和衝突，此等現象，只該從一切萬物及人類本身求解答，決不能謂出於天心和天意。

若求解消此宇宙間一切萬物及人類相互間之種種紛亂和衝突，就人類自身立場言，應從人類之自求和諧開始，乃能企及於一切萬物之終極和諧。

同樣道理，就人類中各個人之立場言，欲求人類和諧，應從人類中各個人之自求和諧始。人類中各個人之自求和諧，應該從各個人之自求其內心和諧始。

中國人認為人類之各自有其心靈，亦由於此最高存在之天而來。因此個人之內心，乃及於全人類之心與心之間，亦必有其原始和諧乃及終極和諧之一境。中國人認為，必由各個人先求內心和諧，然後乃可企及於人類相互間之和諧。必由人類自身和諧，乃可企及於宇宙一切萬物之大和諧。

此在中國人理想中，謂之「天人合一」。

天為人所不可知，而各人之內心，則各人可以自知。若自心和諧，則覺安。若自心不和諧，則覺不安。因此，中國人認為，只要我心安，便是有合於天了，此之謂「心安理得」。

中國人認為，一切理，也是出於此最高存在之天，而作為宇宙間一切萬物與人類之最後主宰者。因此，不合理便不能安。心安了，便知理得了。

因此中國人認為「天與理一」，而欲求知天，則不是純粹信仰的問題。欲求知理，亦非純粹理智與思辨的問題。欲求知天與知理，重要乃是人的「修行」問題。重要須從各自「內心之和與安」處求，重要須從人與人「相交之和與安」處求。

求得各自內心之和與安，求得人與人相處之和與安，進而企及於人與物相處之和與安，乃始當於理而合於天。

這是一個「心性修養」的問題，這是一個「道德行為」的問題。因此中國人極看重道德行為。道德的主要標準，仍在各自內心之和與安。各自內心之和與安與否，即為是否合於道德的一種最親切而最簡易的考驗。

中國人認為世界各民族各派宗教，只要在期求各自內心之獲得和與安，期求人與人相處之獲得和與安之上有貢獻，則正不妨可以並存。因此，中國人也有信佛教的，也有信回教的，也有信耶穌教的，甚至也有信儒、釋、道三教同源的。因此，只有在中國，世界各派宗教，可以和安相處，可以融凝合一。

但在中國文化傳統之基本信仰上講，中國人是信仰「性善」的。惟其宇宙一切萬物乃及人類，全從此最高存在之天而來，既然宇宙是一個原始和諧，而又必是終極和諧的，因此宇宙整體便是一個「善」。

善是原始的，惡是後起的。善是終極的，惡是暫發的。

善惡之辨，主要在人心上。各人的心，自知有不和與不安，又自知從不和中求和，不安中求安，那卽是善端發露。人心永遠如此，永遠向和與安而前進，因此說「人性善」。

人心此項永遠向和與向安之性之善，亦自此最高存在之天而來，故中國人信仰，認為善源於天。至於種種不和與不安之起始，只是起始於宇宙萬物乃至人類相互間事象之變動與關係之複雜，這正賴人類理智為之作種種之安排與調和。

若此種安排與調和失其所，遂使人心感到不和與不安，而於是有所謂惡。卽如人之求食，根本並非惡，但因求食而起之種種不當的安排而始引生了所謂惡。人之求偶，根本亦非惡，但因求偶而起之種種不當的安排而始引生了所謂惡。因此說：善是原始的，惡是後起的。善是終極的，惡是暫發的。從中國傳統文化的立場來說，也可說善是天道，惡是人事。但只可說人事中引生有惡，卻不該說人性本是惡。人性由天道中來，因此說人性善。

若說人性本是惡，則必毀滅了人性來回復到天道，那與中國人信仰的「天人原始合一、終極合一」之理想不相容。

天人原始合一，這是一信仰；天人終極合一，這又是一信仰。這兩個信仰，遠在宇宙原始與宇宙終極之兩極端。至於在人類的智識範圍以內，則只見有人，不見有天。無論過去、現在與將來，好像永遠有善惡衝突，永遠有不和不安，這是盡人可知的。但人又是永遠在不和不安中求和求安的，這便是永遠在背惡向善的，這又是盡人可能的。中國人的傳統文化，則是永遠把握著此兩極端，而只在其中間階段，就其盡人可知可能處，來教導人為善去惡，這卽是中國人所謂的「中庸之道」。

因此，如近代西方科學上種種智識之新發現，只要其對於人類安排萬物，使之向和與安而前進之這一期求上有貢獻，中國人意見，認為科學與宗教，科學與道德，正好相得益彰，根本上不應有內在之衝突存在的。

以上所說，只說中國傳統文化之內涵意義有如此，至於目前的中國種種現實情況，並不能十足代表中國傳統文化之內涵意義，這正如世界上一切人事不能十足代表天道一般，那是不足為奇的。

最後說到共產主義，共產主義是主張唯物的，他們不信於宇宙一切物之外，尚有一最高存在之「天」。他們是主張經濟決定一切的，但人類社會之一切經濟現象，則根本常在變動中，我們不能把人類歷史無窮向前之一項最後主宰，安放在變動不居的經濟現象的浮面上。而且人心是永遠向「和與安」而前進的。我們不能說，人類永遠喜歡分著階級鬥爭。

我們站在中國文化傳統的觀點上來批評共產主義，只須說共產主義之推行，使人心不和，使人心不安，因此它背逆了人性，因此它是不道德的。

中國傳統文化是否可以接受基督教？中國傳統文化是否可以接受共產主義？這些問題，首先該說明中國傳統文化之內在涵義，而始可求解答。因此，我此篇之追記，則僅注重在闡發中國傳統文化之內在涵義之一點上。至於當時和羅時甫先生討論過程中所牽連到的其他談話，則暫此從略了。

（一九五八年香港景風雜誌創刊號）

七　孔孟學說蠡測

竊謂孔孟學說，為人人所易知易曉，亦為人人所易學易行，同時亦是人人所應知應行者。何以故？因孔孟學說乃根據實際人生中人人之本所知、本所行者，而指點出一套人生大道來。人生本在此大道中，一經指點，自感親切，斷無易知不能行之理。

人類處在此宇宙大自然之內，與萬物並存。孔孟所指點出的人生大道，從這一端講，乃是人人之所易知易行，從那一端講，則此人生大道，可以通乎地，宜於萬物，使人類文化得與天地大自然融凝合一。

因此，孔孟學說，乃無時間空間之限制。在此世界人類大羣中，不僅是無種族別，無國家別，無時代別，無環境別，孔孟學說乃是人人都該知，人人都該行，而在實際上，則早已有所知有所行，只是其比數有多少，分量有輕重。在此世界上，乃覓不到一個完全違背孔孟學說之社會。換言之，乃是不能有一個完全違背孔孟學說之人生。

遠在原始人類洞居生活時代，那時人類已有了三年的嬰孩期。在此期中，若使父母不能養育此嬰孩，嬰孩不能親依其父母，則人生將由此而絕，無可繼續。

此三年之嬰孩期，乃天地生人所以異於其他禽獸之處。故父母之慈，子女之孝，實乃一切人道之基本。人類不僅早有此行為，並亦早具此心情，根於心而見之事，因此心乃由天賦，為人人所同有，故又謂之「性」。

一切人生大道皆由此一基本事實上推演發展。凡孔孟學說中所講人類之心性道德，為一切人生大道建基立本，亦皆由此基本事實上來闡發引伸。

人類之生原於天，世界人類亦無不知尊天，由此而展演出種種不同之宗教。孔孟學說中之「尊天」精神，亦與世界各大宗教並無二致。惟孔孟學說就人事論人事，認為人道即由天道來，盡人道即可以上通於天道，而孔孟學說則並非一宗教。

人類在天地間，既與萬物並存，欲求人生進步，必求處理萬物得其宜，世界人類亦無不知重物，由此遂有種種科學發明。孔孟學說則只把握了人生大道為無窮盡之科學發明作一大張本。故曰「正德、利用、厚生」，凡一切利用厚生之事，必以正德為前提。只求不失德，不逆天，則一切無窮盡之科學發明，皆將受孔孟學說之重視，皆可為孔孟學說所包涵，而孔孟學說則並非一科學。

世界人類文化，惟宗教與科學，為能普遍流進社會之各方面、各階層，而有其永久之存在。孔孟學說，非宗教、非科學，而堪與宗教、科學鼎足而三。孔孟學說乃為介於宗教與科學間之一「中道」。發揮孔孟學說，可以會通宗教科學，而使人道益臻於光昌。上所謂孔孟學說可以「通天地而宜萬物」

者，其意義卽在此。

世界愈展演，人類愈複雜，於是在宗教與科學之內及其外，乃有種種專門技能，專門知識，因時、因地、因事、因人而各別興起，但門類日細，則紛歧日增，在其相互間，可以各不相關，乃至互有牴觸。孔孟學說則並非一專門學說可比，孔孟學說乃求會衆異而達一同，把握住人道之中心基點，而又為人人所易知易行者。若使孔孟學說，能發揮光大，得成為世界人類文化之共同中心，得成為世界人類社會之共同基礎，則凡隨時興起之各項專門知識與技能亦將能會歸一極，相得益彰，其貢獻於人類大羣者將益大，而其相互間種種不必要之衝突與阻礙，皆可避免。

孔孟學說，備載於論語、孟子兩書，人人可以就其各一章各一句而分別有所得。如人飲水，隨所汲取，各自滿腹。隨後有大學、中庸。大學專論人事，有「三綱領八條目」，自格物、致知、誠意、正心、修身而至於齊家、治國、平天下，本末精粗，包羅具備。中庸則從人事而涉及宇宙萬物之大眞理大運行，自夫婦之愚不肖之可以與知能行者，直至於雖聖人之亦有所不知不能者，皆求有以會通合一。後代儒家選此兩篇與論、孟並尊為四書，自宋代以下，歷七八百年，四書成為中國社會人人所必讀。

後代儒家對孔孟學說有種種闡述發揮，亦多奉此四書為出發點。

中國文化本以孔孟學說為中心，中國社會本以孔孟學說為基礎。近百年來，因於世界潮流之激盪，此一中心漸見淡漠，此一基礎漸見動搖。惟我蔣總統，對此四書，歷久以來不斷研尋，迭有著述，最近鑒於大陸中共文化大革命之狂妄叫囂，乃始特以「復興文化」正式號召我國人。欲求復興文化，則復興孔孟學說自為其主要首務，可無疑義。

竊謂復興孔孟學說，不僅所以復興中國文化，實亦所以順應世界潮流，古今中外，可以會歸合一。復興中國文化不僅為我國家民族振衰救弊，實亦可為世界人類文化開其新生。此一事，惟盼我國人上下善體蔣公此一號召之深心，各發大信念，各備大勇氣，各就自己的位分，即從夫婦之愚不肖之所能知能行者起腳，黽勉以赴，各自在格物、致知、誠意、正心上切實下踐履工夫，以達於身修、家齊、國治、而天下平之大目標，則雖聖人亦有所不知不能之高遠境界，亦將逐一昭顯在目前。

孔子曰：「仁遠乎哉，我欲仁，斯仁至矣。」此「仁」字正是孔孟學說所講人生大道之主要中心所在，此一中心，近在人身，並有其深厚的種子在人心裏萌芽。雖曰茲事體大，只要立下志向，有信念，有勇氣，自能當下即是，無遠弗屆。

（一九六八年紀念孔誕典禮講辭，九月二十九日中央日報載。）

八　中國傳統文化中之道德修養

中國文化可一言蔽之，乃是一種「最重視道德精神之文化」。

「道」本指行由之路言。韓愈說：「由是而之焉之謂道。」如我們此室，出入必由戶。此卽是道。跳窗爬牆皆非道。一切事，皆猶如出入此門般皆有道。故孔子說：「誰能出不由戶，何莫由斯道也。」人無道，則自會無出路。

「德」字猶如「得」字。一是賦於天而得於己，一是由己行之而得於己。韓愈說：「足乎己，無待於外之謂德。」人生一切道皆由人之德性中自發，不待外求，故曰足乎己，無待於外。人之德行，對他人固可使之各有得，但在自己同時亦有得。如己行孝，在父母固有得，在自己亦有得。所得緊何？卽使自己成為一孝子。此之謂品德。人有了一種好品德，自會感到內心一切滿足，無求於外。所以韓愈那句話，應該從人己、內外雙方去解釋。

故中國人之「道德」二字，應作如下之說明：

一、人性賦於天，由此而行之謂道。故人道亦卽是天道。若違逆於人性，則決然不是道。

二、人之行為，應本於己之內心以為最直接之出發點，亦應歸宿到己之內心而有其最直接之收穫。若不由己出發，又於己無得者，皆非德。

人類之生，本是赤裸裸地一絲不掛，除卻一身體外，沒有帶什麼到此世來。人類之死，除卻那一身體外，一切身外之物，也全都帶不走。而此身體，又必腐壞，不能保留。然則從整個人生言，豈不是到頭一場空。抑且不僅無所得，反而有所失。試問人生意義何在，價值又何在？

但照中國人說法，則實不如此。人之生，除卻此身體外，還帶有他自己一個天性。人之死，什麼也沒有了，但他自己那個天性，卻還存在，可以長留人世，長留天地間。

人之在世，行忠則為忠臣，行孝則為孝子，行善則為善人，行一切德則為一有德之人。為忠臣、為孝子、為善人、為有德人，此之謂「成己」。不僅他之一己完成了，同時亦可完成他人，與一切外物。

自有人生，直到今天，一切完成，則皆由諸忠、孝、善、德來。若其人不忠不孝、不善無德，此人在世，絕對不能有所完成，而且必然會有破壞。破壞了他自己，也破壞了他自己以外之別人。若使人類全都是不忠不孝、不善無德，則不會有今天的人類。而且天壤間，亦不會有人類之存在。只有忠孝善德，可以長留在人世間。只要此人世間存在，此諸忠孝善德，必然會存在。而且正惟此諸忠孝善德之存在，故使此人世間獲得永久存在。

中國古人說：「孝子不匱，永錫爾類。」人世間必然會有孝子不斷產生。孝子與孝子為同類，後一孝子產生，正如前一孝子復活。前一孝子，錫與後一孝子以感召，後一孝子錫與前一孝子以呼應。中國文化中之道德精神，正要使此項道德精神長期永生與不斷復活。文化綿延，實乃此項道德精神之綿延。文化光昌，實乃此項道德精神之光昌。每一人在實踐此項道德精神而獲得完成者，彼將在此人世間長期永生，與不斷復活。

以上是指出了中國人所用「道德」二字之涵義及其用意所在。以下再略講「修養」二字。

如在此桌上一盆花，須不斷加以培養與修剪。雖有天然生機，仍須人工培養。縱得生機暢遂，仍須人工修剪。人之德性，亦復如是。

人世間自有文化演進，愈來愈複雜。人性亦有多方面。以多方面之人性，處此複雜環境中，遭遇隨人不同，隨時隨地隨事而不同，故人生道德修養，亦無一條死法，可以教人人都如此。但從大會通處來講，總可找出其會通點。

中庸上說：

天下之達道五，所以行之者三。曰：君臣也、父子也、夫婦也、昆弟也、朋友之交也五者，天下之達道也。知、仁、勇三者，天下之達德也。所以行之者一也。

人與人相交則不外五條大路，此五達道，中國人又稱之曰「五倫」。即在無政府時代，仍有君臣一倫。如一工廠，有工程師必有工匠；如一醫院，有醫師，必有助手與護士；如一銀行，有總經理，必有簿記會計出納諸職員，此皆屬君臣一倫。如昆弟，乃指長幼言。在家縱是一獨子，出門必有長幼之分。其餘三倫可不必言。故知人世間人羣相交，必有此五倫。此乃是人生中五項共通大道。

在此五項共通大道中，每一項必有無窮不同之情節。但人要履行此五達道，實踐此五倫之理，則必具三達德。所謂三達德者，乃謂此三德為人人共通所必備。

「知」更要是指智慧言，不指知識言。知識必從外取得，而且取之無窮，取之不盡。尤其是某項知識，則只供某項特殊應用。智慧在己，應屬天賦，不待外求。有了智慧，自可應付一切。一切忠孝善德，皆必以智慧來履行，來實踐。愚忠、愚孝、愚善、愚德，皆是要不得。

「仁」是人倫大道。中國古人說，「仁者相人偶」。人與人做搭檔，必先具備一片仁心，必先奉行一番仁道。人而不仁，誰也不能和他做搭檔，他也不能和誰做搭檔。

有了仁和知，還須具備「勇」。有勇氣，纔能敢作敢為。世人遇道德關頭，非是無知，亦非不仁，只是拿不出勇氣。種種推諉，藏頭掩尾，白落得內心苦痛。所以勇也成為三達德之一。

其實此三達德，皆由天賦，我所固有，不待向外面求取。然則何以說「所以行之者一也」。因一切忠孝善德，雖說情節萬不同，總只是每一人自己稱德而行，率性而行，遵天而行。五達道則只是一道，三達德亦只是一德。人則必要赤裸裸地做個人，身外一切分別如富貴貧賤皆可不計。不能說富貴了纔能做人，貧賤的便不能做人。智愚也然，此智愚是指知識言。不能說進過大學，受過高等教育的纔能做人，不是高級知識分子便不能做人。陸象山說：「使我不識一字，也將堂堂地做個人。」人類祖先，都由不識字來。若我們祖先都不能做人，那裏還有人類遺傳到今天。

可知中國人講道德，只是講的「做人道理」，而此種做人道理，卻是最自由，最平等，最博愛的。亦是最合自然的。自然生人，是一個赤裸裸的。人生道德，亦是一個赤裸裸的。絕無外面一切條件可言。惟有赤裸裸的人生，始是眞人生。亦惟有赤裸裸的道德，乃始是眞道德。

但人生與道德，卻有同樣一條件。卽人生必在人與人之中，道德也在人與人之中。離開了人，便沒有我，沒有人生，沒有道德。此是中國文化精義所在，也是中國人所講道德之精義所在。

但話又說回來，人類有了道德，纔有文化演進。自有文化演進，而人生日趨於複雜。人生日趨於複雜，而道德情節亦遂千差萬別。若非有道德修養，道德實踐乃成為非人人所可能。卽如上述「知、仁、勇」三達德，試問人類中能有幾人能具備此三達德而成為一完人。於是在人類中乃不能不有一番道德修養方法之講求。

中庸上又說：

好學近乎知，力行近乎仁，知恥近乎勇。

此乃中國古聖人又為知、仁、勇三達德提示了三種修養方法。那三種修養方法，卻又是無條件的為人人之可能。

好學並非如上述進大學出國留學等，可諉為無此條件，無此可能。每一人不能自諉說我不好學。如諸位在銀行服務，儘可隨時隨地隨事而學。此一種學，須出於自己心中之好。好學本身已是一道德。若強迫而學，學而不好，那是苦痛，非道德。

好學不即是知，但可以破愚。愚者自是而不求。如諸位從事一項職務，只知在此一項職務上，做一天和尚撞一天鐘，馬虎過去，自謂盡職，其實只是一種愚。人之智慧，雖出天賦，但亦須日有濬發，始得成熟，人不好學則天賦智慧，日就窒塞，勢必成為愚人之歸。故好學雖不即是智，但已是近乎知。

中國古人說，「仁者以天地萬物為一體」，那豈是件易事。如諸位在銀行服務，豈能把銀行當作自己家庭看，把銀行業務當作自己家事看。但諸位只要能力行，當會計的盡力當會計，當簿記的盡力當簿記，雖不即是仁者之心，但亦已近乎仁者之行。我們為私家事，不是便盡力而為嗎？為公家事亦能盡力而為，則力行雖非即是仁，而足以忘私，則即已近乎仁。我們試各自問，我們可以自諉為不能力行嗎？力行亦是無條件而人人能之的。

知道了好學力行仍須勇。若無勇，則不堅強，易退轉，易畏難而不前，易因小挫折而失去。勇由何處來，雖亦是天賦，但須人能自鼓此勇氣。中國古人教我們應「知恥」。人縱可自諉說我無勇氣，但不會自諉說我不知恥。知恥雖非即是勇，但知恥可以起懦。懦人甘為人下而不辭，知恥則自能站起堂堂地做人。不期勇而勇自生。

上述好學、力行、知恥三項，都是無條件的，反己即得，所謂「足乎己而無待於外」的。我們縱要自諉，說我不能知、不能仁、不能勇，但卻不能自諉，說我不好學，不力行，不知恥。如是則將不得齒人數。此眞是人人能知能行的一條易簡大道。我們各人所有大知、大仁、大勇之入德之門即在此，我們要復興中華文化之當下至德要道亦在此。幸諸位莫以我此番講演只是一番老生常談而忽之。

當然我此所講，亦只是簡略說些大綱節，其中尚蘊有無限妙義與勝義，則待我們各自在此好學、力行、知恥之三項目上努力，自會日進無疆，一切妙義勝義，全可由自己內心體悟，更不待多言說。

九　農業與中國文化

個人對農業是一完全外行人，但生長農村，差不多前半生的生命都在農村度過，因此對於農村生活略有所知。

講到中國社會，不能說它完全是一個農業社會，大都市大工商業從戰國後，兩千年來不斷向前，那能還說它是農業社會，但中國文化卻可說確是一個極深厚的農業文化。農業有它幾個特徵。從此等特徵下產生了我們中國文化之許多特點。

農業第一特徵是一半賴自然，一半靠人力。從事農業定要外在條件，如天時、氣候、溫度、陽光、雨量、風，以及土壤、養份、河流、灌溉等。所謂天時、地利、物產，又必有許多動植物能和農業配合。這些條件都是外在的，中國人總稱之曰「天」，天給與了我們這些條件，但還得我們人的力量迎上去。農業是一項勤勞的工作，所謂粒粒皆辛苦，來處不易。我們中國古人所稱「天人相應」，「天人合一」，正是十足道地的一個農村觀念，一種鄉下人想法，但實有它純眞不可顚覆的道理。中國古聖先哲則不過將此農村鄉裏人觀念中的那一番眞理，拿出來加以指點與發揮。

若使沒有外在條件，我們的人力就無所施。若使我們沒有自身內在條件，一切天賦也就不能發生它應有的作用。我們中國古人所講的天人合一，或者也可說上帝同人類是一體的，也可說自然和人文是一體的。所謂一體，則只是合而為一之意。

在此觀念之下，我們的農業人生又有兩觀念隨之而生。此兩觀念，須相互配合，不可偏廢。一曰「樂天知命」。外面自然條件所給與我們的，這是天意所在，我們該樂受。但又該知道天所給與我們的那些自然條件有限制，我們應知命。所以在樂天知命那句話之後，我們還該有一句話，即是「盡其在我」。該要善盡其在我內邊自身的條件，纔能與樂天知命那句話相配合。我們不該把此兩句話分開，單講樂天知命固不夠，單講盡其在我也不夠。

進一層說，我們人類一切的聰明智慧能力等等，也都是上帝賦給於我們，而此一切所賦也有限，一定還要靠外邊條件。如此說來，盡其在我，也就是樂天知命。兩句話本來講的是一個道理。在樂天知命一句話之中，本已包有盡其在我之意。而在盡其在我那一句話之中，也已包有樂天知命之意。此兩句話，相包相融。我們不能像一般宗教家，太信任了，拿大部份責任都交給於上帝；我們也不能像一般科學家，太偏激了，認為我們人類可憑自力改造自然，戰勝自然。實際此項所謂改造與戰勝還是有限度的。而且人類本身也即是一自然，不憑自然，何來改造，何來戰勝。這些都是中國人的看法，實際上，這一看法乃從農業人生中來。從此看法中，建立起一套文化體系而又加以不斷之前進，成為一傳統，以直至於今日，所以我說中國文化是一種農業人生之文化。

繼此還有第二點，農業人生和其他人生不同之點。農業人生必然常與生物為伍，因此在農業人生中，必然極富生命意義。也可說，農業人生乃與其他生物為朋友，做搭檔。農業人生的對象，則都是有生命的，農業人生乃與其他生物相依為命。我們講到自然，應該分作兩個圈，一個是有生命的，一個是無生命的。當然此兩圈同為是自然。今說無生命的自然是外圈，有生命的自然是內圈。農業人生所更接近親切的則是有生命的內圈。我們不能說農業人生不接觸到無生命的外圈，但其間不能說沒有一個親疏遠近之別。

中國古人又說，「天地之大德曰生」，這便與其他宗教觀念不同。如耶穌教說法，人類生命乃是上帝對罪惡之一種懲罰。如佛教說法，一切生命都是一種無明作業之輪迴流轉。此皆與中國古人稱自然中之有生命為天地之大德者不同。今再說：此一大德，何以不專歸之天而要兼稱天地，當知此亦是一種農村人想法，農業人生必然是土著的，必然要依存於土地的，所以纔「天地」並稱。

我們又說萬物一體，一視同仁，這個一體，主要亦指生物言。我們並不能說我同這個擴音器一體，亦不能說我同講堂一體。佛教說人身由地、水、風、火四大合成，近代科學的講法，人類生命也可和此無生命的自然一體。但我們中國古人之所謂萬物一體，其實際內容乃是從一應農作物，乃至農村家畜馬、牛、羊、鷄、犬、豕等等著想。我們的生命，乃和它們的生命像是合而為一。一應農作物之生長成熟，當然要靠我們人力，而我們人的生命，也同樣要賴藉農作物作為食品，而又要靠馬、牛、羊、鷄、犬、豕等從旁協助。這個萬物一體之想像，乃由我們農業人生中之眞實經驗來，所以才能接著說一視同仁的話。一個農人對他的田野五穀親切有加，那豈不是一視同仁嗎？五穀的生命，就如等於是我的生命。所以又說：「民吾同胞，物吾與也。」人與人等如一家同胞，那些物呢？就如我的搭檔，我的朋友。這個「物」字，當然是指有生命之物而言。所以中國文化，首先極看重自然，而又在自然中特別看重到生命。中國古人所謂一視同仁的仁字，便是中國文化精義所在。此一「仁」字，正是指的生命與生命間一種呼吸相通、痛癢相關的極深微的情感，此一種情感，正該在農業人生中體會與培養。

現在再講到中國人向所重視的「性」的問題。物各有性，中國古人說：「天命之謂性」，在此性字上，便見是一個天人合一。但似乎人性難講，物性易知。馬、牛、羊、鷄、犬、豕一應家畜都有性，亦都為人所知。稻麥五穀乃至桑麻等亦皆有性，或喜冷、或喜熱、或愛燥、或愛濕，其生長則或快或慢，如是等等，皆是物之性，皆為人所知。而此性字的後面，則顯見有一個生命意義在內。

佛教則說四大皆空，因此亦說「性空」，主要則在超脫生命，歸於涅槃。近代科學則注重講「物理」。它們所研求的物理，比較是以純物質的無生命的物質為主，而把有生命的也併在無生命的一邊去講。中國人講理也講性，宋代理學家說「性卽理也」，是要把無生命的也併在有生命的一邊來講。如說水向下，火向上，此是物理，中國人也說它是物性。有生命的無生命的一樣同有性。所以我們要講窮理盡性，把無生命的與有生命的會通一氣看，亦會通一氣講。

中國人講性，有一個最重要的觀念，就是說「性之善」。此一性善之「性」字，則純指人性言。

天地之大德曰生，天賦人性則都是好的善的。其最先賦與之起源處是一善，其最後發展之歸結處亦必是一善。總而言之，人的生命是善非惡。在整個宇宙中，中國人把人的生命來做物的生命之中心與主腦。使此宇宙人性化，則亦成為一善的宇宙。此一看法與想法究竟對不對呢？這是另一問題，此刻暫不深論。但此一看法與想法，亦是從農業人生中產生而成為中國文化之精要意義所在，則不可否認。

所以我們要說由盡己之性來盡人之性，由盡人之性再來盡物之性，如此以贊天地之化育。如栽一花，種一草，花草都有它的性，我們要懂得如何來盡它之性，那不是我們人便在贊助天地之化育嗎？花草猶然，對於人類自身，自不必說。再講「化育」二字，「化」是變化，此層易講，自然科學講物理，便是要研求其一切可能之變化。但化字下又加上一育字，「育」是養育，是教育，在育字的涵義中，便顯見有生命。我們人類該能幫助天地來化來育，這一想法，又和一應宗教家想法不同，也和科學家想法不同。這是中國文化中一項特殊的宇宙觀與人生觀，由此造成中國五千年文化而成為其一個主要的基礎與中心。

現在再講，生命存在，則必有「時間性」，生命傳播，則必有「空間性」。因此一個農人，定要懂得時間，定要有一副忍耐。孟子書裏有所謂「揠苗助長」之故事，便是告訴我們在生命成長中時間性之重要。一粒穀種下地，須懂得慢慢等，穀亦有性，不能勉強急要它成長。所以中國人講德性，特別看重「忍耐」，要耐得一個久。生命又必要散播，一顆穀，明年可變成十顆，百顆，所以中國人又很看重「擴散」，看重「推廣」，一切要留有餘地。一顆種，可以散佈到全宇宙。惟有生命，可以成得一個「大」。雖然一個農民並不是一個哲學家，但他們很懂得看重時間空間，對一切事物的看法，都能加進時間空間去打算，因此我們中國古人才能提出「可大可久」的一句話來。人類一切事業，要久亦要大。生命要久，其事易知，生命要大，其事便較不易知。但中國古人很早便知有大人小人之分別。極深的一項哲理，卻成為中國人一句口頭禪。其實此亦是從農業人生之能直透進自然生命中去，而始提出此可大可久之兩觀念，那是極值得我們深切體認的。

我們還要知道，農業是我們人生中所最基本最需要的。中國古人又說：「民以食為天」。那些五穀、米、麥，就等於是我們的天，因它是我們生命所寄。一個耕田人，一個農民固然為要解決他自己的生活，而從事農耕。但同時別人的生活，也寄託在他身上。從自己一方面看，所要有限，從別人一方面看，卻是非要不可。以我所餘來供給人，這是一種道義，卻是人類一種最高道義。工商業乃從農業中發展而來，一應工商業並不是不好，亦不是要不得，但工商業之展演過程則易於成為一種功利的。農業主要在供人所需，給人所求，工商業之展演，則往往會變成一種投人所好，誘人所無的，純功利而非道義的心情。中國人所謂之奇技淫巧，重利輕義，都從工商業中展衍而來。在農業社會中，人的心理往往是無求於人，其生活簡單可以自給自足，而工商業社會則不然，必然要向外爭取市場，推銷貨品。因此從事工商業的人，其對於人生對於宇宙的看法，比較和農業人有不同。

中國文化成長在農業人生上，中國人常說農為本，商為末。這「本末」兩字，譬如一盆花，栽在盆裏的是根是本，開的花則是末。當然養花要有此個末。但本末之間有一個先後，一定要培養它的根，才能開花結果有此末。推此言之，我們人的一切知識事業都是末，生命則是它的本。沒有了生命，那裏再來知識、事業、享受，滿足那一切。中國人著重講本末，說商業是一末，並不是看輕了商業，但農業是商業之本，本在先，末在後，我們是要由本至末，本末先後俱盡。我們若把此一順序顛倒了，認工商為本農業為末，這世界便會大大不同。近代西方資本主義、帝國主義之出現，便是如此。

此刻我們大家都講，現在應該是工商社會，不再是農業社會了，但試問，工商社會要不要吃飯穿衣，要不要農業？忘本求末，專靠外面，那社會是危險的。本末顛倒的人生，不可久，不可大，不合理，而違背了自然。因有了資本主義和帝國主義，而又有今天所謂共產主義的反動，兩百年來的世界，由資本主義來操縱一切。海洋國家乘運興起，英國日本同是一個很小島國，也可稱霸於天下。但帝國主義終於打倒，資本主義也有了限制，目前最需要的還得要是一個大農國家。先要能自給自足，才能求向外發展，今天世界上具有大農國家資格的，有美國，有蘇俄，有中國。中國到今天，豈不又成為配合世界新社會需求的合適條件了嗎？

在古代有四個文化古國，埃及、巴比侖、印度與中國。這四個國家，都從農業開始，農業必賴河流灌溉，可是埃及、巴比侖兩國所有，只是小河流，因此只成小農業區，發展有限。印度可以成為一大農業區，但地理合適了，天時不合適，它是一個熱帶國家，常易由厭倦的心理來代替了勤勞，又和發展農業不合適。只有中國，在溫帶，又是一大農國，在發展人類文化的基本條件上最合適，到今天，已經有了四五千年的文化傳統。只在最近一段時期中，西方工商業突飛猛進，自然科學控制著一切，資本主義、帝國主義得意橫行，我們好像違背了此一世界大潮流。但今天世界潮流，又急速轉過來了，不能專靠殖民地農業來維持國家的生存和威強，立國基本還是在農業，大農國家始有領導世界的資格，而中國恰有此條件。其他美、蘇兩國雖亦具有大農國家的外在條件，而沒有大農人生的文化傳統。惟有中國，既有大農國家的外在條件，更有大農人生的文化傳統。有「天人合一」的文化大理想，有「一視同仁」的文化大美德，有「重道義輕功利」的文化大軌轍。照常理講，由中國文化傳統來領導世界人類前進，應該是當仁不讓的。農業已成為近代科學中之一支，我之所以提出我個人這一些意見，乃是盼望農學專家能對中國此一文化傳統擔負起一種復興和發揚的責任，實則這也是義不容辭的。

現在再講：由中國的農業人生發展出中國的農業文化。其中有一項極高表現，則在中國的文學上。中國的文章和詩，以及一切中國文學，我可說，它是最能表現人生的。我們也儘可說，中國人生實是一種「文學的人生」，也可說乃是一種「詩的人生」。諸位從事農業的，若能從業餘去讀中國文學、中國詩，那是最適合不過的了。從詩經三百首起，中國詩就一向以農村作背景，從農業人生的觀點中發展，在後有所謂「田園詩人」，專是歌頌農村田園生活的。例如陶淵明、陸放翁，都可歸入田園詩人中而被推為代表。他們歌詠鄉村，歌詠田園，歌詠鄉村田園裏的人生。又從鄉村田園的人生中所了解的宇宙來歌詠自然，歌詠人類文化。在田園詩人外，又可說有一派可稱作山林詩，以及江湖詩，或是隱居山林，或是漫遊江湖，要之亦都是接近自然，接近鄉村，接近田園詩人的一邊。像王維，可歸入山林派；像李白，可歸入江湖派，他們兩人，都可作此兩派之代表。中國其他大詩人，也都可分別歸入此兩大派。如杜甫接近田園派，尤其如他住在成都草堂那一段中的生活和歌詠。蘇軾一生到處跑，他的詩，都是歌詠自然，歌詠人生，接近江湖派。凡屬中國的大詩人，都可說是近於自然的詩人，他們能將人生融入於大自然，他們能於大自然中獲得了眞人生。他們都能寫出大自然中一番生命意義。他們寫到無生命的一面，也常當它有生命來描寫。我們也可說，中國詩人所寫的自然，都有生命融化在內，而中國詩人所寫的自然生命，也都有人類生命融化在內。那亦是一種天人合一，與萬物一體的甚深哲理的人生融化在內了。中國詩，可以說，都能把人生境界融化進宇宙境界，而來為宇宙境界作中心，作主腦。遠從詩經三百首起，其所用比興的描寫方法，卽已具此意。

我們試再講一批宋明時代道學先生卽所謂理學家們的詩，或許有人覺得道學先生理學家好像都有些不近人情。其實大不然，中國的道學先生理學家們是最通人情，最富人生趣味的。我們試舉兩個理學大詩人，如北宋之邵康節，如明代之陳白沙，便知我說不虛。卽拿程朱來講，那是理學家中的大宗師，但亦復如是。讓我試提出兩句大家知道的詩，如「萬物靜觀皆自得，四時佳興與人同」。這詩中所謂萬物，只要你靜靜地看它，都覺得它們能自得其樂，那便是講的有生命之物。若非有生命，又何所謂「自得」。如我桌上有一盆花，它是有生命的，又如一架擴音機，它是無生命的。你可說靜觀之餘，覺得花亦自得，但不能說那架擴音機也在自得呀。至於四時佳興，那便是大自然之與人合一，可不煩再講。冬天去了，春天來了，又是夏天秋天接著來，又是冬天來了，四時各有佳景，每一番佳景都足興起人，都是與人同之，那是何等的宇宙觀，那是何等的人生觀。又如說，「好鳥枝頭亦朋友，落花水面皆文章」，那又是何等的宇宙，何等的人生呀！今天是科學時代了，萬物四時，和人一切不相干，枝頭之好鳥，水面之落花，變成輕微不足道。我們把自己人生抽離了自然，並亦抽離了人生，來求上月球與電腦化。所以有些處，反而轉不比我們道學先生們更多有些親切的人生味。

再論佛教，自有禪宗，而佛教中國化，亦卽是佛教而人生化了。山門寺院之內，漸漸增添進常俗之人生化，而亦成為一片詩境。有人問佛法在那裡，和尚指點他說：「青青翠竹，鬱鬱黃花。」那些都是有生命的，佛法便都在那生命裏。又有人問佛，和尚說「庭前柏樹子」。柏樹結了子，那便見性，也卽見佛性，佛性還是從生命中來。還有人問和尚佛法，和尚反問「廬陵米作什麼價」，如是便講到農業人生。沒有農業，沒有米，何來有佛。如是般的講佛法，眞是講得活潑透脫之極。此下的禪師們，能詩的不少。有人說，中國詩都受了禪宗影響，其實還是禪師們受了詩人的影響呀！

所以我們說：中國人生是一種詩的人生，中國的詩都是歌詠自然、歌詠農村，我特別希望從事農業的專家們，能利用業餘讀一些中國詩。從事農業是最親近自然而又最辛苦的，中國有很多「憫農詩」來描寫農事辛勤，又常從詩中來陶醉自然，醇化人生，這對農業也有大幫助。如讀陶淵明詩，「狗吠深巷中，鷄鳴桑樹顚」十字，也使我們從此簡單純樸的田野生活中，卽時領略到一種詩境和詩味。狗叫、鷄啼，到處碰得到，陶淵明把它一寫入詩，使我們頓覺得別有一種境界，別有了一種情味，那是詩人的胸襟，那是詩的人生，那是在大自然中一種生命的最高共鳴。樸素的鄉村和醇化的人生，盡在此十字中透露而出。

今天我們是人生而工商業化，到處成為大都市，此中的形形色色，我們不必講。最顯著的一切功利化，一切機械化，成一機器世界，幾乎和自然界隔離了。把自然界中一切生命都驅散了，人的生命也被困在機器的束縛中，不比農業社會，到處碰到的是自然，是生命。而大都市中碰到的全是機械，既不自然，亦非生命，因此我們大都市的人生，比較總會少一點生命樂趣。我們說，一切物質設備都是來供養人的生命的，然而生命的圈子則愈是機械化而愈狹小，人的生命從大自然萬物生命之共存共鳴中，獨自走進了一機械世界，相互間各自為其生命而掙扎而鬥爭，這總不是人生的理想。宋代道學先生周濂溪窗前草不除，人家問他，他說和我生意相同。今天都市越大，到處人碰人，然而人情愈淡愈薄，生意被窒息而不自然。今天人類的生命，則真成為人類自身一勞累一枷鈕。外面的是機械，自身的要金錢。愈走進大都市，愈覺得身邊荷包裹鈔票之重要。外在條件種種不如意，使這世界到處發生一種怨天尤人的心理裂痕，因而共產主義遂得起來作為資本主義之反動。從我們深厚的農業文化的觀點來看，似乎他們都還沒有觸及人生的真處深處。今天的世界，充滿了不安不樂，不平不和，不滿足不休止的紛擾。大家向外爭取，回過頭來想想，關於生命實際，還是空無所有。

最了不得來說，近代人生，是一種戲劇化的人生。尤其是一種西方式的戲劇化。西方戲劇，本質上要能驚天動魄，其最高境界，就該是一悲劇。若我們讀一首詩，其最高的境界，應該是平淡是和諧，尤其是中國詩，這是中國傳統農業文化中的人生理想。我個人因從小生長在農村，所以從小便知欣賞中國詩。我希望我們在農業界工作的專家們，於業餘來欣賞中國詩，一面可使自己生活有一個調劑。第二要藉此來發揚我們的文化。

再講到農業人生，不僅會叫我們跑進詩的人生，又會叫我們跑進藝術人生裏邊去。如我們中國古今流傳的陶器、瓷器乃至古代寶物鐘鼎銅器，其形體花紋色彩，一切樸厚單純，和平淡雅，在這中間，都表示了我們農業人生的理想追求。我們從前的家屋建造，園林佈置，都帶藝術情調，給與人生以最高陶冶，最高享受。近代的都市化，人口集中，商品充斥，刺激代替了陶冶，誘惑代替了享受。卽如從前每一家庭中，牆壁上懸掛著幾幅畫，山水也好，花鳥也好，一丘一壑，一柳一燕，在它背後都有一種極濃厚的自然情趣與生命啟示，那些情趣與啟示，跑到鄉村都易見到。只要一幅畫掛在壁上，便如使人跑到了另一世界，獲得了另一生命。一輛計程車，一架電視機，盡是商業和機器，都畫不進中國畫，和我所稱有生命的自然人生不同。這一種人生，盡在向外。固然，全部人生中，不能無向外。但只有向外，不卽是人生。一切科學、知識、事業、政治、經濟、社會、法律、教育等等，根本都先要有一人。我們不能在政治上來爭取，來覓得我這個人。或是在商業都市中來爭取來覓得我這個人。人只在大自然的生命中。有了這個人，才可以發展出很多花樣，商業和機器亦在內。中國人講本末先後，就是這道理。

今天我們大家正要講復興文化，要復興文化最重要是要有一個新人生。要有新人生，先要有一個新的生命觀和新的宇宙觀。我們今天要把一種生命的科學來融化物質的科學，要用文學藝術來融化機械功利，這不是我們中國一個國家眼前的問題，乃是整個世界人類前途一個遙遠的大問題。我想我們具有中國文化傳統的一個在現代科學中養成的新農學家，正是有此條件，有此責任。我們該擔負起此責任，把農業踏一步進到文學、藝術，使我們獲得一個現代科學化的農業新人生。在此新人生的大基本上再來講求一切其他的科學知識事業，而達到中國文化傳統「天人合一」的大理想。這不能從純經濟觀點、純功利觀點上來講求；而須從一個哲學觀點、人類文化觀點上來講求。這應該是我們當前復興文化運動配合現代科學潮流，配合上不斷進步的一切生產製造技能和經濟發展一條最重要的路。這是我個人一點淺薄意見，尚祈農學專家加以討論與批評。

（一九六九年三月中華文化復興月刊二卷三期）

一〇　中國文化體系中之藝術

一

中國藝術代表了中國文化的一部分，到底在整個中國文化體系中，藝術的地位和意義是如何，它在什麼地方代表著中國文化呢！

中國文化，簡言之，乃以人文為中心。「人文」二字，指的是人羣相處的一切現實及理想。中國文化之表現與成就，都圍著這人文精神作中心。故此中國文化體系能融通為一，莫不圍繞此中心，而始見其意義與價值。換言之，中國文化亦可說是以「人生作本位」。人生兼指個人人生與大羣人生言，而這兩部分的人生自亦需融通為一，可不詳論。此下我們將根據此講法，來引伸下面所講；同時，亦以下面所講，來證明上面這講法。

西方文化，比較與我們有一點不很相同處。人生本在宇宙自然之內，且為宇宙自然中極微小之一部分。西方人好像偏重於先向外去探究自然，對自然有認識瞭解後，再回頭來衡量和決定人生之意義與價值。如宗教，如科學，莫非先向外，然後再轉到人生方面來。中國則先看重「人」，再由「人」而擴充到外面去。

古代希臘人，將宇宙分作眞、善、美三方面，科學求眞，道德求善，藝術則求美。這種三分法，逮至近世如康德，乃至最近，似乎無大改變。中國人看法與此不同。似乎中國人認為，凡是美的，則同時亦兼眞和善；而凡是眞的、善的，同時亦兼美。換言之，在此天地間並無分別獨立的美，亦卽是說，沒有離開眞和善而分別獨立的美的一世界。所以在西方，美術可與科學、宗教三分鼎立，而各有其專門探討的領域；中國則仍是融通為一，眞、善、美應該同屬一體。這一觀念非常重要。中國人看事物，往往不注重分別觀，而更注重「融通觀」；凡合乎中國人理想者，都見其相互融通而圓滿具足。要講中國藝術，亦須由這一點入手。卽講文學、哲學，乃及其他，亦無不然。這是我今天所講，要請各位注意的第一點。

在宋代理學家中，有周濂溪作太極圖，此圖乃是代表宇宙之全體者。在一體中包涵絕對相反之兩面，一陰、一陽。絕對相反之兩面卻凝成為一體。既屬如此，則眞善美並非對立，其在一體中，自可不必強為劃分可知。

宋儒又謂「萬物一太極，物物一太極」。整個宇宙是一太極，而在此宇宙中之任何一物，亦同為一太極。此謂任何一物之在宇宙間，其所表現與完成者，與整個宇宙之所表現與完成者，同是完整之一體；在意義與價值上，雖不能相等，卻還是相同。換言之，凡在此宇宙內，不論其是一人、一禽獸、一草木、一水石、一桌椅、一碗碟，乃至一微塵不論其有生無生，有情無情，同表現在此宇宙之內而達於一完成，即不能相反，而只是相同。倘使此宇宙間之一切表現與完成者，均與太極不相同，則何能集合而成為一整體之太極！故說：個人人生卽可代表大羣人生，並可代表宇宙大全體，此卽是「物物一太極」，卽可代表「萬物一太極」。宇宙是一大天地，個人是一小天地，大小固不相等，天地卻不相異。此乃從人本位講。倘若換以禽鳥、蟲豸、草、石，乃至一微塵，各可如此講。現代物理學家言，一原子之組織相似於一整個宇宙之組織，亦可謂是物物一太極。此一層，乃是中國人的宇宙觀及其人生觀，亦卽是中國人之哲學。這些哲學觀念亦與前講文化體系一般，都是融通為一，卽中國人所謂之「天人合一」。

現在依上述兩點來談中國的藝術。我對藝術是門外漢，但不妨從門外來看門內，也不失為是一種看法。其他暫不講，單來講繪畫，也許會講得過於空洞，或過於高遠，但總可為諸位學中國畫者作參考。

二

說到繪畫，有兩方面：一是畫家其「人」，一是所畫之「物」。誰在作畫？畫的是什麼？我之所畫不即是我，畫家與其所畫應有分別。依中國人理想，此二者仍當融通為一。若說：「因你能畫，故稱為畫家。」此是一說法。但亦可說「因你是一畫家，所以能畫。」這兩句話所說意義不同，前一句話的價值偏重「物」、在外面，指所畫言；後一句話的價值偏重「人」、在內面，指畫家言。諸位學畫之目的，究在求為一畫家乎？抑求能畫一幅畫而已乎？此處所謂能畫，依佛家說法則是所畫。「能」「所」應是合一，而實是能為主而所為從；應是先有能，始有所。若說學畫，重於「所」字，則在我們注意怎樣去學作畫的一切技巧與方法。若說成一畫家，重在「能」字，則試問我們於怎樣學畫之外，如何又有另一條途徑去修養成就為一畫家呢？這道理看似很難講，其實卻是簡單易明。猶如說到一政治家，請問是否一定要跑上政治舞臺從事政治活動，做大官，才能或便能成就一政治家呢？當知跑上政治舞臺，從事政治活動，做大官的，並不即是政治家。而一位理想的政治家，卻可以不上政治舞臺，不從事政治活動，不做大官，而人人想望他應是一政治家。此一人跑上政治舞臺，從事政治活動，做了大官，才始可以有理想的政治事業之表現與完成，因他已先是一政治家了。至於教育家亦然。我們不能說只要從事教育工作的便都是教育家，此中道理，從深處講，似乎不容易；若從淺處講，卻人人可明白。

無論教育、政治、藝術都是「人」的事業。事業必有所表現，有所成就。而表現成就的都在外；在那些表現成就之後面，則必有一個主，主則在內不在外，這卽是此「人」。今我試再問，假定此人是一藝術家，他一生畫了千幅名畫，是否把此千幅名畫加在一起，就等於此一人了呢？這卻大有問題。如說孫中山先生和華盛頓，是否將其一生豐功偉業擺在人面前的加起就等於一個孫中山、一個華盛頓了呢？當知此說斷乎不是的。中國傳統文化主要看重人，故謂「一位政治家完成絕大政治事業，一位藝術家創造絕大藝術作品，這些只是餘事。」所謂「餘事」，乃是指其完成為一大政治家大藝術家之後，偶然有所表現，而在其人論，則只是些多餘的。因此種表現與成就，是要碰機會的，卽是說，須在某種機緣配合之下，才可以有此表現和成就。若無此機緣，無此表現與成就，應該仍不失其為此人。如諸葛亮不遇劉先主三顧草廬，不出來做事，此一諸葛亮之價值應該並不會比出來做事的諸葛亮低了些。而孫中山、華盛頓投身革命，開創中美共和，依照中國人人本位的文化傳統觀點來看，這些也都不過是餘事。在孫中山與華盛頓，他們平日志趣之內蘊，與其人格之積養，始是主要的。其碰到機會而有所表現與成就，則只能說是餘事了。一位藝術家亦然，所畫是其餘事，此一位畫家的平日之志趣內蘊與其人格積養，卽說其人之本身則是主。事業之表現成就在其人，而人的圈子比他的事業圈子大得多。中國文化理想重人，以「人」為本位，人之價值不能卽以其事業之表現與成就而定。

由此遂講到人的品格上。品格有高低，有時與其事業之表現與成就之大小並不定相稱。

品格由於天賦，但亦由後天修養而來。今只就繪畫論，中國論畫有所謂「畫品」如神品、妙品、能品、逸品等。當知畫品正從人品來；反之，卻不能說人品仍從其畫品來。試問其人只是一個鄙俚俗人，他如何能畫出一幅當得上逸品的畫來。此刻諸位初學作畫，只望能像一幅畫，可不懂得什麼叫「畫品」；但作畫而進入高境界，則不能不論品。而畫品與「人品」，最後還是相通合一，這一層大家應該特別注意。

中國人論畫，又重「氣韻」，南朝謝赫六法，首言「氣韻生動」，此「氣韻生動」四字原本指人物畫而言。下及宋明以來，對山水、翎毛、花卉等亦講究氣韻了。現在我請問諸位，欲求畫中人要有氣韻，而畫家本身其人沒有氣韻，則豈能辦到？故此問題又要回復到畫家「人」的身上了。人生在大自然間，儻使自然只是一塊然大物並無氣韻，人生其間又何來有氣韻！故此仁者樂山，智者樂水，一山一水，一花一草，都有其活潑生機，亦卽都有氣韻。塊然大物有氣韻，一花一草亦有氣韻，此亦所謂萬物一太極，物物一太極。畫家要能了解到此，自然其一筆一墨都能表現出天地間的氣韻生機，而此畫家之胸襟境界以及其人本身之氣韻，也就不問可知了。

三

以上所論，只說要學藝術，得先要學做人。人的品格是大前提，筆墨巧技乃是餘事，故在超乎講究畫法之外，該是另有一套修養。茲且舉兩個故事來講：

一、莊子載宋元君將畫圖，眾史皆至，受揖而立，舐筆和墨，在外者半。一史後至，儃儃然不趨，受揖不立。因之舍。公使人視之，則解衣槃礴羸。君曰：「可矣。是眞能畫者也。」

二、北宋孫知微欲在某寺壁畫水石，構思經年，不肯下筆；一日，忽倉皇入寺，索筆墨甚急，奮袂如風，須臾而就。畫成，水勢洶湧，傳為名作。

此兩故事，初看若不相同，然同可說明在畫家作畫前必有一番心靈境界始有所謂神來之筆。用現在心理學名詞，前者是「放鬆」，後者似是「緊張」；前者是滿不在乎，後者似是精神集中。其實此兩境界相反相成，只可說是同一境界之兩面。在佛家所謂提得起、放得下。當知此等心靈境界，不是無端忽來的。近人好言「靈感」；靈感也不是人人可有，時時可有的。怎樣才能有靈感？怎樣才能下筆如有神？這在講究畫法技巧以外，另是有修養。畫品卽是人品，畫的境界卽是人的境界。可知修養成一畫家與畫成一幅畫，其事廣狹深淺大不同。諸位體悟到此，始能深入畫家三昧。

四

論作畫又有兩途，一寫生，一寫意。中國自宋元以後，特別喜歡寫意。現在我替「寫生」和「寫意」這兩個名詞下一解說。寫生是寫外物之形象；而寫意則是寫內心之情趣。倘若作畫，僅知寫生，不知寫意，照中國人看法，只是達到畫之「技」，而未臻乎畫之「道」。但若僅求寫意，不能寫生，則他可以寫一首詩，或寫一篇散文，但不能成一幅畫。故知一位理想的畫家，要能寓寫意於寫生之中，由寫生中來寄意，藉外物形象來表達畫家內心情趣，使寫生與寫意、卽人與物融通合一，這也就不容易。

今試約略闡釋此中門徑。諸位當知在作畫寫生之前，必先要有一番「觀」字工夫，不觀又何以能寫，但觀的工夫卻大有不同。如諸位到郊外去學習寫生，豈不在寫生時卽有了觀，此固不錯。但中國人一向對此「觀」字卻甚為看重。我們須能觀天、觀地、觀人、觀世、觀萬物。宋儒邵康節著觀物內外篇，大有發揮。這不是件易事。諸位須先能觀生，然後才能寫生，而觀生則是一種大學問，包括觀天、觀地、觀人、觀世、觀萬物都在內。要能觀其大、觀其全、觀其通、觀其變。孟子說：「登東山而小魯，登泰山而小天下。」又說：「觀乎海者難為水。」觀山，不可限於一丘一壑；觀水，不可限於一波一折。而且觀山不可限於山，觀水不可限於水。如是說下，便有無限修養，無限妙境。

因此中國人寫生，不如西方人般站定在一角度上，又拘束在一個時限內去寫。應求能超越時空限制，詳觀其正、反、前、後。多方面、長時期，觀其大、與全、與通、與變，如此成竹在胸，乃始落筆。所以中國畫沒有陰影，陰影必是在某角度某時限中所有。中國人作畫，主張先得其全神貌，然後在全神貌中描出其一情態。此一情態，才是活潑如生。此亦是萬物一太極，物物一太極。中國人畫山水，決不是站在某一角度去畫，所以在一幅畫上，可以畫出羣山萬壑，可以畫出千曲百折。如此卻是畫的眞山水。我們不能只看小天地，應放開眼光懂得看大天地。又必放進歷史時間，從悠久變化處去看，如是才能體會深刻。換言之，外面物象，並不易看，須要從多方面及長時間去看。如是始能「超乎象外，得其環中」。這是說要跳出事物的囿限圈套之外，而後才能默會深察事物內在的神髓。宋人詩云：「道通天地有無外，思入風雲變態中」，這才是達到了觀大、觀全、觀通、觀變的最高境界。中國人寫字、作畫、作詩、為文，以至參禪學聖，都是同此一道理。畫家說：「外師造化，中得心源」，這兩句話，要能把內在的心源和外在的造化融通為一，那就是中國畫學理論中之顚峯了。

如是般的由觀而寫，寫生與寫意自可相通合一。正為萬物一太極，一物一太極，所以無論一花一木，一鳥一蟲，鳶飛魚躍，翠竹黃花，道無不在。藝術家筆下一些小天地，小花草，卻能令人欣賞到天地之大，草木之繁。縱使是一門外漢，亦能目擊道存，不言而喻。所以在一畫家之專門筆墨技巧方面，可能不容易獲外人欣賞，但此畫家在其畫上所表現出的局度氣韻神態生意方面，即是他所能獲得的道通天地、思入風雲的更高境界，卻可以不愁人看不懂。近人又常說，不得不降低自身的畫品，來求迎合俗人的口味。其實，作品眞好，則不愁沒有人欣賞！那些一味迎合俗好的畫家，仍見其觀人觀世之不深。

五

再講，中國畫不重距離，不像西洋畫注意比例、透視、大小等。此亦其不得已，而亦有其所當然。如畫泰山，若要畫出其全景，則決不能站在一限定的角度去畫。須得縱身而觀，須得聳身凌空，從高處來看其全，如是乃可由山腳畫到山頂。否則眼前一拳石，便把全山視線遮掩了。當知泰山本身本沒有此遠近大小之別，這是畫家在限定的角度下之一種主觀。須把此角度移動，須把此主觀融化，須能從泰山本身來表現這泰山。不然的話，則會徒歎「不見廬山眞面目，只緣身在此山中」。

我在羅馬聖彼得教堂，曾看過一幅在文藝復興時代的名畫。那是一幅大壁畫，人物攢聚，濟濟一堂，氣魄宏大，局度恢張。置身畫前，使人亦如神遊其境。但若依照遠近大小比例，則決不能畫出此景象，而此景象乃是一種眞景象，須是淩空高視，始能攝取此一景象之眞。此一畫之畫法，卻與中國人畫法不謀而合。我又曾在泰安嶽廟，看過一幅宋眞宗封禪圖的壁畫，大殿三面壁上，全是此一幅畫，千人萬騎全行列至少有數里之長，畫中不僅有人物，並有外景、山川、樹林、道路等等，活像是用電影機連續不斷拍攝下來一般。試問又如何能站定在一角度來畫出其遠近大小之比呢？這正所謂徒見其所見之不廣而已。諸位要成一畫家，至少應能懂得縱身而觀，懂得觀其大，觀其全；又能進而觀其通，觀其變。如此般來觀天地、觀人、觀世、觀萬物，再落筆作畫，那就知作畫實僅是一餘事了。

我們從此又知，中國人畫小幅，實是從畫大幅脫化而來。宋人畫册頁，也是由以前的大壁畫演變而出，所謂「尺幅有千里之勢」。又說「咫尺之圖，寫百里之景」。若懂得了此層，又知如元四家倪雲林作畫，寥寥幾筆，一土丘、一牛亭、一樹、一石，而自有天地，自有氣象。由大幅可以縮成為小幅，自然可以由繁筆減成為簡筆。落墨不多，而意味無窮。

六

最後還有幾句話要說，中國畫家稱梅、蘭、竹、菊為「四君子」，所謂「君子」，其中自寓有人格修養之意義存在。何以千卉萬草之中，梅、蘭、竹、菊四者，獨得稱為君子？我們畫梅蘭竹菊，當然不僅要畫得它像梅蘭竹菊，還須畫得它像一君子，或說像一高人雅士。人中何以有君子、小人之別，何以有高下雅俗之分？此一見證，也就不容易，非有大修養，無法與他討論到此。此中有胸襟、有氣度、有風韻、有格調。諸君試從此參入，也可漸有所窺見。

或許諸位認我上面所講，不是在講作畫，卻是在講做人。但我們的理想，並不是只要培養出一些囿於一曲，僅能在藝術上依樣畫葫蘆的畫匠，而是要培養出一些大藝術家來。若眞是一個大藝術家，則彼之品格，必然是卓然獨立，與眾不同。此必須有大體會，大修養，不是憑空可以獲得成功的。我盼望諸位以後多下工夫，朝著這條大道去開創中國藝術的新天地，使諸位將來成一畫家，也是中國文化體系中理想一畫家，而其所畫，自然也是代表中國文化的理想藝術品了。

（一九六四年四月七日新亞書院藝術系學術講演，新亞書院生活雙周刊六卷二十期。）

一一 從中國固有文化談法的觀念

中國固有文化思想，以儒家為正統，而以孔、孟為其代表。法家以申不害及韓非為代表，向不甚受重視。迄至近代，因受西方思想影響，國人始提倡法治並尊重法家，如梁任公所著中國六大政治家，即舉管仲、商鞅、諸葛亮、李德裕、王安石、張居正六人，均偏重經濟與法治。惟重「法治」與「法家」思想並不相同，申、韓法家乃是一種政治思想，認為一切政治均應以法為主，其所謂法則指狹義之刑賞而言，掌握此刑賞之權者為君主，君主憑藉此刑賞以為控制，此乃利用人民好賞惡罰之一種手段，法家思想大致如此，乃以刑賞之權為治術。故當時又分申不害為術家，韓非為法家。其實此種分別不關重要，要之是以刑賞為法，以法為治，則無大別。儒家亦講法，法本於道，法乃為治之道，非為治之術。治者平也，「治」字本義為「水平」，法字本義亦相通。為治者須使社會上下得其平故貴立法，非如法家之以刑賞為控制，乃是所謂治國平天下一切皆貴有法，足見一般人所謂儒家不談法之說為謬。

中國第一部法律書乃出魏文侯時李克所著。李氏乃孔子門人子夏之弟子，是為孔門再傳弟子。第二位談法者為魏武侯時之吳起，吳氏乃孔子門人曾子之弟子，亦為孔門再傳弟子。第三位始為商鞅，商鞅本魏人，後事秦，為秦變法圖強，其所變法則承襲李、吳而來。故當時西方秦國變法乃繼東方魏國而起，足見中國歷史上談法治乃自儒家始。申不害韓人，時代稍次於商鞅，韓非亦韓人，乃在戰國晚期。韓非曾受學荀況之門，則法家亦與儒家有淵源。太史公謂申韓，源於道家，蓋是雜采儒道而均不得其精義。

近人受西方思想影響，好談法治，而僅知有申韓，不知孟子曾言：「上無道揆，下無法守。」明以「道」「法」平提，道猶如水流，法則猶是隄防，兩者相輔而前。揆，度也。道之審度之權在上，釐定大計，定而為法，使在下者有所遵守，而天下治。孟子又設想舜為君，皋陶為士，卽當時之司法部長。設舜之父瞽叟殺人，皋陶欲治之罪，舜當如何處理？舜若依皋陶入父於罪，則有悖於父子之大倫；苟欲順父子之情，而皋陶守法不屈，又不能強其枉法以從。在舜實為進退狼狽，欲求兩全，不使皋陶失職，則惟有偕父潛逃遠避海濱，自己把君位丟了。由此可見儒家對法重視之一斑。

中國人重道，猶言道路，非徒理論空談，須能人人由之。故講道則必言禮，禮卽人生中一切之規範，乃是道之見於日常人生而使人有所遵守者。又曰：「出乎禮則入於刑。」蓋禮是導其如此，刑是禁其如彼，兩者正相反，但違禮不卽入於刑，其間尚有一段距離與空隙，「法」字則同時兼有此兩義，故曰「禮法」，又稱「刑法」，則刑雖在法之內，其範圍較狹可知。孔子有言：「道之以政，齊之以刑，民免而無恥；道之以德，齊之以禮，有恥且格。」前段略如申韓法家之重刑法，後段乃為儒家所重之禮法，此乃「禮治」與「法治」之別。故儒家的政治思想乃主「合道法而為一」，亦即是納民軌物之謂。

漢高祖與民約法三章，曰：「殺人者死，傷人及盜抵罪。」抵者相抵，亦有平義，此三章乃中國言法之最起碼之始點，實則其言太粗略，不能認以為備。如子殺其父，若謂法律之前，人人平等，則所謂殺人者死，初不因子殺父或父殺子而有異。子既殺父，則殺子即可抵罪。然衡諸中國固有之倫理道德，則子殺父，臣弒君，均被目為大逆不道，與普通殺人迥異。欲論法律，必先瞭解法律在整個人生中之意義及地位。如羅馬法與日耳曼法所以有不同，非僅法律條文之不同，實因其歷史背景及社會人生理想有不同而致此。故學法律者必明及法律條文之外，應知法律與整個人生社會之關係，始謂之通人。

法律之最大作用即在保護人之利益，而利益中最大者則為財產利益，人身與生命尤是財產利益中最大者。蓋必有此，而後始有其他財產利益可言。而法律所保護，則不僅保護被害人，並應同時保護加害人，雙方既均受法律之保護，故法律貴得「平」。然加害人所加害又可有兩方面，一為害人，又一為害道。如子殺其父，以言害人，則父亦一人，子亦一人，一人殺一人，與一般殺人無何差異。然若言害道，則所害者實大。其受害者可以遍及全社會乃至後世。在法律上父子雖同為人，在道義上則一為父一為子，地位絕然不同，當非僅「殺人者死」一條文所可概括，從此研求下去，情形甚複雜。殺人者死僅一死條文，而殺人則為一活行為，殺之情節萬有不同，故殺、誤殺既各有異，法律亦無法一一為之列舉而無遺，故必就事定判。如言故殺自為最正式之殺人犯。然在古代有積意存心報殺父之仇之一項，子為父復仇，同是殺人，但在倫理上言則亦是孝道，衡之於法，殺人者死，固為死路一條；揆之於理，則中國古人咸認此種情形可邀寬減輕刑。因此，刑之從輕從重，其標準乃在揆之於事之情；而事之情之所以有不同，乃在事象後面有其心理之不同所致。如謀殺，除殺人一行為外，亦尚有種種之計謀相異，故判法者應由「殺人者死」之條文進一步去理解其所殺之人之不同，與其殺人之事之不同，更進而研究其殺人心理之不同，此其繁重可想。若僅以一死條文而欲判斷天下事，則有時會判不下。故知定法難，守法易，而判法亦實難。

中國歷代定法尚有律例之分，律是定法，例屬判法，「律」有不能包括的許多特別事情，須得活判，乃產生了所謂「例」。經著為例，則嗣後類此情形者均可援例而判。執法者苟認其事不合於某條之律，則適用某例而加裁判，其結果雖若有不合於律處，而卻反為合於理。故例乃律之變，例愈多，適用範圍亦愈廣愈密。幾經演繹之後，後人又將前代之例著之為法，又復因應時變增加新例。要之，例所以補法律之不足，而使判案能得事理之平。例是在死法中寓活法義，而義理深微，故學法者貴能為一通人。

所謂「法律之前，人人平等」，此語有時會說不通。如子殺父與父殺子，父子在人倫基礎上有不同。卽父與子之關係及地位有不同，卽不能等量齊觀。其人有殺父之心，揆之倫常，乃為大逆不道，罪大惡極。卽因其殺父之心與殺一通常人不同，故在法律上卽不能與殺一通常人同等處理。如幾年前，射殺美國總統甘廼廸之兇手，在美國法律界注重追究其有無精神病，應否予以輕減。然依中國古代法律觀點言，殺一國家元首，究屬非同小可，何況甘廼廸之生與死，不僅限在其個人生命上，卽國家安全亦與有關。甚且影響至於整個世界局勢，則豈能與殺一普通人相提並論？或人懷疑：此項意見，豈非在法律之前，因人之地位不同而遂使法律陷於不平等。實則不然。因人之地位在基本上就不平等。及其至於法律之前，則並無不平等。只因犯法者所害大則應受重判，所害小則應受輕判，如是而已。再如一兒子被其父打傷而至法院控告，與一父被兒子打傷而至法院控告，法官處置當必有不同，此可斷言，此乃所謂斟情酌理，法律亦不能外於情理。傷人如此，殺人何異？故此非一純法律問題，實為社會人生大道上一項大理論、大問題。理想所在，法律亦不能獨自脫絕。諸位將來運用法律，當知法律前面必有人事，人事遭遇亂端，法律始有其用。如若天下太平，社會無事，人民不上法院，則整部六法全書一個字也用不到豈不更好。故須知法律之外實尚有一個大天地，卽我上面所說之「道」。除法守外，尚有道揆。不能單憑法律而抹殺了一切人倫大道。因此，所謂法律專家，若僅關閉於其專門知識之小天地內，而不知外面尚有一個大天地，則僅知守法，有時亦可出亂子，故必先通人事，而後始能談法律。

殺人傷人之外，再說到「盜」字，漢文帝時有一盜入皇帝私廟中，偷走貴重之禮器，當時司法大臣張釋之治之以罪，文帝認其斷得太輕，不以為然。張釋之說：「皇帝要我判，我只能這樣判。」文帝說：「他偷的是宗廟禮器與一般物品迥異。」張釋之對說：「設若有一盜，偷掘皇室墳墓，盜其寶物，又應如何判處？」文帝啞然。足見司法獨立之精神亦素為我國所重視。同時，執法者除須於被害之人與事之間求其平，仍應於事與事之間求其平。故從事司法者，不僅須懂得條文上之法，又應瞭解社會上種種複雜的人事。而尤重要者，在執法者能求得能知得犯法者之情實，此則須在自己內心修養上有工夫，如忍耐心，如謹小慎微心，如善探求深入心，善疑不輕信心，善斷不搖惑心，善思辨心，而求判得公正則更不易。如一個醫學院學生讀了七年畢業，不定能成為一個好醫生。一位學習法律者雖在大學中修了四年五年的課程，復在訓練所接受一年至二年之訓練，撇開其法律知識不談，在其內心修養上尚難謂已能達於一較高之境界。蓋一司法官判斷是非曲直，動輒關係人民之生命財產，其內心修養之最高極致在能達於平。而人心卻又最不易平，雖勉力求之，仍難使其真正達到不偏不倚之公平境界。昔有一名儒與一子一侄同居，常思：兄嫂已不在，惟此一子，我應好好教養，視同己出，絕不能有絲毫偏差。遇自己兒子有病，他狠著心，不聞不問；侄子身體不舒服，他卽噓寒問暖，百般撫慰，在彼乃欲力求公平而矯枉過正。抑且當其兒子病時，彼雖未去探視，卻輾轉反側，不能成眠；侄子不舒服，彼前往慰撫後，返到臥室，卽已呼呼入睡，可見其內心實際上還是不公平。此乃彼所親口告人者，可見人之心理修養工夫之難盡。

中國人談修養，咸認應具智、仁、勇三達德。一位司法官，同樣應具此三德，缺一不可。不知不足以判事，不仁則囿於法律條文，難期得事理之平。再則犯罪之人，或因有特殊背景，別人畏於勢力，而不敢為公正之判斷，此時卽必須有足夠的勇氣，始克有濟。故儒家言法治，卽必以「道德」為始事。諸位若認自己要成為一個優良的司法官，而崇尚申韓法家思想，此則必然大誤特誤。蓋沒有道德即談不到法律，猶如沒有生命即談不到健康。故我希望諸位均應具有大智、大仁、大勇的最高道德修養，來做一個眞正通人事的司法官，應以中國固有文化的精神來推動中國的法律。中國社會向極重視執法判法之官，稱之為「青天」。小說中如包公案、彭公案、施公案等，較之西方偵探小說大大不同。偵探只是小才小知，非大德大行。司法所尤要者，乃在道德上，更重要過其在法律知識上。其自身在道德中，乃始知道德，世道人心是大知識，好善惡惡是大修養。即如宋代之包公，小說戲劇，流傳社會，直到今天，何等受人崇敬。包拯時代之法律，當然和現代大有不同，但包拯之人格修養，及其受當時和後世之崇敬，實在足為我們司法人才之鼓勵和楷模。

（一九六八年六月文化復興月刊一卷四期）

一二　中國文化與海外移民

中國在海外有許多移民，因此中國文化也隨了移民流傳海外。我認為在今天，若從這個角度上來研究中國文化，比較或更加有意義。但我個人對海外移民情況不太清楚，此層要請諸位先生原諒的。

我認為要研究一個民族的文化，有兩大對象，一是研究其「歷史」，一是研究其「社會」。要了解一國之文化，必先了解它的歷史及社會。也可以說今天的這個社會種種寫下來，便是歷史，反過來說，歷史的成績與結晶，即為社會。所以二者實為一事。

社會的種種，有許多寫在歷史上，也有許多不寫在歷史上，海外移民在中國歷史上寫下來的，並不算多。可是從海外移民實際情況，能用研究文化的觀點來看，倒可以明白這一個國家的大傳統。歷史傳統和社會傳統合起，便成為文化傳統。

中國歷史與社會所有別於他國者，乃由於中國具有五千年悠久之歷史。在今日世界上實找不出第二個民族，具有如此長的傳統。中國社會是一個龐大的社會，東北，西北，西南……凡有中國人在的地方，即成為中國社會。今天我到新加坡，不僅碰到的全是中國人，而且進入了中國社會。

但中國社會究是什麼呢？我們看，在舊金山、菲律賓、香港等地，凡是有中國人在，也必有中國社會，有中國情調、中國風味。這個社會可能是一個家、一個村鎮、一個城，要之一切使我們感到這是道道地地的中國社會。但它究竟是什麼？我說是中國文化形成的一個混凝的特質，有時這個分別，我們不一定能講出來。

至於我們的移民社會和國內的社會，究有什麼不同。我說廣東、福建是在我們政府之管轄下，海外的移民社會，乃是在外國政府之管轄下。前者是在國境之內，後者是在國境之外。

所謂中國社會或移民社會共同之點又在何處？我認為有兩大特點可以說明：

一、從歷史上看，中國社會有其堅韌性，因其堅韌不易破壞，因此中國歷史，綿延迄今，已達五千餘年。

二、是適應性，中國社會可以生存於黃河流域、長江流域、珠江流域甚至在海外任何一個地方。例如我們去臺灣，臺灣經過荷蘭人占領，日本人統治，然而我們在臺灣看不見荷蘭與日本的社會，雖然日本統治臺灣已五十載。今天的臺灣社會，全是中國社會、中國情調、中國風味。至其所以能這樣的最大原因，便是依靠文化。

中國之有海外移民，我認為有兩個因素：

第一，其出發點是屬於經濟的，許多中國人，在家鄉生存不下，無法謀生，所以單槍匹馬，若落葉之飄於海上，流至海外，尋找生活，於是在海外成家立業，找定了飯碗。

第二，出發點是屬於政治的，常常在非常時期，國家大亂，政治解體，於是有大批人民集體向外逃亡。例如今天中共當政，許多人逃至香港、新加坡，遠而及於美洲。這無非是逃難。這樣的集體流亡，在中國歷史上，實例很多，遠自三國時代，黃巾之亂，便有大批難民，逃向安南。

一個中國人，他為了經濟上的謀生，政治上的安全和呼吸自由空氣，流至海外，成家立業，有者且成巨富。於是一批人存在下來，整個中國社會隨著存在下來，這樣一個社會充滿了中國情調，中國風味，因為這許多中國人出去，身上都肩著中國文化。諸位不要認為中國文化專在幾個讀書人，或是研究文史哲學的人身上。在他們身上的中國文化，實在太淺薄，不能生根。眞正的中國文化，具有堅韌性及適應性的，必是深深地印在每一個普普通通的中國人的腦中、血液中，是這一個民族這一個文化所產生的一個中國人。所以是中國人的情調，中國人的精神。這是歷祖歷宗數千年傳下來的一份寶貴遺產。一個人受了這種文化洗禮，才成為一中國人。人與人相聚而形成了一中國社會。這社會是由文化產生，不是由經濟產生。中國人移民海外，是為了經濟條件而來。他不讀書，不識字，但他出來時，身上是肩著中國文化的傳統，所以我認為在從今天海外這個中國的移民社會來看中國文化，比讀廿四史或更感親切，更有啟發之處。一個社會，必內有中心，外有外圍。其中心用作內部之團結，其外圍用作對外之防衛。其他國家民族出外，內面有宗教團結，上面有政府的政治力量隨在後面保護。例如西班牙、葡萄牙移民到外面去，他們船隻停泊，上了岸，在一個荒島上插上了他們的國旗，建起天主教堂，於是這個荒島，久而久之，便成了西國或葡國的殖民地。兩國的移民，如發生了爭執，便是兩國政府間之爭執。這種移民，乃是近代帝國主義殖民地式的移民。但我們中國人則不然。我們移民出去，其內部沒有一個固定的宗教，對外也沒有政府力量跟在後面，這是一個特別的現象。中國移民出去既沒有政府保護，又沒有宗教聯繫。所謂政府，亦不外乎對外有武力，對內有法律。而我們的移民則沒有法律，我們遵守人家的法律，武力更不用講。這樣看來中國移民實在好對付。只要有飯吃，什麼都好。中國人真像是一盤散沙，但這一盤散沙，不久便自然而然地成了一個社會，他們有自己的一套。這便是中國文化的力量。中國移民，外缺保護，內乏組織，一點野心也沒有，僅為個人謀生，暫時避難。然而中國人民到了海外，發生了力量，形成了社會，這實在是我們文化的潛力，如無此種力量，中國人早已不能生存在這個世界了。在這個力量中，應該值得我們去研究。

中國社會之形成是由修身、齊家、治國、平天下這一套。但華僑在海外只有修身齊家。這個國是人家的，不是我們的。於是有人說中國人不愛國。其實中國人不是不愛國，中國人只是把國的觀念看得較淡，因在中國人觀念中，國的下面有家，國的上面還有天下，家和天下比起國來同樣重要。

所以可以說中國人在國之上還有天下的觀念。我從前在大陸，未出國門一步，不能真知道中國人的這個「天下」觀念。今天一到海外，到處看到中國人的天下觀念之表現。中國人沒有忘記了他的國家。他要回去，他們隨時都可有回鄉運動。去年大陸共產政府歡迎人民回鄉，於是在香港，一船一車的人，滿載而歸。但他們去了不久又回來了。他們回去僅僅是看看家人，重溫舊夢而已。香港許多老媽子，她們也曾大批回大陸，她們同政治毫無關係，她們更不知今日是秦，明日是漢，這是國民黨，那是共產黨。她們渾渾不知，他們到了海外，是不會忘記家鄉的，但是他們回鄉以後，仍然要出來。這便是他們的天下觀念。

中國人的天下觀念我們可以在論語中看到「言忠信，行篤敬，雖蠻貊之邦行矣。言不忠信，行不篤敬，雖州里行乎哉。」或「四海之內皆兄弟也」。這些話，所謂「言忠信，行篤敬」，便是說做人說話算數，行為當真，那麼不論跑到天涯海角都行得通，都可以立足謀生。反之，如果說話不算數，行為不當真，即使不出門，留在家鄉也是不能立足。

至於「四海之內皆兄弟也」這個觀念，怎麼說是天下觀念呢？你看中國移民在外面，就以南洋來說吧，你是英國人，他是美國人，大家都是兄弟，都可以和平相處。因為中國人在國的上面還有天下。中國人把世界看作是人的世界。世界上全是人與人之間的關係，他雖是外國人，我雖是中國人，我盡我自己良心便吧。這個天下觀念，到了今天考驗之下，是對，還是錯呢？

我認為中國人的天下觀念，是中國文化上下數千年來養成的一個擴大的心胸。中國人最大量，反正只要有飯吃，有人說中國人很現實，這也不差。只要人與人相處，大家講個「仁」字，於是你我不相衝突，法律也不能干涉我們。所謂「仁」字，最簡單的表現，便是中國人所謂的「一句話」。中國人與人相處辦事情，只憑「一句話」。

中國人的「仁」的態度，下可無法律，上可無宗教。因為中國人有了「仁」，這些便不重要。這樣一來中國社會是散漫的，它不看重政治，不看重宗教。老百姓也無求於政府。這種態度說明了中國社會具有兩個特點。

第一、生活上經濟自由。從民國以來，許多西洋回來的學生說中國社會是封建社會。我不同意這個說法，因為封建社會必須是經濟和政治合一。這是封建社會的一特徵。中國在戰國秦朝以上，貴族都有封邑，經濟政治操縱在貴族手中，這是封建社會。但戰國秦朝以後，政府不管經濟，田地可以自由買賣，政府僅抽賦稅。這是自由方式的農業經濟。至於鹽、鐵由政府經營，乃屬例外。

第二、信仰上思想自由。中國雖然是君主專政，但君主不能控制人民的信仰。中國從先秦到現在，只有一個政統，但社會上另有一個道統。

「道統」是什麼呢？諸位如果去中國內地，可以看見人家大門外掛著「天地君親師」的木位。這五個元素組成了道統。中國人的「天」，不是西洋人的上帝，天代表大自然。中國人認為宇宙間乃有人類生存，頂天立「地」的。「君」代表政府，「親」代表家庭，「師」是代表教育、文化、思想及心靈的薰陶。有了君、親、師，於是「天地」乃成為文化的外圍。

這個道統觀念實不是一個堅定的狹義的國家觀念。中國人還是看重人。回家鄉是看看人，重溫舊夢。中國人腦中有中國文化的感應，但這不是國家觀念，乃是文化觀念。英、美、法等國人有他們堅定的狹義的國家觀念，而我們講「仁」，講「四海之內皆兄弟」，這是個「大同」觀念。

進一步講，中國人的大同觀念，實在是一種「王道」，外國人的國家觀念乃是一種霸道。西洋人來，他們的政治法律都隨而來，這是所謂帝國主義，不是霸道是什麼？中國人在外國，不加入他們的國籍，便有種種不自由，如旅行不自由，居住上不自由，財產上不自由，中國人便成為無國籍人民。但是儘管他們加入了外國國籍，他們心理總有些不高興。這是什麼道理，我說他們心理上仍眷戀著中國文化，仍有一套天下觀念，這是文化的力量。

我們中國人不論到什麼地方，總有我們的貢獻，這完全是因為有大同的理想，仁道的精神。然而處在今天的世界，我們吃虧了，因為我們的文化和別種文化發生衝突，這種衝突究竟怎樣，諸君當然比我更明白。衝突在那裏呢？這是他人不了解中國人的心。因為一個中國人，便代表了中國文化。西洋人的國家觀念，與我們的天下觀念不同。西洋人重法，我們輕法，我們對法馬虎，但有情，他們重法但無情。可是今天我們吃虧了，你要長久住在此地，要享受許多方便，你就得要棄國籍，做外國人。而這一個外國，卻是從天下中封閉起來的。

還有中國人看輕國卻另有一番大道理，那便是王道，世界大同。因此中國人不講權利，只講仁。只要思想自由，經濟自由，大家有飯吃，便滿足了。這個道理看上去似乎很淺薄，但世界上各國人，如果都像中國人，不斤斤權利，那麼今天還有什麼戰爭與罪惡可言？眞是到了大同之世，這不是很好嗎？

千萬不要看今天中國遭受大難，處境艱困，而認為中國文化不行，你要打倒中國文化。這卻談何容易。

我到了海外，在海外社會看到中國文化，纔對中國文化更有信心。易經上說：「可大可久」，我們的文化我們的社會也是可大可久的。在今天這個多難的大時代，我認為我們五千年傳下來的中國文化，還是大有可用之處，我們憑著必忠必敬的言行，憑著仁愛，憑著我們的文化的堅韌性與適應性，我們必可以克服困難，不僅是自己當前的困難，而且是世界人類的困難都可用我們的文化去克服。「禮失求諸野」今天在海外仍能找到我們中國文化，眞是了不起。我認為在海外的華僑們，處此大時代，負起我們中國的文化使命，責任尤重大，我們應該如何使它可大可久。「天之將降大任於其人」，這有待於我們僑胞之自覺與自負。

（一九五六年五月星加坡南洋學會講演）

一三　華僑與復興中華文化運動

我對這個題目，想分下列四點來說：

一　西方殖民與中國華僑之分別

首先把近代西方殖民與中國華僑作一比較。

近代西方殖民有兩特性：一是帝國主義的武力擴展，一是資本主義的經濟剝削。他們的殖民，往往由一個大公司大行號組織成，有龐大的經濟背景，又有國家武力大砲戰艦為後盾。住下以後，並有他們社會的宗教法律為助。他們的殖民，每到一地，都是高高在上，和僑居地的人民對立。爭奪領土和保持主權，為西方殖民必然附帶的條件，最高希望，是其國家憑持殖民勢力來統治其殖民地。其次則從殖民地剝削來增加其國家之財富。

反觀我國僑民，跑到國外去，性質便迥然不同，中國「僑」字的意義只是暫時移居，或說是寄居，如東晉南朝時之僑郡，便是暫置的非永久的，直至明代以來的海外僑民，都是這樣，只是暫居，不作久計。他們往國外，都屬私人行動，政府只採放任主義，不加干涉，亦不特別加以保護。其目的只在向外謀生，因此中國海外僑民，開始大部份都是貧窮的人，雖是一批批的去，實際則都是單槍匹馬，並無組織。他們到了國外，只求投入於其僑居地的社會，幫助當地人開發、生產，由此來獲得其個人或其小家族之生存。因此我們華僑和其僑居地社會是融成一體的，對其僑居地有助益，無損害。不像西方殖民，是以一個有組織的團體來揷進當地社會，而始終保持其與當地社會之對立。我們的僑民，既沒有國家武力作後盾，亦沒有為祖國擴張領土的野心。我們的政府，對於這些僑民，幾乎也可說任其自生自滅，不會為僑民爭地位而有意去干涉到僑居地之政權。

二　西方殖民與中國華僑背後之文化性質

進一步講，西方殖民正代表著西方文化之一部份，而中國僑民當然也代表著東方文化之一部份。近代西方的帝國主義或資本主義，不是政治侵略，便是經濟剝削，即連宗教也近似帶有侵略性。他們殖民所到，便連帶要求其僑居地的人民也來信奉他們的宗教。

中國人卻不同，關起門來，只教導他們自己的子弟，克勤克儉，成家立業，和平相處，與人無爭。絕不像西方人，一面宣傳教義，一面並要依照他們自己的法律來裁判一切。中國僑民到處，必相戒遵守其僑居地之法律，不要求以自己法律來管理。這些相異，都是由雙方文化不同而形成。但中國僑民雖沒有携帶武力和經濟而去，久而久之，也等於是携帶著自己的社會而去。僑民出國，仍然保持著一個中國的家庭，乃至一家族或宗族。年輕人在國外立定了脚，往往要回祖國來結婚，年紀大的人隔了一時期，常要回國來祭祖掃墓。在每一僑居地，各設有許多「宗親會」及會館等，這便是把我們國內的鄉土風俗也帶到了國外去。因此中國僑民去海外，固然是憑仗個人努力，同時也憑仗中國的社會背景，有宗親會，有會館，互相接引，互相幫忙，互相照顧，互相救濟，雖說無組織，也如有組織，只是與人無爭，居心善良，與西方殖民不同。

西方人做生意，有大商號、大銀號與國內息息相通，好像在其國內伸出一條吸血管到各地，專來吸食各僑居地的膏血。這些話像過分，實不過分。

中國國內政治和國外僑民是分開的，政府不再特別關切僑民，僑民在國外，只是「適者生存」，也不要求政府武力支援。同時，中國人不但在國外，即使在國內，相互間若干紛爭往往不需要法律解決，只要有族長、鄉長調解就算了。在僑居地他們設有家族祠堂、鄉土會館，便可為他們解決紛爭，也不想來侵犯其僑居地之法律傳統。

三　世局變動影響華僑之處境

但世局始終在動盪中，近一兩百年來的世界，可說是全由西方文化在領導。可是從第一次第二次世界大戰以來，西方文化開始走下坡，將來如何，誰也不知道。但只看兩次大戰以後，許多西方殖民地紛紛獨立，這是一個很大的轉變，不僅亞洲方面如此，非洲方面也如此，這在事前確實是有些想像不到的。這些殖民地一個個獨立起來，正可說明了帝國主義趨向沒落，和資本主義遭受反抗。換言之，西方的殖民政策是開始失敗了，這些殖民地在他們獲得政治獨立之後，接著想要經濟獨立，文化獨立。這一切，可說都是各殖民地的人民，對於西方殖民政策，及其帝國主義和資本主義之一種惡感之發洩和反抗。

從另一角度看，西方共產主義的崛起，也可說是針對著他們資本主義的一種反動，在西方文化內部自起衝突。總之西方文化是在受各種反抗中。同時由於新興的獨立國家越來越多，聯合國已形成了一個不能由幾個大國來完全控制的現象。

但在這種大變動之下，我們的僑民卻是首當其衝，而且較之在西方殖民地時代更難處。今天我們的各地僑民，不但受了西方文化的壓迫，亦受了各個新興國家卽僑居地政府的壓迫。他們把華僑和西方殖民一律看待，甚而更加對僑民討厭，因為西方殖民比較是少數，亦可以撤退，只要他們的大公司、大銀行機構依然存在，依然可以繼續他們的經濟剝削。這些新興國家，如果遽然失去了西方資本主義所留下的銀行或商號，一下子他們也不能生活下去，所以西方人雖已退出了，但西方這種經濟侵略的力量則還是存在著。而中國僑民則急切不能退出，因中國僑民本是投入了僑居地的社會與之融合為一，有住了二三代以上的，他們久已依存於其社會中，退則無路。但平心而論，如果中國僑胞一旦退出，這許多僑居地的新政府也一樣要癱瘓要崩潰。但那些過去的殖民地區，不能如此般深思熟慮，他們只認為他們如今是獨立了，西方人肯退出，中國人卻不肯退出，因此對我們僑民難免感到更討厭。過去受西方壓迫更甚的，他們的獨立思想也更偏激，像有些非洲人說，他們需要一個上帝，但不需要一個白臉孔的上帝，他們只要一個黑臉孔的上帝。其偏激之情可想。雖然各地情況，不能一概而論，但從前西方殖民主義者除了經濟侵略之外，還有文化侵略的意義在內，這也是不可否認的。所以許多新興國家獨立以後，他們也需要文化獨立，需要他們自己的語言，自己的文字，排除一切外來的。但事實上，他們根本也就因為接受了西方文化才有今天獨立和自由的一套想法。論其實情，他們仍是在追隨著西方文化而向前。由此言之，今天我們華僑的處境，仍是面對著一種變相的西方文化而受壓迫。

四　華僑與復興中華文化

因此今天我們僑民在各僑居地所受的種種壓迫和痛苦，進一步講，還是一個文化問題。亦可說，世界人類當前一切問題，也都從文化問題開始，因此我們要解決世界上當前一切問題，也要正本清源，從文化問題上來謀求解決。我們今天要解除海外僑胞的困難，也還應從文化方面著眼。我今天的講題，也正是「華僑與復興中華文化」。

我們用最粗淺最概略的說法來講，西方文化乃是一個勢力的，崇尚權利勝過了崇尚道義。東方文化是一個和平的，崇尚道義勝過了崇尚權力。從前西方殖民政策，正是代表勢力，代表權利；我們的海外僑民，則一方面代表道義，一方面顯示和平，這即是中西文化不同的證明。當然我們今天要來談文化復興，不可能在一天兩天、一年兩年內見效果，使我中華文化發生影響來解決我們各地僑民的困難。但從前中西雙方文化勢力距離很遠，中國文化深受著西方文化之壓迫，似乎無可翻身。如今西方文化已趨下坡，東方文化則日見抬頭，只要我們努力復興，雙方的文化力量，不特可以拉平，也確可期望東方的高過了西方的。這也不是一種民族私心，我們只希望和平與道義能勝過了權力和財富，此乃有關全世界人類幸福前途，事在人為，我們對自己的文化傳統不能不抱此信念。

我們再看中共佔據大陸以來，尤其是最近他們的所謂「文化大革命」，把自己文化徹底摧殘，深一層來探討，也不能不說是受了西方文化的影響。馬克斯、列寧不還是西方人，共產主義不還是西方思想中的產物嗎？今天國內一片大動亂，我們也可說是一種中西文化衝突。若根究到其內部深處，正為有中國文化潛力在發生作用，在要求復興，在和中共所接受的一部份西方思想作殊死的衝突。不過我們身在國內，反而不易十分覺察到中西方文化之異點，與夫中國文化之可愛。一旦身處國外，那就不同了。近代這一百年來，最能意識到祖國文化之可愛，而熱忱要加以維護的，轉而是在國外的僑民，更眞誠更強烈地勝過了國內的同胞。即如新加坡僑民對於祖國文化的愛護便遠勝過香港。禮失而求諸野，中國文化保留在各地僑民身上的實正多。

但正為此，今天各地僑民普遍地遭遇到幾個很大的問題。第一便是「國籍」問題。我們平心而論，假如我是一個新興國家的人民，看我們華僑住居在他們國內，生活在他們社會裏，賺他們的錢，還硬要保存著我們自己的語文和禮俗，不和他們同化，設身處地想，也難怪要受到他們的歧視和排斥。但換一面講，有些僑胞在外國住久了，兒子討了洋媳婦，女兒嫁了洋女婿，他們的孫子一輩，便再也不能講中國話、識中國字，甚至再不像是一中國人。這種現象，在老一輩的僑胞心裏面，也委實難過。但當地人的眼光看來，如此纔覺你可親。說到這裏，可見國籍問題是一個嚴重的問題，值得我們僑民愼細的考慮和研究。

其次便要談到「僑教」問題。要叫我們僑民還能保留為仍是一個中國人，其事端賴教育。但我們也該平心想，在同一國家之內推行著兩種教育，其事自為一般新獨立國所不願。而且要推行僑教，在我們僑民本身也有困難。剛才馬樹禮先生所講，歐洲僑民的第二或第三代，由於沒有受過祖國的教育，在他們腦子裏根本沒有「中國人」三個字，可見僑教問題之重要。但如無困難，其情形也不致如此。此刻再從另一面講，在這種困難情況之下，而我們要來談僑民復興中華文化，像要準備把這個責任也放到僑民身上，這不是很困難了嗎？尤其有些僑民已經轉換國籍，當然該受他們的教育。在這方面，我們各地僑民究竟應抱有如何的態度和採用如何的對策呢？但一般說來，我認為「文化」只是人生，或可說是人生的結晶。人生最重要的還是在人的心裏。我們要注意某一民族的文化生活方式是否能深入另一民族的人心，這事極重要。像我們縱使英語講得很好，但在英國人眼裏看，並不卽會認你是英國人，因為你並沒有在他們的文化深處受到陶冶。如此說來，若有某一民族，存心要接受另一民族的文化，而其實際，則仍不免要被此另一民族所歧視。這實是一件甚為痛苦的事。從此講入深處，文化背景的深處有「民族性」之存在，此事更難急切求轉變了。以前我們僑民出國，多數是一字也不識，可是直到如今，在僑民社會裏面，還是存在著許多中國色彩，保留了中國文化傳統，這卽是有民族性的潛勢力存在之一證。我想我們不該把文化看得太狹義。無論語言、文字、思想乃及人生各方面，一切都包涵文化在內，而其中最重要的還是一個「心」，說到深處便是「性」。

說到「心」，主要可從人情風俗方面來看。如倫理、道德、信仰、習慣，求其根源，都是心的表現，也都是民族性的表現。當然不必說到一民族嚴格的禮教，只要有深植人心之所在，這卽是一民族文化內在之深處。最重要的如家庭，父慈子孝的倫理觀念；推而遠之，如處世接物的道理；深一層說到身心修養，都有文化精義涵蘊在內。你加入了外國國籍，做了外國公民，似對這些是並不妨礙的。你保留著這些，應該不會妨礙你做任何一國的公民的。我們此刻來談復興中華文化，無論海內外同胞，對這方面都該深加注重，這是我們文化精神和文化基本之所在。我可以斷言，中國人這一套人生道理文化精義，應該到處行得通。

再退幾百步講，譬如我們的飲膳方式，也可代表一部份中國文化，現在不是全世界受人歡迎嗎？我在抗戰時，在重慶講學，曾和一位達官長談，他不贊成我講宋明理學。我說，你理想上的人生究該如何？他說，這事太大，談不上。他待勝利後，只想準備到巴黎去開一餐館，他認為一定會發財。他說他的餐館不僅一切飲食，一切餐具，全要中國的，甚至餐館內部的一切裝飾布置，都要道地中國化。他說：「只要我能使外國人進到我的餐館，就像到了中國人家中一樣，如是便保證會發財。」我卻很贊許他的見解，其實這也就是在宣揚中華文化了。要開中國菜館，還該注意中國布置，使來客更能深深欣賞到中國風味。當然如此設計，該包括了中國許多的藝術在內，這也便是中國文化呀！只要我們自己懂得愛護，懂得珍重，同時便卽是宣揚。宣揚藝術，便卽是宣揚文化，而無形中也會提高我們僑民的地位。

中國人喝茶便和西方人喝咖啡不同，不是茶和咖啡之不同，乃是其深處風味之不同。以前梅蘭芳到紐約演中國京戲，外國人也懂欣賞。據說梅蘭芳演打漁殺家，在座的許多美國老太太們，便大為讚許，說他們能有一女兒如劇中演出的一般，豈不好？他們並不能眞懂欣賞到梅蘭芳之劇藝以及中國平劇之妙處，卻從此欣賞到中國人的倫理道德。試問身為父母的，那一個不希望自己的子女孝順。當然是人同此心，心同此理，所以演平劇這也就是在宣揚文化呀！又如今天在海外的僑胞，男人穿長袍的固是很少，乃至絕不易見，可是女人逢作客參加集會，多數還是喜歡穿旗袍，外國人見了也總是讚不絕口，這也是中國文化呀！現在很多新興國家的人們，他們在殖民地時代悶著一口氣，獨立以來，趾高氣揚，我親眼看過許多非洲人、東南亞人穿著他們鄉土服裝在英、美、法各國大都市招搖而過，在學校裏逍遙自得，故意要表示他們的特點。中國究竟是個禮義之邦，人人都懂謙遜為懷，一面也是好學心切，盡量把自己的一套藏起，來學別人的。其實中國的一套也並不壞，大的如中國人的倫理道德、家庭制度，以及待人接物處世禮貌。小的如藝術方面，無論音樂、繪畫、戲劇、園林、建築、家庭布置、服裝飲膳，凡屬人生之各方面，中國文化傳統中，都有一套極優美極高深的特點。我們該要拿出自己這一套來，這便已是在宣揚文化。而且只要能這樣，我們華僑在國外的地位也只會增高，絕不會降低。只是羞慚，只是隱藏，只是學步他人，自己一點本色也沒有，這樣也不會更受人重視呀！

關於華僑的教育問題，我個人私見認為可分作二部分來講。一部分是幼年教育，最主要能教他們講幾句中國話，認得幾個中國字，這事似乎並不難。尤其是現在錄音機唱片這樣普遍，正可利用。現在外國人運用科學設備來學習中國話，只要三幾個月時間，就可說得上口，並且也認得了不少中國字，那有中國家庭的子女而不能學講中國話學認中國字的。剛才馬先生說歐洲僑胞散居各地，寥寥十幾個學生開辦一個小學很困難，不像樣。其實也不一定要辦現代式的小學，我們該要變通。東家西家都有小孩，可以請一位先生，有空就補習幾小時，如果幾家湊起來，也可以辦一所私塾。「眞金不怕火燒」，只要我們僑胞眞正看重自己祖國的語言文字，這問題不是不易解決的。而且將來這些孩子長大之後，能說幾句國語，認得幾個中國字，無論在國外，或回到祖國，也方便，也可派用場，這不會是一種浪費。

其次關於成人教育，我認為也不必定要辦現代式的中學或大學，甚至研究院。我們不要太拘於現代的形式，我們該知有變通。中國傳統文化是更重成人教育的。以前宋明時代，有講學制度正可模倣。不管他三十、五十或七十歲，識字或不識字，在以前宋明講學制度下，都可來出席聽講，較之西方教會傳教更活潑，更方便。只要用講學方式來教導他們懂得一些中國文化精義便好了。在中國以前又有結社制度，此亦大可提倡。如臺灣同胞在日據時代，各地都有詩社，在外國權力統治下來保留中國文化，正是一好例子。像這樣的講學和結社，我們儘可變通行使。在中國舊傳統裏又有書院制度，也可變通運用。各地僑胞在某幾個家庭中便可辦一小小的書院，收藏一些書籍，各家子弟多可來利用閱讀，共同傳習。中國人有一個最偉大的好德性，便是「不忘本」。我希望海外僑胞。都能模倣中國舊傳統裏「地方志」的遺意，來編纂各地的僑民史，還可模倣中國舊有家譜制度，來編纂各地僑胞的「宗族志」。那些都不要太講究，不要大規模，都可以辦。只要能知變通，只要我們從可能處肯認眞去做，那就是復興中華文化宣揚中華文化的工作。如辦學校不一定要辦得合乎現代式，講學也不一定要現代式，編書也不一定要現代式。只要得其精義，變通來做，不背現實，不講門面，儘可行，儘有用。我希望僑政學會能夠精選幾種必讀書分送到各僑民地去，把古書翻成白話固可以，同時也可進一步把若干書翻成各僑居地的各種語文，有些年輕僑胞不識中國字，他們總會識得他們當地的文字。我們多翻出幾國文字，正可借此向各該國家灌輸中國文化。不獨供僑胞閱讀，也可給當地人瀏覽。近代一般中國人喜歡看外國小說，難道外國人全不喜歡看中國小說嗎？我們為什麼不肯把中國經典和中國小說之類多多翻譯為各地文字來宣揚呢，如三國志，如水滸傳，如紅樓夢都可翻譯。還有一層，我們僑胞到了國外，當然有很多新刺激，有很多新學識，和我們老在國內的不同。他們在國內也曾吸收過中國文化，這些人也正是我們中華文化的新血輪。在這些僑民當中，正可以產生一種中華新文化的胚胎來貢獻祖國。國內青年需出國進修，僑胞青年也可回國進修。僑胞可以請國內學者到國外去講學，國內也可請國外僑胞返國講演。我覺得復興祖國文化，不僅也是華僑的責任，同時也與他們前途有關。今後只要在此方面努力，將來僑胞處境也決不需像現在這般悲觀。而且宣揚中國文化，還和世界人類幸福前途有關。這是本人很粗淺的一些看法，今天借此機會來請各位多多指教。

（一九六七年十一月廿一日中國僑政學會講詞）

一四　中國社會的禮俗問題

今晚我講「中國社會的禮俗問題」。諸位都是受過最高文化洗禮的學者專家，我所講淺薄，得請諸位多多原諒。

禮俗便是一種生活。一人有一人的生活，社會也有社會的生活，人可以沒有政治生活，卻不能沒有社會生活。換句話說，要有健全的社會生活，才能有健全的政治生活。中國歷史上，好幾次被外族侵凌，由他們入主中原，控制了當時的政治，但我們依舊生活在我們的社會生活中，並拿這些來同化異族。大家說：「我們是以中國固有文化來同化異族。」其實中國固有文化大部分卽在我們的社會生活裏，故要了解中國社會，就當先自了解中國文化。反過來說，也可說我們要了解中國文化，就得了解中國社會。中國社會有它構成的因素，絕不是鬆懈的，而是極富堅韌性的。造成這個堅韌性的因素，就在「禮俗」上。所以說要了解中國社會，必須了解中國文化，又非注意到社會禮俗不可。

中國人所謂「禮」，非用任何民族語文所能翻譯恰當，因中國所謂禮之內容極特殊，完全是民族文化的醞釀成果。從歷史上看，禮可有三方面之轉變：最先是宗教的，「禮」之一字，左邊是神，右邊是俎豆祭物，是對神的一種虔敬和畏懼，故帶有濃重的「宗教性」。後來周公制禮，社會生活方式有其擴大和改變，禮的宗教性少了，而含有較多的「政治性」。再到孔子，來講禮樂，禮中的政治性漸沖淡，而「社會意義」更加重，禮多已反映到社會各項實生活方面來。這是中國禮的三階段演變。

原來中國禮在宗教上的意義，也不是一種教條般的信仰，而是大家共同遵守的一種生活方式，所以能因時制宜、因地制宜和因人制宜，隨著時代地域和看對象而變化，這樣才能適合人生要求和社會要求。又因中國歷史久遠，地方龐大，因此人性趨於複雜，需要民族融和，不得不有賴於「禮」。禮為大家所公認，便變成了「俗」，古人說「入鄉問俗」，其實俗也就是禮，不過禮像是嚴肅制定的，而俗則是自然化成的。但大部分相融通不易分割。如，閩、粵、江、浙各省各有不同的俗，明清人和唐宋人和秦漢人也有不同的俗。但其間儘有不同，總之俗乃是由禮蛻變而來，禮亦是由俗規定而成，二者還是一個源流，只其表現有不同而已。故可說「禮俗」乃是文化精神之一項，此種精神之所以能無遠而弗屆，歷久而永存，不是由它附麗在政治上，而是由於它寄寓在社會的日常生活中。

今論中國禮之對象，先說對鬼神之禮和對死人之禮。對鬼神外乃至對宇宙大自然各現象，都有不同的禮；而大體上則可相通合一。對死人的禮，實際是對過去世界之追思，即為對現在世界之憧憬。對死人，可以牽連引申到對鄉土。「敬鄉觀念」在中國人心中是占極重要的地位的。在農業社會裏，安土重遷對於自己生長和作息的鄉土，總有一份敬愛的心情，這不僅是對土地之依戀，而是寶愛自己生長的社會。再於由敬鄉觀念而產生了「善鄰觀念」，由本鄉到近鄰，由近鄰推廣到遠鄰，乃至到全世界，於是產生了「天下大同、世界一家、中國一人的觀念」，而建立和貫通這觀念的，便是「禮」。再次便是人對人之禮，無論對過去的死人乃至現在活著的人，不論遠近親疏，都事之以禮，拿一個禮字來維繫彼此間的休戚相通，所以「禮」之一字作了中國人日常生活的主宰。降一級則稱為「俗」，故禮與俗同為中國人看重。

就所分析，中國的禮實是一種生活，其間又可分為三方面來講。一是宗教生活。有人說中國社會裏找不到宗教，這是不正確的，中國的禮卽是宗教，也可說中國的宗教卽是禮。次是社會生活。有人說中國社會是一盤散沙的，是自私自利的，似乎看不出一種羣體生活的迹象之存在，這也是不正確的，因為在中國文化中，社會的生活卽是禮，也可說禮卽是中國的社會生活。最後則禮在政治生活中之所表現。如天子祭天地、名山、大川，卽是代表一個社會大羣對自然界現象所施之敬禮，黃河、長江、泰山、華山，凡屬可以表現自然界之偉大性的，都成了禮的對象。又如無論在大城小邑，都建立有城隍廟，城隍卽是城池之神，歷代都明定祀典，此便是重視鄉土之一例。又如全國各地都有「福德祠」祀土地神，在南洋也有「大伯公廟」，同樣是崇敬一位在想像上主管土地之神祇，認為我們既生長在這土地上，冥冥中有他作我們的主宰，便要對他表示敬意。把城隍和土地神作為崇拜對象，也如把國旗代表我們的國家，我們要對國旗敬禮。中國舊俗，則以城隍和土地神來代表地方，所以我們也要向他表示敬意。中國人信上有天、下有地，各有神作主宰。生於斯、死於斯；上敬天、下敬地，便構成了中國的宗教。

在昔日中國是個農業社會，對五穀、對農桑、對繅絲織布，由飲食衣著，推而至於醫藥，都各有其神，神農、后稷、軒轅、嫘祖等，都成為特領某一生產部門之神。及至教育，乃有「至聖先師孔子」，凡被認為某一部門生活之創始的，卽都尊奉為這部門之神，給以敬禮，永作紀念。則到今天，如發明電燈電話，如發明火車飛機，依照中國人禮俗，亦該尊之為神，給以敬意，俾能永不忘他們對人類社會生活之貢獻。

這樣說來，一切自然現象和人事安排都有神，中國豈不成了一個多神教的國家？這又不盡如此。照中國人看法，天地萬物雖說各有神，如天有神，地有神，甚至一切自然界現象和樹木花石都有神，這也只憑自己良心，對他們表示敬意，定一份崇拜之禮以資永遠不忘。以此中國歷史上的各種神，都是對社會人生有貢獻，對文化學術特別有創作的人，就把自然同人文打成一片，均給以禮的待遇。所以孔子說到禮同時常說到仁，要把「天、地、人」合成一體，把人文和自然融洽相通。禮是中國人之一種心理教育，卽道德精神之教育。無論是一種自然現象或是人事，只要在道德意義上足使我們感動的，我們都以神視之，永遠紀念。

在中國人的道德精神上，最重「忠義」二字，歷史上極富有關忠義的記載，忠於民族，義動山河之事，史不絕書。如同岳飛被害於風波亭，後世視為忠於民族的特例。前於此而以義見稱的有關羽，近代以關、岳並稱，作為民間崇拜的「武聖」。據陳壽三國志正史記載，劉備關羽的關係，乃是建立於兩人在其共同生活上之一種義的結合。當時劉備雖然擁有「皇叔」頭銜，實是一個窮光蛋，到處過著流亡生活，關羽卻艱苦與共，甚且赴湯蹈火亦在所不辭，兩人之間實非君臣，而是構成了一種「義」的結合。曹操亦復尊重關羽為人，多方結納，而關羽不為心動，見利不忘義，這卽是中國「禮」之至高表現。曹操又使關羽舊友張遼，來勸關羽，關羽只表示對曹操一番相待之情義必有以報答。張遼看到關羽意態如此堅決，心想如果直報曹操，曹操或起殺羽之念，徒然害死了朋友，但自己也不能說謊，結果還是直告了曹操，曹操反而益發心儀其人。後來關羽為曹操殺了顏良，總算報了曹操以禮相待之恩。曹操封他侯爵贈賞他許多金珠器物，關羽一一封存，還是一走了事。至今全國各地都有關廟，來紀念這位重義的人。我曾到過安南，看到各處咖啡店都供有關羽像和孫中山像。臺灣也是一樣，民間到處掛有關公神像，連香港警察局裏也掛了關羽像。大家只是口裏喊打倒偶像，破除迷信，但像崇拜關羽這樣的「迷信」卻不易破除，因為這種迷信，事實上也不易造成。當然在關、岳以前，我們歷史上也曾有不少類同的民族英雄人物，但因相隔年代太遠了，使我們不能跟他們太親切，所以無形中也淡忘了，將來若干年後，也可能更有其他偉大人物來替代關岳，同樣取得後世之禮遇。

再說，我到臺灣後，聽說往時高山族每年要舉行一次大慶典，殺了人，把首級來祭神。有一吳鳳，他會說高山族語言，政府命他作通事，他向高山族勸告，不可殺人祭神，高山族人認為祀典非殺人以人頭祭不可。吳鳳勸他們只使用一個人頭，餘外保存起，留待後來用。如是過了幾十年，舊存人頭用盡，山胞又要殺人，吳鳳無法勸阻，教他們明晨見有穿紅袍人過，可殺了他。原來吳鳳已打算自作犧牲，次早出走，果被山胞殺了，山胞一看殺死的人正是他們素所敬愛的通事吳鳳，從此便決定不再殺人祭神，又建廟來紀念他，封他為「阿里山王」，香火縈繞，迄今不衰。這便是中國人之宗教，也卽是中國人之社會禮俗。我住九龍，沙田有一所「車大將軍廟」，香火甚盛，經訪問後，乃知清廷割讓香港，車大將軍率眾起義，抗英不敵，以身殉之。後人乃替他蓋造這一所小廟，但已失其名，故只稱為「車大將軍」，這亦見中國社會禮俗之一面。我們不該專用「迷信」二字來抹殺了其中所寓之意義。

中國古代，在春秋時，民間如冠、婚、喪、祭、鄉飲酒、士相見，都有禮，這都是一種有規則的社會生活。姑以婚禮言，有所謂納采、問名、納吉、納徵、請期、親迎諸禮。今人則認為古禮出自父母之命和媒妁之言，一切不合理。但古代婚禮確也有他合理處。如親迎，由新郎自到新娘家接新娘，同到男家，拜了天地，名義上已結了婚；再進洞房，行合巹禮，再出而拜見翁姑，再拜見女家父母。把這一連串的禮和現行禮相比，所謂文明結婚，例有證婚人、主婚人、介紹人和新夫婦先後在結婚證書上簽署，憑此婚書，才證他們是一對合法夫婦。實則中國古代婚禮，直沿用到近代，也並非不文明，而且頗見為直摯而簡徑。男的親迎女的，不用媒人相伴，也不用家長主婚，更不用第三者來證婚，更不需簽署證書，預作將來法律爭論之準備。若必要排斥古禮索性學西方，到教堂成禮也還是一套。如今雜糅拼湊，半新不舊，非驢非馬，只成了一套俗禮。

以上是說禮俗各有文化背景，各有歷史精神，非深通其意，卻不要妄肆批評，輕加改革。

又如在中國農業社會裏，天時節氣分得很清楚，有自然節，有人造節，附帶著便有許多禮俗。如過新年、如清明掃墓、如端午、如中秋、如重九等，在俗中都寓有禮。天文、地理、歷史、人物、神話、故事融鑄合一，極富教育意味，而人生娛樂亦復多采多姿。今天則全摒棄了，卻競慕洋化，來過耶誕節，橘踰淮而為枳，中國既非耶教社會，亦非耶教文化，東施效顰，貌似神非。中國本號稱為「禮義之邦」，禮並不是約束人性的，亦非是虛偽裝飾的，禮既求對外和諧，同時亦求對內悅懌，故「禮」又與「樂」相配，中國自古卽禮樂並重，此乃一種藝術生活之醇化。是故禮之實踐，對內要問吾心悅懌與否，對外要問與人和諧與否？禮又必重敬讓，故常敬禮、禮讓並稱。敬讓乃是對對方人格的尊重。禮之實質，乃是一種人類和平協調之要道，可見中國人講禮實是合情合理，使大家都獲一種圓滿快樂的人生。禮之發揚必有樂，此乃一種情感之節奏和發抒。西方宗教亦必附有禮樂，但宗教人生乃是人對上帝之一種信仰人生。中國人卽以禮樂代替宗教，乃是人對人的一種和洽的藝術人生，禮失而求諸野，禮成為俗，乃是中國文化最落實最成熟的結晶。我們則該從俗以返之禮，使禮必通俗，俗必合禮，成為一最理想的社會。

可是近百年來，由於海禁大開，跟西方多有了接觸，從古相傳禮義之邦的一種敦厚性格，便不免吃了虧，於是引起了國人全盤改革的運動，操之過切，把幾千年來相傳下的禮俗都破壞了。辛亥革命以後，更有人高呼打倒偶像，並進而否定了一切宗教，滿以為「膝不下跪」乃是自我無上自尊心的表現。其實，膝不下跪，不能卽算是頂天立地，不能卽算是至尊無上。任何事，破壞易建設難，打倒了一切舊的，卻急切沒有甚麼來替代。卽如過新年，原是中國社會一年一度一種最快樂的生活，現在卻弄得連過年也有新舊之分，大家不和協，因而大家不痛快。破壞了一切舊有禮俗，不能不說是我們近百年來一項挺大的損失。結果無禮無俗，大家的人生弄到無所適從。婚喪大事如此，一切日常人生都如此。即如穿衣一項，大家只求稱心，不求合「禮」，長靠短打，隨心所欲，結果既不合禮，也不稱心。大家不知如何才好。時至今日，一切物質文明都不難迎頭趕上，卻唯有社會禮俗乃是中國固有文化傳統和道德精神之所在，卻無法有所謂迎頭趕上。任何一切學說理論，思想意見，都不能憑空創造出一套新禮俗。大家的日常人生總該要給以一番安頓和快樂，但我們卻對此空缺，無法彌補。

日前我應南洋學會之約，在馬大中文系圖書館演講有關中國文化與海外移民之問題。我曾說到我們的海外移民，原本是由一些人單槍匹馬，跑到海外，他們都是孑然一身，並未帶有甚麼政治或學術，財富與權力，挾以俱往。但卻帶有一套中國文化優秀傳統中的禮俗，才使大家能和平相處，融洽相凝，創立了大家在海外各自謀生的機會和事業，所有中國一些禮俗，幸而在海外還能被保留，那是一番至可引為快慰的現象。此後如何因時因地斟情酌理，凡不合時代潮流與各別地方性的，隨事加以改革；凡有關於文化和傳統教育意義的良風美俗，隨事加以保留。只要能成禮成俗，少不了新的要提倡，舊的要改進。抱殘守闕固不可，標新立異也無當。例如我們會館組織之存在，此亦從古禮中「敬鄉善隣」之遺風演變而來，海外移民得此一組織，獲益非淺。那能輕輕便放棄了。今天我在貴地歐美同學會來講演，那是一種於古所無的，但可說是一種繼承中國禮俗的新發展，此種同學會，儘可與舊有會館與宗親會等負起同樣的重大責任，為我們移民社會作貢獻。總之禮俗無論新舊，都是有關日常人生，有關社會大羣人生的，我們該注重其內在的文化精神與教育意義。這不是一項學術或理論的問題。在此日變日新之大時代中，還有一些不變的所在。社會可能革政府的命，而政府卻不可能來革社會之命。我們當可憑藉我們優秀的禮俗來鞏固我們社會之團結在文化上，在教育上，有其莫大之使命與功效，如果一切摒棄了，先使我們社會內部不和諧，不合作，一個無禮不樂的社會，如何圖存，如何開新，所以禮必當重，俗不可忽，這是我們該大家警惕的。

以上所說，只是我一些管見，諸位或有同感。我所說只是一些舊的，如歐美同學會乃是一個嶄新的發展，諸位又都是學術專家，學得許多西方新東西，不妨把東西社會、東西文化來相互比較一下，此下儘可有各項新發展。我來星埠為日無多，對此間社會一切禮俗所知更不多，但一到此間感到如歸故國，即在此一點上，備見此間尚保有敦厚遺風，故而特提禮俗問題來略抒管見，敬請諸位之指教。

（一九五六年五月十九日星加坡歐美同學會講演，五月二十一、二日星加坡南方晚報。）

一五　中國民族之克難精神

中國文化綿延四千年，在全世界各民族中，擁有最悠久的歷史，因此其所經艱難困苦，亦特豐富，遠非其他短演民族可比。由此養成了中國民族特有的克難精神，常能把它從驚險艱難的環境中救出。在中國歷史上，這種事例，舉不勝舉。夏少康有田一成，有衆一族，中興夏業，可算是中國史上最先的一位克難英雄。此下如春秋時衛文公，大布之衣，大帛之冠，復興衛國，又綿延了它五百年的國運。其次如春秋末越王勾踐，十年生聚，十年教訓，終滅強吳。稍後到戰國，如燕昭王用樂毅，復興燕國，卒報齊仇，而齊亦有田單，困守卽墨孤城，終亦收復失地。如此之類的歷史實例可稱俯拾卽是。但這些尙都在中國民族還未凝成一大統一的國家之前，比較是偏於地方性的小範圍以內事。下到秦始皇創建統一政府，此後中國所經內憂外患，兩千年來，種種驚濤駭浪，更屬艱險，更屬巨大，但中國民族終能逐步加以克服，直到今天，依然在全世界各民族所有歷史中完整依然，屹立無恙，所以說到克難精神，中國民族之偉大表現，就今天而論，可說是舉世無匹。

現在要問的，上文所謂「克難精神」，究竟是那樣一種的精神？換言之，中國人慣常憑藉著何種樣的精神來克服諸艱？我們可以直截了當地說，主要的是憑仗著一股氣。氣不壯，氣不足，非難亦難；氣壯氣足，難亦非難。舊說稱之為一股氣，新說則稱之為一股精神。我們要克服困難，最重要的還是憑仗這一股氣。人生也只憑仗一口氣，沒有那一口氣，又如何克得難？宋末文天祥國亡被俘，在牢獄中寫了一首正氣歌，中間列舉許多歷史人物，全是在極度艱難的處境下發揚正氣，雖然在當時只是大節不移，臨危受命，但天地間只要有正氣流行，自然邪不克正，一切艱難只是由邪惡之氣所鼓盪，所激成，正氣發揚了，邪氣自然消散。這一種天地正氣，在孟子書裏則稱之為「浩然之氣」。浩然之氣由積義所生，至今在中國社會上還流行著「義氣」二字，我們可以說，義氣便是我們今天所要提倡的克難精神。

何以說義氣便是克難精神呢？這裏便應該先明白「義」字的界說與內涵。要明白義字的界說和內涵，先該明白得「義、利」之辨和「義、命」之辨。本來人的本性，全都是希望捨害趨利、捨失趨得、捨危趨安、捨死趨生的。但有時卻外面環境不許我們有利、有得、有安、有生，四面八方、滿眼滿身，所遭所遇，只有害、有失、有危、有死。這一種局面，正是我們之所謂難。最難的在於只見害不見利，只見失不見得，只見危不見安，只見死不見生，使人無可趨避無可抉擇。在此環境下，叫你轉身不得，無路可走。我們一旦遇此環境，一切利害得失安危死生的計較與打算，全用不上，那時則只有另作計較，再不在利害得失安危死生的抉擇上用心，因為在這方面用心也全成白費，於是我們只有另闢一道起，另作別一種的打算，只問我對這事該不該如此做，卻再不去問如此做了是利是害是得是失是安是危是生是死。這該不該如此做，便是一個「義」的問題。我該如何做卽如何做，至於做了是利是害是得是失是安是危是生是死，那是外面環境的力量，現在則此種力量壓迫得太緊縮太嚴重了，使我無從努力，無可用心，則只有諉之於命，說這只是一種外在的「命」，根本容不到我去考慮，這裏便是所謂義、命之辨。義只是盡其在我，只是反身內求，我究該如何做，至於做了後的外面影響，我只有置之不問，說這是命，非人力所預。列子書中曾有一篇題名「力命」。命是外在的，我一時奈他不得，力量在我的，我只問這番力該如何使便如何使。所以中國傳統教訓，特別看重「知命」。論語二十篇的最後一句，便說「不知命無以為君子」。君子知命，便可不顧外面一切利害得失安危死生，把一切打算，一切計較，擱置一旁，專問此事該不該，義不義，如此心歸一線，更沒有多打算，多計較，自然氣壯氣足，外面一切困難，也不覺是困難了。困難的在於謀利而不得利，轉反得害；喜得而不易得，轉反易失；求安而不得安，轉反得危；貪生而不見生，轉反見死，那才是為難的局面。若我能把這一局面根本推在一邊，不去多理會，專一反身來問這刻的我究該如何，這便是所謂義命之辨，內外之辨。人能如此用心，自然只見有我不見有外面，只有我沒有外面，自然唯我所欲，更無困難可以阻擋，那外面儘多困難，也自然克服了。

但這是說到極端的話。外面環境很少遭遇到只見有害不見有利，只見有死不見有生的境界。惟其有利害可別，有得失可較，有安危可商，有生死可擇，人人遂一意在此上用心打算計較，卻忘了該不該，義不義。然而外面環境究竟是複雜的，變動的，我見為利而轉成為害，我見為得而轉成為失，我見為安而轉反是危，我見可生而轉反得死，隨時隨處有之。人的聰明有限，外面變化，那裏能全部預見，全部肯定？如是則轉增惶惑，轉多顧忌，本來並不難，卻見荊棘叢生，寸步難行。何如你在並不十分困難的處境下，早當作十分困難的環境看。你早就不要在利害得失安危死生那些並無十分確切把握的計較上計較，那些並無十分確切憑據的打算上打算。你早就心歸一線，只問我此事該不該，義不義，更不要計較外面那些利害得失安危死生，豈不更單純、更直捷、更簡單、更痛快。如此你氣自壯自足，外面眞實有難也不見難，何況外面眞實並不甚難，你自多計較，多打算，心亂氣餒，反而不難也見其難。現在則心定氣足，義無再慮，義不反顧，那樣則轉而不謀利而自得利，不求安而自得安，不欲得而自無失，不惜死而自有生。這是所謂義利之辨。義利之辨，並不叫人捨利求害，只是指點人一條眞正可靠的利害別擇的正道與常規。

人若明白得義利之辨，義命之辨，一切事都問個該不該，義不義，更不問利害得失安危死生，如此積而久之，自然心定氣壯，便見有所謂浩然之氣。孟子又說：「浩然之氣，至大至剛以直養而無害，可以塞於天地之間。」何以說浩然之氣是「至大」呢？因為利害得失安危死生的計較打算，是人人而殊的，你見為利，別人或許是害。你見為得，別人或許是失。這些打算全是小打算，這些計較全是小計較。只有義不義，該不該，你如此，我亦如此，任何人都如此，這是大計較大打算。你一人在計較，不啻是為大眾計較。你一人在打算，不啻是為大眾打算。任何人處此環境，遇此事變，也只該如此計較，如此打算。心胸大氣魄大，面前的道路亦大，所以說是至大。何以又說是「至剛」呢？因為你若專為得失利害安危死生打算，本來如此打算見有利，若覺無利有害，你豈不要再作計較，再有打算？你若專為該不該義不義著想，不論前面利害得失安危死生種種反復，種種變化，你早打算定了，該做卽做，不該做卽不做，勇往直前，再也不搖惑，不游移，豈不是剛嗎？何以又說是「至直」呢？惟其心歸一線，面前只有一條路可走，便是義，四圍的利害得失安危死生全不顧，那條路自然直的，不是曲的邪的了。

利如此，害來也如此。得如此，失來也如此。安如此，遇危也如此。生如此，臨死還是如此。你如此，我如此，任何人到此境界，遇此事變全該如此，所以說塞於天地之間，正見其無往而不如此。若為私人利害得失安危死生打算，卽一人一打算，一時一打算，你的打算與我不相關，此刻的打算與前一刻後一刻不相關，那眞是渺小短暫之極，又何能塞於天地之間呢？試問那渺小短暫的打算處處隔閡，時時搖動，豈不要不難亦難。那種至大至剛以直而塞乎天地之間的大打算，豈不可以難亦非難，克服一切困難而浩然流行呢？

這種義氣，亦可說是公道，這是一條人人都該如此走的路道。照著這一條公道走路的人，便是有義氣的人。只有這種人才可克服一切困難。換句話說，正因人不肯照這一條公道走，沒有義氣，所以才有種種困難發生。可見只要人人照此公道走，人人知重義氣，一切困難也就自然消散，自然克服了。中國人的傳統文化，中國的社會風尚，正因為一向就看重這一種公道與義氣，所以遂養成了舉世無匹的一種克難精神。

但這一種氣，卻貴能「養而無害」，個人如是，全社會更如是。此刻我們的國家社會正遇到空前大難，這一種大難之來臨，正為人人先失掉了正義感，人人不照公道走，人人都從自己個人利害得失安危死生上計較打算，社會沒有公道，沒有正義，各個人的利害得失安危死生，那能一致？人人為自己打算，不為公正道義打算，人人在目前環境上計較，人人認為自己可以創造自己的命運，把握自己的前途，結果則前途愈窄，命運愈慘，大難當前，莫之奈何。那些全是邪氣，非正氣；全是私道，非公道。此刻要回頭克難，只有大家覺悟，大家莫再在個人利害得失安危死生上打小算盤，作私計較。大家崇奉公道，獎勵正義。歷史上那些守死善道激揚正氣的人物，像文天祥正氣歌中所舉，皆當衷心崇拜，刻意推敬。社會上朋輩中只要是守公道奉正義的人，吾們都該竭力敬重，加意闡揚。只有大的剛的直的可以發生力量，打破難關。一切小計較，陰柔氣，歪曲相，都該掃除。如是由一人推到十人百人，由一團體推到十百團體，社會正氣日張，公道日宏，一切難關，無不可以打破，無不可以克服。人心感召，極快速，極堅強。捨此之外，更無其他妙法奇計。命運永遠將擺布人，捉弄人，人人只得面對著害的、失的、危的、死的路上一步步的挨近。這是當前事實，明白告人，還不值得我們的警覺嗎？

這不是一人兩人的責任，卻是大家的責任，所謂「天下興亡，匹夫有責」。我們要提倡克難精神，只有發揚民族正氣。

（一九五一年一月自由中國四卷一期）

一六　知識青年從軍的歷史先例

知識青年從軍，似乎是一件嶄新的運動。但在歷史上則很早便不乏先例。當春秋戰國時，中國猶在封建時代，那時執干戈衛社稷的責任與光榮，為貴族子弟所獨佔，輪不到平民身上，那時之所謂士，執御執射，是其本分。射猶如今日之放射機關槍與大砲，御則猶如今日之駕駛坦克與飛機。不習射御，便算不得一個士。當時亦只有所謂國士、都人士，全是些住居城市的貴族子弟，卻沒有所謂鄉野士與鄙士。直到戰國，平民軍隊始正式興起，但那時的貴族子弟，他還以當兵武裝為本分。趙老臣觸讋見趙太后，懇求把他少子補上黑衣之衛，這便是穿上黑衣軍服做一個趙國王宮的禁衛兵，趙太后笑他老頭兒也懂疼愛少子，可見那時疼愛他兒子的，便急要想法把他補入軍隊。直到漢朝，依然還是二千石的大官，才有補上他一個兒子去當皇宮衛隊的優遇。

此等暫且不提，專舉學術界事情來說，孔子的學生便無不習御習射。這無異說，在當時到孔子門下的，無一個不練習射御，一如今日之放射機關槍大砲以及駕駛坦克與飛機。孔子門下也著實有幾個眞能臨陣出仗的，子路不用說了。當魯哀公八年，吳師伐魯，有若便在魯國三百名決死隊裏面，打算趁夜直撲吳王的帳幕。吳王聞訊，駭得一晚三遷宿處，吳、魯也便此議和了，那時有子恰是廿四歲的青年。魯哀公十一年，齊師伐魯，孔子弟子冉有，擔任魯軍的左翼總指揮，樊遲做他車右，那時魯國執政季孫，嫌樊遲年輕，不贊成冉求用他來擔當軍隊中的重任，但冉求終於毅然地把他任用了。樊遲臨陣首先衝過戰壕，肉搏齊軍，他的隊伍隨著湧上，殺得齊師大敗虧輸。這一仗，把孔子在魯國的信仰也恢復了，魯國人恭恭敬敬地再請流亡異國的孔子重返魯邦，尊之以「國老」之禮。那時的樊遲，則僅是廿二歲的青年。有若、樊遲兩人，可說是中國歷史上青年學生從軍建績最早最鮮明的先例。

再說到墨子門下，他門徒三百人，都可使之赴湯蹈火，死不旋踵。那時楚惠王用著著名的機械工程師公輸般，要想試用他的機械化部隊與祕密新武器去攻打宋國，墨子卻私人獨自訓練了一支五百人編成的機械化部隊，携帶著更多種性能更強專用在防禦工程的新武器，自動的去當宋國的義勇軍。那一支軍隊，不用說全是墨子門下一些青年學生，他們的司令長官，則是墨子門下最優秀最聞名的大弟子禽滑釐，那時他正是一個未滿三十歲的青年。

現在再說到秦漢時代。那時中國出了兩位震古鑠今，最可誇耀的青年軍人，他們都在歷史上建有燦爛光明永不毀滅的奇蹟。一位是西楚霸王項羽，在國內革命史上有他煊赫的地位，一位是漢武帝時驃騎將軍霍去病，在對外抗戰民族鬥爭史上有他超卓的功勳，他們兩位都出身貴族，不用說都是知識青年了。項王初入軍隊，是一個二十四歲的青年，有名的鉅鹿會戰，項王破釜沉舟，把秦國章邯大軍整個擊潰，奠定了東方革命的基礎，從此項王便一躍而為東方革命聯軍的大統帥，那時才二十六歲。

霍去病初隨大將軍衛青遠征匈奴，那時怕他只有二十二歲，明年，再從大將軍出發，他率領著部下輕勇騎兵八百人，脫離大隊伍數百里，深入敵陣，斬殺匈奴二千餘人，又捕獲了大批俘虜，開始以校尉封侯，那時是二十三歲，此後屢以敢深入建奇功。元狩二年，匈奴渾邪王來降，武帝派霍去病去接，去病渡過黃河，渾邪王部下中途變計，謀欲逃去，去病親自趕入渾邪王營內，親見渾邪王，把他謀叛的部下斬了八千人，先送渾邪王來漢廷，去病親自督帶著匈奴降眾四萬人渡河。那時他是廿五歲。武帝為他屢立大功，特地替他修蓋一座宅宇，要他親自去看，他說：「匈奴未滅，無以家為。」直到他死時，還是一個未滿三十，二十九歲的青年。驃騎將軍霍去病，與西楚王項羽，眞可說是中國歷史上無獨有偶的一對特出的青年軍人。項王叔父項梁，曾教項王兵法，項王雖很喜歡，卻不肯細心學，漢武帝曾想教霍去病以戰國時孫武、吳起們的兵法書，霍去病也不肯學，他說，只看自己策略如何，何至學古人兵法呢？他們兩人，在這一點上，性格也有些相近，他們都是自然生成的軍事天才。

現在再說到東漢。光武帝起初革命時，是一位廿八歲的青年，他是一個道地的書生，雖在軍中，依然脫不掉溫文儒雅的大學生派頭。直到歷史上有名的昆陽大戰，他以三千軍隊擊破了王莽大軍四十萬，同時革命隊伍裏的人，無不大吃一驚說：「劉將軍平生見小敵怯，今見大敵勇，甚可怪也。」至今東漢書上記載的當時昆陽戰事，我們翻來閱讀，還是覺得有聲有色，所以從前有人說，倘使你犯了瘧病，只要一讀東漢光武昆陽之戰，包管把你的瘧鬼嚇跑，那時候光武正還未滿三十，是一位廿九歲的青年。此後在光武隊伍裏，有一大批往年的太學同學，那些都是剛出大學門的知識青年，尤其是年輕的鄧禹。當光武駐軍河北時，鄧禹一手拿著馬鞭，到軍門去求見，大談革命軍的進取方略，那時他正是廿二歲。此後漢光武派他獨當一面，率領軍隊，西入關中，那時鄧禹已是二十三歲了。在光武隊伍裏，還有更年輕的像耿弇，他初見光武時，正與鄧禹同一年頭，但他纔止二十一歲，比鄧禹還小一歲，那時他已在黃河北岸，附隨著他父親耿況的一支軍隊，與寇恂等孤軍轉鬥，打下了二十二個縣城，擊斬了王郎手下大將卿校以下四百餘員，以及三萬名兵隊。在光武艱困的軍事狀況下，著實貢獻了莫大的臂助。一個二十一歲的青年，便在軍隊裏立此偉績，實在是歷史上尚少先例的。

現在再說到三國，見稱為一世之雄的魏武帝曹操，他初拜騎都尉，受命討伐潁川黃巾，是他初次參加軍事生活的一年，那時他還未滿三十，他還是一個二十九歲的青年。他的兩個兒子，魏文帝曹丕與陳思王曹植，都是中國文學史上出眾的大文豪。他們都是生長軍中，弓馬嫻熟，自幼便是一位青年軍人，不必細表。劉先主三顧草廬，親訪諸葛亮於隆中，諸葛亮自己說，由是感激，遂許先帝以馳驅，自此那位自比管樂的南陽臥龍諸葛先生，也開始參加軍隊生活了，那時的他，恰恰是二十七歲。江東破虜將軍孫堅，開始來顯出他軍事天才的時候，還在十七歲的幼齡。他正式跟隨皇甫嵩討伐黃巾，是十八歲。他大兒子孫策，當他父親為黃祖所害，自己招募部下得數百人，那時纔十七歲，後來袁術正式授他部隊時，他恰到二十歲，待他二十一歲時，他便獨自帶領軍隊，進取江東，他死時僅纔二十六歲。他的弟弟吳大帝孫權，十五歲便隨兄征伐，策死權繼，纔十八歲。當時吳國有名的青年將軍周瑜，當他開始帶領著步兵二千，騎兵五十人的時候，才只廿四歲，因此大家都呼他為周郎。孫策死後，周瑜與張昭分任吳國一切大權，那時纔二十六歲。赤壁之戰，魏武帝號稱八十萬水陸大軍，給周瑜打得落花流水，狼狽北走，自此奠定了天下三分的局面，那時的周瑜還祇三十四歲。只因他青年將軍的聲名太過膾炙人口了，所以後來宋代大文學家蘇軾，在他有名的念奴嬌大江東去的一首詞裏，還說是周公瑾當年小喬初嫁，雄姿英發，疑心他是一位新婚未久的英俊少年，其實公瑾當時，距離他甜蜜的新婚生活，早已快近十年了，但是周公瑾到底不失為中國歷史上一位青年將軍。周瑜的好友魯肅，比周瑜長不到三歲，他開始軍隊生活，也只二十歲。而魯肅的後繼人呂蒙，當十五六歲時，早已偷偷的混入他姊丈的軍隊裏走上前線，給他姊丈發見，大吃一驚，呵他後退，但是呵不住，事後告訴他岳母，呂蒙的母親終經呂蒙苦苦哀求，只得許他正式從軍。但他到底太年輕，嚴格說來，還不夠算是一個知識青年，因此後來孫權勸他趁軍務暇隙中急急讀書，孫權還說，他自己也是在軍馬倥偬中自修學問。呂蒙聽了孫權話，篤志向學，一日與魯肅談天，魯肅大為驚佩，拍拍呂蒙的背，著實讚賞他，說我以為大弟但有武略，不料你至今學識英偉，非復吳下阿蒙。到後來他便繼承著周瑜、魯肅後任，做了吳國長江上游方面的總司令。白衣渡江，計取荊州的便是他。

其次要說到兩晉南北朝。那時是中國中衰時期，貴族門第方興，一輩士大夫，寄情玄虛，志在清談，知識青年從軍的故事，在那時，自然要比較落寞些，但也並非絕對沒有，此處暫擱不提，且繼續說到唐朝。唐太宗李世民是中國歷史上數一數二的英武人物，在此不用細述，太宗自己說：「朕年十八，便是經綸王業，北剪劉武周，西平薛舉，東擒竇建德、王世充，二十四而天下定，廿九而居大位，四夷降服，海內艾安。」他眞是一位歷史上極出色的青年軍人，又是歷史上一位極出色的青年皇帝，無怪他自己要說：「古來英雄撥亂之主，無見及者。」在他手下，最有名軍人，自然要推李靖、李勣，兩人同時，李靖是一位老將，而李勣則是一位青年將軍，他本是一個富家子，但他很早就置身行伍，他說：「我年十二三時為無賴賊，逢人則殺；十四五時為當賊，有所不愜則殺人；十七八為佳賊，臨陣乃殺之；二十為大將，用兵以救人死。」原來李勣正式參加隋末大亂時翟讓的土匪軍隊，正是他十七歲那一年。明年他十八歲，便在李密手下，指揮著五千兵隊以及二十萬饑民，據守黎陽倉，殺敗了宇文化及。十九歲歸唐，兩年後，唐平竇建德，俘王世充，那時是秦王李世民為大將，李勣為下將，他們倆服兵甲，乖戎輅，告捷太廟，同時兩位青年將軍，恰恰同是二十一歲，眞是稀世鮮有的佳話。貞觀三年，李勣與李靖同出擊突厥，勣降突厥部落百萬，那年他還未滿三十，還是一位二十九歲的青年。而李靖那年則已快近六十，是一位五十九歲的老將軍了。此後李勣享壽甚高，也成為唐初的一位老將，後世數說唐興名將，必然首推英、衛，衛國公卽李靖，英國公乃李勣。又有一位與李勣年齡差近，而名位稍遜，但亦為唐代對外建立大功奇勳的名將蘇定方，他亦在隋末大亂時，當十五歲的年齡，已能跟隨他父親出陣見仗，而且常常先登陷陣。他父親死後，他代領其眾，以後他以六十九高齡西定葱嶺，以七十歲高齡東圍平壤，李勣繼之，以六十八歲高齡克平壤，虜高麗王以歸。他們兩人，同以十四五歲稚齡，卽獻身軍伍，同時均以七十高年，還在為國家揚威異域，眞可說是畢生以之的模範軍人了。同時劉仁軌也以快近七十的高年，與蘇李同在東北軍中，他大創倭兵於白江口，毀倭艦四百艘，海水為赤，這是東亞歷史上第一次中倭交戰，劉老將軍建此偉績，也該特別提及的。

現在再說到五代與北宋，五代時的混亂局面，只有周世宗是唯一的英主，在他手裏，算把這長期的混亂局面開始澄清，宋太祖只是因其成業。周世宗是一位二十四歲登極的青年皇帝，但他同時也是一位青年軍人。他即位那年，便親征北漢，打敗強敵，又把手下臨陣退避的一羣驕將范愛能等七十餘人一一處死，這一來，把晚唐以來百年以上的軍伍頹風，一手整頓了。是年，他一面懲罰驕將，一面又淘汰羸卒，切實改取精兵主義，訓練新勁旅，從此數年間，南征李唐，大兵直達江岸，北伐契丹，克復了瓦橋、益、津等三關，可惜他享年不久，沒有在他手裏完成統一。他臨死，也還是未滿三十，一位二十九歲的青年。宋太祖是周世宗整頓軍旅時提拔起來的一位小軍官，他做殿前軍虞時，是二十八歲，但他開始從軍，則只二十二歲。若論宋初名將，自當推算到曹彬與潘美，曹彬是將門之子，他三十二歲時已在軍隊裏充牙將。潘美隨周世宗，也還未滿三十歲。此外宋代最著名的邊將是楊業，他是山西茂族，父為刺史，業弱冠時已在軍中以驍勇聞，其子楊延昭，常隨他父親，在軍隊裏做先鋒，當楊業死時，延昭也只是二十九歲的青年。

現在再說到南渡諸將。韓世忠十八歲便應募為軍，岳飛是一位貧寒好學的青年，他在二十歲時應募入伍，史臣稱他文武全器，仁智並施，為西漢而下不多見的大將才，他臨死也只有三十五歲。他兒子岳雲，十二歲便在軍中作戰，這恐怕算得是中國歷史上最年輕的一位少年軍人了，他臨死還只有二十三歲。吳玠也是南宋一位讀書有學問的名將，未到二十早已從軍了。和尚原之捷，他年三十九歲，他弟弟吳璘，同在軍中，同建大功，則只有二十五歲，還未滿三十。仙人關之捷，吳璘是三十二歲。辛棄疾又是南宋中葉一位有名的文學將軍，他開始從軍是廿二歲。宋末名將趙葵，和他哥哥趙范，都是幼年卽隨父在軍，一面讀書求學，一面應戰接仗，將來都成為國家棟樑大器，這也是他們父親教育有方的功績。

元代武功赫弈，此已盡人皆知，當時的蒙古族是盡丁皆兵的，但漢族子弟，卻絕少當兵的權利。現在且說明朝，明太祖初在濠州從軍，那時是廿五歲；徐達初從明祖，是廿二歲；常遇春初從明祖，在廿六歲；徐、常是明初兩員大將。李文忠十九歲便以饒勇冠軍，鄧愈十六歲便帶領隊伍自成一軍，沐英十八歲便為帳前都尉，明祖麾下都是些年齡不相上下的軍官。湯和稍前輩，也只長明祖三歲，初在軍時，也還不到卅歲。明朝人的風氣，比較和唐朝相像，他們都慷慨喜功業，因此也更愛從軍，在兵隊裏過生活。有名的理學家王陽明先生，他十五歲時，寓居京師，便出遊居庸關、山海關，私出塞外，與諸屬國夷人，角射校藝，因以縱觀塞外山川形勢，有經略四方之志。後來他一面講學，一面還屢立戰功，平漳寇，平橫水、桶岡、大帽、痢頭諸寇，又平宸濠之亂，晚年又平思田，破八寨斷籐峽諸蠻，他是中國史上第一流的學者，同時又是中國史上第一流的偉人。現在要說到明代膺懲倭寇的兩位名將俞大猷與戚繼光，他們兩人都是幼年好學，而且一開始便有志於軍隊生活的，可惜手邊史料不足，無法詳細推算他們兩人的年齡，否則他們兩人一定是這一篇知識青年從軍先例中很精采的兩個例。

現在再說明末清初。一輩知識青年投筆從戎，從事革命與復興事業的，真是指不勝屈，姑舉其最著者。清兵下揚州南京，黄梨洲兄弟卽糾合家鄉子弟數百人起義，號「世忠營」，那時梨洲已卅六歲，他仲弟宗炎廿八歲，三弟宗曾廿六歲，想來他的世忠營裏，一定很多年輕的知識分子。顧亭林從軍蘇州，年廿三歲，他的至友歸玄恭，也以同年投軍。王船山起兵衡山，年卅歲。毛奇齡投入毛有綸軍中，年廿四歲。魏叔子和他的朋友彭躬菴等在翠微峯，結寨自衛，年廿五歲。可惜他們在軍事上都沒有大成功。待他們軍事生活失敗後，回過頭來，卻都做成了中國史上近三百年來有數的大學問家，尤其是黄、顧、王三先生，他們的人格與學業，對於我們近代辛亥革命的成功，還貢獻了無限的影響。

現在要說到清朝，清朝始終是一個狹義的部族政權。滿洲八旗軍隊，入關創國，有他們特優的待遇，漢族綠營兵，則在不平等待遇下受歧視。清政雖較元代略寬大，知識青年從軍的故事，一樣的無可說。直到中晚葉政治腐敗，革命四起，那時纔有一般文人學者，中途獻身軍伍，來為清政權暫延一息，如江忠源、羅澤南、曾國藩、胡林翼、左宗棠、李鴻章諸人皆是。同時有許多知識青年，聞風響應，投入軍中，此處暫不細述。說到此等中年的文人學者，因時代需要，獻身軍伍，來為國家社會立大功建大業的，在中國歷史上，更多先例，但非本篇範圍所欲詳，也只有不提及了。

最後說到辛亥革命前後，那時一輩知識青年捨身投軍，從事革命建國工作的，更繁夥了，這是最近的歷史，人人應知，此亦不贅。

以上所述，只是就歷史上最著名人物，擇要舉例，並非說中國歷史上知識青年從軍的只有此數。

若是我們要把二十五史詳細檢舉，來講述中國已往青年從軍的故事，恐非專寫一書莫辦，現在我們且繼此一說歷代的「兵役制度」。春秋戰國是平民軍隊與貴族軍隊交替代興的時候，已於上文述及。秦漢則是全民兵役制，那時雖宰相之子必須戍邊三天，一遇戰事，還有許多自動從軍，恰如現代所謂義勇軍的，在那時則謂之良家子從軍，所以秦漢武功遠播，斷非無因而致。東漢而下，全民兵役制破壞，國威亦遠遜。魏晉是私家部曲兵以及奴兵、謫役兵的時代，因此國威更挫。東晉時，謝安當國，在揚州訓練了一支所謂「北府兵」，因是經招募挑選而成的軍隊，較之部曲兵、奴兵、謫役兵遠勝，賴有此一支軍隊，始有淝水之捷，保存了半壁江南。此後劉裕還用此軍隊北伐。五胡北朝全是部族兵與簽兵的混合隊伍，直到北周蘇綽，創府兵制，那時候纔再有像樣的國民軍隊。「府兵」是一種選民訓兵制，當時全國戶口，依家財分列九等，只有第六等以上的中上人戶子弟始許入伍，下三等貧窮家庭，則不使有當兵入伍的權利，因此當時軍隊，全是民間的豪右精壯，隋唐藉此制度完成統一，而且國威遠揚。但在唐高宗時，府兵待遇漸不如舊，劉仁軌曾為此事向中央詳細陳述，可惜唐室不能盡量注意，此下便漸漸從府兵變成方鎮兵，那又是一種招募的軍隊了。但是方鎮兵開始，還如東晉北府兵般，召募之後，繼續一番挑選，還不失為勁旅。晚唐五代，兵漸驕，將漸惰，沒有所謂挑選，直至周世宗始再振作一番。宋代承襲周制，依然用的是募兵，承平日久，挑選日疏，軍律廢弛，國威大弱。但在宋代積弱的軍隊裡，也還出了不少著名軍人，北宋如狄青，南宋如岳飛，是尤其著名的。尤其是岳飛，成為中國歷史上的武聖人，足為弱宋增光不少。遼、金、元都是部族兵，與五胡北朝相仿。明代的衛所兵制，是師法唐代府兵制的，而且明代士大夫，都喜慷慨建功業，頗有豪氣，很像唐代人物，因此明代國力也還不弱，直到亡國時，還是名將百出，在東北支撑危局的如熊廷弼、孫承宗、袁崇煥都由文臣出總師旅。若論才能，他們中間任何一人，都可抵抗住滿洲，只因中央政治腐敗，軍事受其影響，遂使他們都失敗了。這不能怪當時擔任邊事的將才不夠。清代又是部族兵，亦如五胡北朝與遼金元，雖則同時加上一些召募的綠營兵，又是受的不平等待遇，因此清代只要滿洲部族一腐化，國力便不振。現在我們國家，正在從募兵制漸次蛻化的途中，國民普遍從軍的風氣，尚未養成。而置身全球列强鬥爭的大漩渦裏，又無法臨陣脱逃。人家以精鋭豪强來，我們以疲弱貧愚應，不僅器械不如人，隊伍亦不如人。

環顧現勢，回溯舊史，我們一定要走上西漢般的全民兵役制，否則如唐代之選民訓民制，決不能以東晉、北宋之自由應募為保衛國家的長城。只是急切未能驟變。前中央號召十萬知識青年從軍，即是遠追北周隋唐選拔中上等國民充當兵役的遺意，但依然是像晉宋般許我們自由應募，這也是一時不得已，然而國事艱難，大家應該踴躍以赴。在英美諸國，知識青年從軍譬如家常便飯，用不著大驚小怪，但在中國今日，說到知識青年從軍，依然像有極濃厚的浪漫文學的氣味，依然像是傳奇式的動人聽聞，依然如讀古史般充滿著英雄式的慷慨情調，古人云「英雄造時勢，時勢造英雄」，又云「識時務者為俊傑」。今日知識青年從軍，正是俊傑識時務者之所為，這個時勢是極需要英雄的了，只看英雄如何不辜負此時勢。我們很盼望在此知識青年從軍的大潮流裏，再出幾個楚霸王與霍驃騎，或是再來幾個周公瑾與諸葛孔明，或是再有幾個李英公與李衛公，或是再有幾個岳武穆與王文成。此乃國家民族前途禍福所繫，全國知識青年，其速奮起！

（民國三十三年十一月重慶大公報專論）

一七　復興中華文化人人必讀的幾部書

一　引言

諸位先生：去年蔣公提出了「復興中華文化運動」的號召。這一運動可說是民國創建以來一個最重大、最有意義的運動。到今已過一年，我聽到很多人說，一年來，這一個復興文化運動有了些什麼成績呢，或者有了些什麼具體的方案呢？這當然是大家都關切的問題，可是我們也該知道，這一運動，我們並不能希望它有一個很快的成績給我們看。我可以說，倘使在座的先生們，在五十歲以內出生的話，他從出生日起，已是我們中國人存心在懷疑，在反對，在破壞自己傳統文化的時候了。並不要到中共執政，或者如今天的紅衛兵正式提出「文化大革命」以後才如此。我們已經是五十年來，造成風氣，在懷疑，在反對，也可說在破壞這一套自己的文化。當然開始這一番思想、理論，也是為著愛國家、愛民族，其心無他，然而我們早已認為中國文化要不得，至少是看輕了中國文化，接下來就看輕了中國民族，看輕了中國人。那麼我們要來救這個國家，救這個民族，就得另外來一套。那些覺得要另外來一套的是所謂前進份子，那些不能追隨向前的人，便是頑固守舊要不得、該淘汰。倘使不是這種思想這種風氣在社會上隱藏著，蔓延著，我可以說中共也不會得政。我們五十年來的社會風氣已如此，我們怎能在一年兩年內，就有顯著的改變，這當然是很困難的。

而且所謂「復興文化」，也不是一個人、一個團體、一個機關所能負起責任的。這事千頭萬緒，我們每個人都該負起責任來。不能在一旁觀看，說你有什麼成績？大家抱著這心理，這一運動便不會有很大樂觀的前途。

可是我也可以從大體上講，我們要復興文化，在我們前面擺著有兩條大路：一條路是「振興學術」，這可以說少數知識份子，在學術界應該負的責任。我們研究有關中國各方面的學問，應該以復興中華文化為抱負。不要對自己文化，專門去挑些可以批評的來批評，來反對。我們當知道，全世界各民族各文化，到今天為止，還沒有一個能說眞到了無可批評的地步。中國歷史，至少已有三四千年的緜歷。這中間那有找不到毛病可批評的。從每一個人說，即使是一個大聖人，也會有過失。怎樣一個強健的身體，到醫院去檢查，也總有毛病。我們現在的智識界總喜歡找我們歷史裏面零零碎碎的、向不受人注意的許多毛病，或許舉出一件兩件特殊的事，來大肆批評，這是最近幾十年來的風氣。到今天我們要振興學術，該換一個方向，究竟中國文化裏面有沒有它的長處，長處在那裏？不要專找毛病。得要研究我們自己文化精華之所在，這決不是一年兩年所能有成績的事情。

另一條路是「改造風氣」，這是一般社會的。譬如此刻大家看不起中國人，只看重外國人，這個風氣瀰漫整個社會，任何人都不免。我可以舉很多具體的例來講，可以拿一件一件的小事情來作證。今天我們雖是一個中國人，但只看重外國人，看不起中國人，接著就看不起自己。看不起了自己，還有何事肯認眞實地去幹？每一個家庭為父母的，總望能送子女往外國去留學，若是父母老了，七八十歲，他的子女不回來，長期居留在外國，甚至入了外國籍，照中國文化傳統講，那子女太不懂孝道。但為父母的，總覺得子女在外國，總比在中國強一點，不歸來盡孝道也應該。這是他們太看重了外國，看不起中國，看不起中國人，連自己也看不起，只要能沾到外國一點光也好。依照這種心理演變下去，中國斷然會永遠沒有翻身的日子。所以我說我們蔣公提倡復興中華文化，這是民國創建以來一件最有意義的事。

至於如何來提倡學術，改造風氣，這都不是短時期一年兩年內就能做到。今天我所講的，是我們要復興中華文化，能不能提出幾部人人必讀的書來？這與振興學術改造風氣這兩方面都有關係。可是我今天所提出的，也只是一問題而已。我們要不要有這樣幾部書，能不能有這樣幾部書？這都是問題。我只借這個機會，舉出幾部書來，這幾部書是不是我們人人必讀，當然希望在座各位，乃至全社會，拿來做一個共同討論的問題。此刻所講只是我個人的想法。文化是一個共業，大家來共同合作。當我們的文化，在正常或是在隆盛的時候，好像一健康的人不注意到他的身體般，我們只在這個文化空氣中生活著，大家不覺得，又好像我們此刻坐在這所房子裏面，不注意到這房子。但今天我們的中國文化，已經到了一個支離破碎將次崩潰的時候，大家反對它，看不起它，至少懷疑它，在這時候來談復興，我們首先能不能集中到一個大方向，雖不能有個共同的信仰，也該有一個共同的了解，這裏要提出幾部人人必讀的書，便是由這問題而起。可是所謂人人必讀，我的想法，只要他能有相當於高中或大學的程度，社會上一切人都在內，是不是眞能有一部兩部或多幾部，大家應該都看一下的書。這樣可使大家在心裏上有一共同的規範，或是共同瞭解。就如我們同在這個屋子裏，自然大家的坐位可以在這邊，在那邊，人人儘可有不同，可是大家總是共同在此一個屋子之內，我們才能為此屋子有些想法，有些做法。所謂復興文化，也該有一些共同嚮往之點，共同瞭解之點，至於意見，卻儘不妨各人有各人之相異。

我們要從年輕人，譬如一個高中學生，直到老年人，不論他在社會還擔任責任或不擔任責任，不論他做什麼事業、什麼行業，都希望他能來讀這樣一本書或幾本書，如此說來，也就覺得困難。要大家能讀，不是說要我們少數人能讀。若為今天來到這裏聽我講話的人舉出幾本人人能讀的書，還比較是輕而易舉。但我們要著想到社會上的一般人，這就難了，能不能眞有幾本這樣的書人人能讀，而又是人人必讀呢？說到這裏，我要請各位原諒。我認為文化一定有傳統，沒有傳統，便不叫做文化。若使今天有一位大思想家、大學問家，他發明一套新理論，提供一套新知識，但這不就叫文化，這是他個人的思想、理論、知識、研究成果。不曉得這些思想、理論、知識、成果，還要經過多少年，或是幾十年或是幾百年，而後才慢慢地變成了某一文化裏重要的一部份，我們不能今天就把這個來叫作文化。我大膽告訴諸位，文化中一定有古老的東西，而且可說都是古老的。新的只是由此古老中所生，斬斷了古老的根，便不能有新生的枝葉和花果。今天我們大家講，復興文化不是要復古，那麼我請問各位，要復的是什麼東西？你說我們要學外國人，但外國有外國之古，外國也不能只有今天一天全新的東西。你講近代科學，近代科學也至少有兩三百年之古在裏面。講民主政治，民主政治也至少有四五百年之古在裏面，所以文化不能全是新的。全新的不成為文化，要慢慢在舊文化裏演出新花樣，這是中外一律的。所以我今天在此要想提出幾部書來，卻都是幾部代表傳統性的古老書，沒有一部近代人的新出書。最重要的一點，我們要懂得我們以前的中國人，他們是怎樣想法、怎樣講法、怎樣做法？我們希望今天的中國人，能同我們的父母祖宗，幾百年、一千年、兩千年以前的中國人，通一口氣，這才叫「有文化」，叫「有傳統」。若這口氣不通的話，將來縱使中國或可以做出一個極富極強的國家來，但不一定就是文化復興。至於一個並沒有文化傳統的民族與國家是否能極富極強，這是另一問題，不在此刻討論。

現在我想要找幾部人人必讀的書，從前述意見講來，還是要找出從前我們中國人大家讀的書。這是比較客觀的標準。若我今天提出一部書，與文化傳統無關，可能這部書有貢獻，有影響，或許可變成將來文化重要的一部份，確實使中國文化改造，起了新變化。可是在此刻，只是我一人意見，不能強人人必讀。我們此刻是在「復興中華文化」的前提之下來選幾部書，此幾部書，則是古人的，從前大家讀過的，在中國社會上遞傳了多少年，有憑有據。不能說由我一個人來提倡讀這幾部書。否則我認為應該讀什麼幾部書，你認為應該讀什麼幾部書，各有各的意見，很難得調和。因此我們該是站在中國文化的立場，在中國傳統文化裏，看有那幾部特別應該看的書？其主要條件，則是從前中國人都曾看的。為何要把此作標準？這很簡單，若要講中國文化，則不能不理會到中國古人。此刻講民主，該由大家投票表決。在今天你認為這幾部書不該看，但是我們上一代、兩代、三代、四代、十代、二十代歷史上的古人，都曾讀，都曾看重這幾部書，那麼這即是中華文化傳統一向集中偏重在那裏。我要把此標準來舉出幾部歷史上大家都讀的書，來作為我們今天也應該人人一看，讓我們從此了解到從前中國人想些什麼，講些什麼，看重些什麼。這豈不與我們此刻要來復興文化也有些關聯。

但是這些書也不能是大書，大書不能大家有工夫去看。我已經講過，若你在大學裏當教授，設講座，你可以從容研究。現在講的是希望人人有一份。既不能是大書，同時又不能太專門。現在大學分科分得很細，很專門。或學文學，學史學，學經濟，學法律，講藝術，講哲學。自然科學更不論，分門別類，實是太細太多了。我們現在的標準是人人的，不論你是藝術家、建築師，或是醫生，或是律師，或是任何行業，我們要在文化傳統的共同之點上有一個了解，而來讀這部書。而且要這部書不一定是學術界中人才能讀，要男女老少行行色色人都能讀。我告訴諸位，這像是難，卻不難。只要真正是一部大有價值的書，大家都該讀的書，也就絕不是一部專門書。要講專門書，如講史學，某一人某少數人可以讀二十四史，卻不能請大家都讀二十四史。在學校裏講課，可以講專門。而文化則不是一項專門學問，亦不能由某一項專門學問家來講。我們需要的是有一個共同的了解，人人必讀的書則絕非專門的，而且也絕不是大部的書。大部的書只可放在圖書館裏去研究成一個學者。現在是要社會上流行的書，是要人人能讀的書，那往往是幾句話的書，絕不是大書。惟其是幾句話的書，所以能流傳到整個社會，所以能成為文化傳統中一個共同的目標。但是不是有這樣的書呢？我此下所舉，當然只是我個人的意見。

我上面講的這套話，我想第一是原則上的，要先討論，是不是要提出幾部我們應該提倡大家來看的書。第二是這類的書，一定要有傳統性，要能使我們中華民族上下通氣。要使今天我們有一口氣通到上面中國古人身邊去。諸位不要怕這就是落伍，其實這是不落伍的，這些書應該在今天還是有價值。若使中國古書在今天都落伍了，那麼這就是中國文化落伍，所以有些人要提倡線裝書扔毛厠裏，要廢止漢字，要用羅馬字拼音，這就沒有話講了。若使我們中國古代還有幾部傳統性的書，這套思想，這套理論，今天還有價值，那麼我們中國文化就該存在，我們今天自該也來用心一看。要說這都沒有了，只有要我們今天來創造一番新的，我請問諸位，怎樣般去創造？那就只有到外國留學去，但這也不是創造，只是去拿人家的，來借作自己的用。倘使我們本來沒有，去拿一點人家的來，這事也還簡單。譬如這房子裏面空盪盪地沒有東西，搬張桌子來，搬張椅子來，很簡單。所可恨的，是我們這所房子裏早有東西充滿了，要從外面拿進來，先要把自己裏面的拿出去。所以先要打倒中國文化，就是這個理由。因為外面的拿不進，拿進來了又不合式，則只有先拿掉裏面的。又可恨，裏面的拿不走，又拿不盡。我們今天的問題在這裏。今天我們蔣公既然提倡到復興文化這句話，我們能不能從正面來具體想想，究竟中國文化有沒有些存在的價值？若我們眞認為有，那麼我們要復興中華文化，便應該在中國的舊書裏，找出幾部人人必讀的，至少希望造成一種風氣，亦可為振興學術奠一基礎。

二　四書——論語、孟子、大學、中庸

我想舉的第一部書是論語。你若要反對中國文化，那很簡單，第一就該打倒孔家店。當時立意要打倒孔家店的人，就都在論語裏找話柄。如說：「唯女子與小人為難養也」，說這是孔子看不起女人。又如說「民可使由之，不可使知之」，說孔子主張愚民政策。又如「子見南子」，把來編成劇本表演。拿論語裏凡可以挑剔出毛病的，都找出來。至於如論語開卷所說「學而時習之，不亦說乎？」有何毛病呢？這就不管了。至少從漢朝開始，那時中國人就普遍讀論語，像如今天的小學教科書。論語、孝經、爾雅，人人必讀。爾雅是一部字典，現在我們另外有合用的字典，不需要讀爾雅。孝經今天也不須讀，已經經過很多人研究，孝經並不是孔子講的話。我想論語還應該是我們今天人人必讀的一部書。倘使要找一部比論語更重要，可以用來了解中國文化，又是人人可讀的，我想這不容易。只有論語，照我剛才所講條件，從漢朝起，到我們高呼打倒孔家店時為止，本是人人必讀的，在中國沒有一個讀書人不讀論語，已是經歷了兩千年。我們要了解一些中國文化，我想至少該看看論語。

既然要讀論語，便連帶要讀孟子。講孔子講得最好的，莫過於孟子，宋代以後的中國人常合稱孔孟。唐朝以前只叫周、孔，不叫孔、孟，這不能說不是中國後代一個大進步。說周孔，是看重在政治上。說孔孟，是看重在學術、教育上。至少從宋朝到現在，一般中國人都拿孔孟並稱，所以我們讀論語也該連讀孟子。論、孟這兩本書我現在舉出為大家該讀之書，讀了論語有不懂，再讀孟子，容易幫我們懂孔子。

既然講到論語和孟子，又就聯想到大學和中庸，這在宋代以來合叫做四書。實際上，大學、中庸只是兩篇文章，收在小戴禮記中，不算是兩部獨立的書。但很早就有人看重這兩篇文章。到了宋朝，特別是到了朱夫子，就拿大學、論語、孟子、中庸，合稱四書。他說大學是我們開始第一本該讀的。中間所講格物、致知、誠意、正心、修身、齊家、治國、平天下，八個大綱領。把中國學術重要之點全包在內。使一個初學的人，開始就可知道我們做學問的大規模，有這樣八個綱領。至於如何來講究這格物、致知、誠意、正心、修身、齊家、治國、平天下這一套，就該進而讀論語和孟子。這樣讀過以後，才叫我們讀中庸。中庸有些話講得深微奧妙，好像我們今天說太哲學了。所以朱子說，四書的順序，該最後才讀中庸。後來坊間印本書，大學、中庸的分量都太單薄了，就把這兩本書合訂成一本，於是小孩子跑進學校，就先讀大學、中庸，再讀論語、孟子，這就違背了我們提倡讀四書的人的原來意見。可是四書認為是我們人人必讀的書，從元朝就開始，到今天已經七百年。

我的想法，我們既然要讀論語、孟子，兼讀大學、中庸也省事，而且大學、中庸這兩篇文章，也是兩千年前已有，中間確也有些很高深的道理。我們不必把它和語、孟再拆開，說讀了語、孟，便不必讀學、庸，所以我主張還是恢復舊傳統舊習慣，依然讀四書，只把讀的方法變動些。不要在開始進學校識字就讀，我也不主張在學校裏正式開這四書一門課。我只希望能在社會上提倡風氣，有了高中程度的人，大家應該看看這四書。尤其重要的，讀四書一定該讀朱子的註。提倡四書的是朱子，朱子一生，從他開始著作，經歷四十年之久，把他全部精力多半放在為四書作注這一工作上，因此朱子的論孟集注、學庸章句可以說是一部非常值得讀的書。我們中國的大學者，多方面有成就，在社會上有最大影響的，所謂「集大成」的學者，上面是孔子，下面是朱子。朱子到今天也已八百年，我們不該不看重這個人。四書是兩千年前的書，今天我們不易讀。我們拿八百年前朱子的註來讀兩千年前的四書，這就容易些。直到今天，還沒有一個人註四書能超過了朱子。所以我希望諸位倘使去讀論語、孟子、大學、中庸，一定要仔細看朱子的註。

我再敢直率講一句，倘使我們讀了四書，就不必讀五經。當時宋朝人提出這四書來，就是要我們把四書來替代五經。讀四書，既省力又得益多。至於五經，在漢代以來就規定為大學教材的，然而五經不易讀。在漢時，已經講得各家各說，莫衷一是。朱子也曾在五經裏下工夫，但他一生，只講了兩部經，一是詩經，一是易經。可是他後來說他的工夫浪費了，他讀詩、易所得，遠不如他讀四書所得之多而大。倘使我們今天還要拿詩和易來做人人必讀的書，那就有些不識時務。至於春秋，那是孔子自己寫的，但誰能眞懂得春秋？朱子說，他對春秋實在不能懂。直到今天，也沒有人眞能懂。講春秋的，就要根據左傳、穀梁傳、公羊傳，把這三傳的講法來講春秋，但三傳講法又不同。所以講春秋的一向要吵架。朱子勸他學生們且不要去讀春秋，現在人還要來講春秋，這是自欺欺人。誰也不懂得。又若講禮，儀禮十七篇今天社會上那裏行得通。而且從唐代韓昌黎起他已說不懂這部書。從唐到清凡是講禮的，都得是專家之學，不是人人能懂，而且也易起爭辨。若論書經，清代如戴東原，近代如王靜安，都說它難讀難懂。目前學者，還不見有超出戴、王的，他們如何卻對書經能讀能懂。所以我認為到今天我們還要來提倡讀經，實是大可不必了。但我也並不是要主張廢止經學，經學可以待大學文科畢業，進入研究院的人來研究。縱使在大學研究院，也該鄭重其事。近代能讀古書的大師如梁任公王靜安他們在清華大學研究院作導師，也不曾提倡研究經學。若要稍通大義則可，要一部一部一字一句來講，要在經學中作專門研究，其事實不易。王静安研究龜甲文，講訓詁，講經學。據說他勸學者略看儀禮，因為名物制度有些和研究龜甲文有關。譬如一個廟，一項祭典，一件衣服，龜甲文中有些字非參考儀禮、尚書守古經典不可。一言以蔽之，我並不反對大學研究院有絕頂的高才生，眞等經學專家作導師，再來研究五經，來一部一部作研究。可是從宋朝起，一般而論，大家就已不像漢、唐時代以經學為主。元、明、清三朝的科舉考試，雖也考五經，實際上只要第一場四書錄取，第二場以下的五經只是名義上亦加考試，而錄取標準並不在此。這三朝來，如通志堂經解，清經解正、續編，卷帙繁重，眞是汗牛充棟，不先理會這些書，又如何來對經學上有更進一步之新發現。所以我認為我們今天雖要提倡文化復興，似乎可以不必再要人去讀五經。讀通五經的是孔子，我們今天讀了孔子的讀過。書，也就夠了。而且經學中也儘有孔子所沒有讀過的，譬如儀禮，這是孔子以後的書，孔子一定沒有讀過。

今天我們要講復興文化，並不是說不許人復古，但古代的東西也該有一選擇。更要是使人能了解。近人又認為五經雖難懂，翻成語體文便易懂，但先要有人眞能懂，纔能翻。若請梁任公、王靜安來翻，他們必然敬謝不敏。在清朝時代講經學，那時尚有個行市、行情。一人說錯了，別人來糾正。今天經學已無行市、行情可言，大家不管了，一個人如此講，別人也無法來批評，你是一個專家，儘你講，沒人作批評。卻要叫人人來讀你翻的，那太危險了。所以我想五經最好是不讀，我們就讀四書吧。

三　老子、莊子

但是我要告訴諸位，講中國文化，也不是儒家一家就可代表得盡，還有莊子、老子道家一派的思想，從秦開始到清也歷兩千載。我們最多只能說道家思想不是正面的、不是最重要的。但不能說在中國文化裏沒有道家思想之成分。儒、道兩家思想固有不同，但不能說此兩派思想完全違反如水火冰炭不相容。我們要構造一所房子，決不是一根木頭能造成的。我們講文化，也決不是一家思想所能構成。

中國自漢到清，恐怕讀過莊子、老子書的很多，不曾讀過莊子、老子書的很少。如陸德明經典釋文中有莊、老，但無孟子。宋以前不論，宋以後雖則大家讀四書，但還是大家都兼看莊、老。我想要講中國文化，應該把孔、孟、莊、老定為「四書」。儒、道兩家在中國傳統文化中是一陰一陽，一正一反，一面子，一夾裏。雖在宋朝以下，所謂四書是大學、中庸、論語、孟子，可是我們今天是要講中華文化，不是單講儒家思想。儒家思想是中國文化裏一根大樑，但其他支撐此文化架構的，也得要。所以我主張大家也不妨可以注意讀讀莊、老。老子只有五千言，其實論語也不過一萬多字，孟子多了，也不過三萬多字。今人一動筆，一口氣寫一篇五千一萬三萬字的文章並不太困難，讀論語、老子、孟子三書合共不超過六萬字，這又有什麼困難呀！每天看一份報章，也就五六萬字一氣看下了。只有莊子三十三篇較為麻煩一些。但我想，我們讀莊子，只要讀內篇七篇，不讀其外篇、雜篇也可以，當然喜歡全讀也儘可全讀。但內篇大體是莊子自己寫的，外篇、雜篇或許也有莊子自己的話，或許更多是莊子的學生及其後學們的話加上去。內篇七篇也不到一萬字上下，讀來很輕鬆。

若我們要讀莊子、老子的話，大家知道，老子有王弼註，莊子有郭象註，但兩部註書實不同。從王弼到郭象，還有幾十年到一百年，這個時候正是中國大變的時候，等於我們從民國初年到今天，思想、學術、社會上各方面都大變。所以我們看王弼註的老子，也還不太離譜。至於郭象註莊子，文章寫得很好，可是這些話是郭象自己的意見，並不是莊子的原意。我們若要研究中國思想史，應該有一個郭象的思想在那裏。他的思想正在他的莊子註裏面。倘使我們喜歡，當然郭象的文章比較容易讀，莊子的文章比較難讀。但是我們讀了郭象註，結果我們認識了郭象的思想而誤會了莊子的思想，那也不好。因此我想另外介紹一本注莊子的書，那是清代末年的王先謙。他有一部莊子集解，這部書商務印書館有賣，篇幅不大。有兩個好處：一是註得簡單。莊子是一個哲學家，但他的註不重在哲學，只把莊子原文調直一番，加一些字句解釋便是。第二個好處是他把莊子原文分成一章一節，更易讀。若你讀郭象注，讀成玄英疏，一篇文章連下去，就較麻煩。能分章分節去讀便較容易。論語、孟子、老子都是一章一章的，只有莊子是一長篇，所以要難讀些。也把來分了章，便不難。若這一章讀不懂，不妨跳過去讀下一章，總有幾章能懂的。

諸位當知，這些都是兩千年前人的書，此刻我們來讀，定不能一字一句都懂，你又不是在個大學開課設講座，來講孔、孟、莊、老。只求略通大義卽得。縱使大學講座教授，有學生問，這字怎樣講？教授也可說這字現在還無法確定講，雖有幾個講法，我都不認為對，且慢慢放在那裏，不必字字要講究。大學教授可以這樣，提出博士論文也可以這樣。寫一本研究莊子的書，也可說這裏不能講，講不通。眞講書的人，其實那本書眞能從頭到尾講，每一字都講得清楚明白呢？這是一件不可能的事。假讀書的人，會把這些來難你，叫你不敢讀，或者一樣來假讀不眞讀。這些話，並不是我故意來開方便之門，從來讀書人都如此。能讀通大義，纔是眞讀書。或許諸位會問，那麼朱子註四書不也是逐字逐句講究嗎？但朱子是個數一數二的大學者，他註四書為方便我們普通讀四書的人。我們是普通的讀書人，為要讀書，不為要註書。而且我們只要普通能讀，不為要人人成學者。這裏是有絕大分別的。從前人說讀六經，我想現在把論語、孟子、大學、中庸、老子、莊子定為「新六經」，那就易讀，而且得益也多些。

四　六祖壇經

以上所講都是秦朝以前的古書，但我還要講句話，中國的文化傳統裏，不僅有孔子、老子，儒家道家，還有佛學。其原始雖不是中國的，但佛教傳進中國以後，從東漢末年到隋唐，佛學在中國社會普遍流行，上自皇帝、宰相，下至一切人等信佛教的多了，實已成為中國文化之一支。直到今天，我們到處信佛教的人還是不少。印度佛教經典，幾乎全部翻成了中文，如大藏經、續藏經，所收眞是浩瀚驚人，而且歷代的高僧傳，不少具有大智慧、大修養、大氣魄、大力量的人，在社會上引起了大影響，那些十分之九以上都是中國人，你那能說佛教還不是中國文化的一支呢？這正是中國民族的偉大，把外來文化吸收融化，成為自己文化之一支。

據此推論，將來我們也能把西方文化吸收過來融化了，也像佛教般，也變成為中國文化之又一支，那決不是一件不可想像的事。而且佛教是講出世的，孔、孟、莊、老都是講入世的，出世、入世兩面尚能講得通，至於我們吸收近代西方文化講民主、講科學，這些都是入世的，那有在中國會講不通之理？從前中國人講修身、齊家、治國、平天下，講治國平天下怎樣不講經濟？又怎樣不喜歡講民主？我們何必要拿這所房子裏的東西一起全搬出去了，纔能拿新的進來。從前人講佛教，拿佛經一部一部的翻，使中國社會上每個人都能讀，何嘗是先要把中國古書燒掉，抑扔進毛厠去。今天講西方文化的人，卻不肯把西方書多翻幾本，有人肯翻，卻挑眼說他翻錯了。翻錯了也不打緊，金剛經薄薄一小本，不也翻了七次嗎。不論翻書，連講話也不肯講中國話，必要用英語講，至少遇話中重要字必講英語。這樣，好像存心不要外國文化能變成中國文化，卻硬要中國捨棄自己一切來接受外國文化，那比起中國古僧人來，眞大差勁了。最了不起的是唐玄奘，他在中國早把各宗派的佛經都研究了，他又親到印度去。路上千辛萬苦不用提，他從印度回來，也只從事翻譯工作。他的翻譯和別人不同，他要把中國還沒有翻過來的佛經關於某一部分的全部翻。他要把全部佛教經典流傳在中國，那種信仰和氣魄也眞是偉大。

若使現代中國這一百年乃至五十年來，亦有一個眞崇信西洋文化像玄奘般的人來畢生宏揚，要把西方文化傳進中國來，也決不是一件難事。若使玄奘當時，他因要傳進佛學先來從事打倒孔子、老子，我也怕他會白費了精力，不僅無效果，抑且增糾紛。

隋唐時，佛教裏還有許多中國人自創的新宗派，以後認為這些是中國的佛學。這裏有三大派，天台宗、禪宗、華嚴宗，而最重要的尤其是禪宗。在唐以後中國社會最流行，幾乎唐以後的佛教，成為禪宗的天下。我這些話，並不是來提倡佛教，更不是在佛教裏面來提倡禪宗，諸位千萬不要誤會。或許有信佛教的人在此聽講，不要認為我太偏，我來大力講禪宗，我只說中國唐代以後，中國佛教中最盛行的是禪宗。這只是一件歷史事實。因此我要選出唐代禪宗開山的第一部書，那就是六祖壇經。這是在中國第一部用白話文來寫的書。這書篇幅不大，很易看，也很易懂。而且我們此刻自然有不少人熱心想把西洋文化傳進中國，那更該一讀此書，其中道理，我不想在此詳細講。

我記得我看六祖壇經，第一遍只看了整整一個半天，就看完了，但看得手不忍釋。那時很年輕，剛過二十歲，那天星期，恰有些小毛病，覺得無聊，隨手翻這本書，我想一個高中學生也就應該能讀這本書的了。如此一來，我上面舉出的書裏，儒、釋、道三教都有了。也許有人又要問，你為什麼專舉些儒、釋、道三教的書，或說是有關思想方面的書呢？這也有我的理由。若講歷史，講文學，講其他，不免都是專門之學，要人去做專家。我只是舉出一些能影響到整個社會人生方面的書，這些書多講些做人道理，使人人懂得，即如何去做一個中國人。若能人人都像樣做個中國人，自然便是復興中國文化一條最重要的大道。這是我所以舉此諸書之理由。這樣我上面舉了六經，此刻加上六祖壇經，可以說是「七經」了。

五　近思錄、傳習錄

從唐代六祖壇經以後，我還想在宋、明兩代的理學家中再舉兩書。諸位也許又要說，理學家不便是儒家嗎？但我們要知道，宋明兩代的理學家已經受了道家、佛家的影響，他們已能把中國的儒、釋、道三大派融化會通成為後代的「新儒家」。

從歷史來說，宋以後是我們中國一個新時代，若說孔、孟、老、莊是上古，禪宗六祖壇經是中古，那宋明理學便是近古，它已和唐以前的中國遠有不同了。現在我想在宋明理學中再舉出兩部書來：一部是朱子所編的近思錄，這書把北宋理學家周濂溪、程明道、程伊川、張橫渠四位的話分類編集。到清朝江永，把朱子講的話逐條註在近思錄之下，於是近思錄就等於是五個人講話的一選本。這樣一來，宋朝理學大體也就在這裏了。

也許有人說我是不是來提倡理學呢？這也不是。在近思錄的第一卷，朱子自己曾說，這一卷不必讀。為何呢？因這中間講的道理太高深，如講太極圖之類，也可說是太哲學了。既不要人人做一哲學家，因此不必要大家讀。下面講的只是些做人道理，讀一句有一句之用，讀一卷有一卷之用，適合於一般人讀，不像前面一卷是為專門研究理學的人讀的，所以我們儘可只讀下面的。我選此書，也不是要人去研究理學，只是盼人注重「做人」，則此書實是有用的。

最後一本是明代王陽明先生的傳習錄，這本書也是人人能讀的。我勸人讀六祖壇經，因六祖是一個不識字的人。當然後來他應識得幾個字，可是他確實不是讀書人。他也不會自己來寫一本書。那部壇經是他的佛門弟子為他記下，如是的一本書，我說一個高中程度的人應能讀。至於王陽明自己是一個大學者，但他講的道理，卻說不讀書人也能懂，他的話不一定是講給讀書人聽，不讀書人也能聽。而且陽明先生的傳習錄，和朱子的近思錄，恰恰一面是講陸王之學的，一面是講程朱之學。宋明理學中的兩大派別，我也平等地選在這裏。教人不分門戶平等來看。

六　結言

以上我所舉的書，論語、孟子、大學、中庸、老子、莊子、六祖壇經、近思錄、傳習錄，共九部。九部書中，有孔、孟，有莊、老，有佛家，有程、朱，有陸、王，種種派別。我們當知中國文化，本不是一個人一家派所建立的。諸位讀這九部書，喜歡那一派、喜歡這一派，都可以，而且我舉此九部書，更有一個特別重要的，因此九部書其實都不是一部書，都可以分成一章一節。諸位果是很忙，沒有工夫的話，上毛厠時也可帶一本，讀上一條也有益，一條是一條。不必從頭到尾通體去讀。

倘使你遇有閑時，一杯清茶，或者一杯咖啡，躺在籐椅子上，隨便拿一本，或是近思錄，或是陽明傳習錄，依然可以看上一條、兩條就算了。究看那些條，這又隨你高興，像抽簽一樣，抽到那條就那條。

或有人說，中國人的思想就是這麼不科學，沒系統、無組織。但我認為中國思想之偉大處，也就在這地方，不從一部一部的書來專講一個道理。我們只是一句一個道理、一條一個道理，但那些道理到後卻講得通，全部都通了。西方人喜歡用一大部書來專講一個道理。像馬克斯的資本論，老實說，我從沒有時間來讀它，其實西方人眞能從頭到尾讀它的恐怕也不多，如果馬克斯是一個中國人，他受了中國文化影響，我想只很簡單兩句話就夠了，說你這些資本家太不講人道，賺了這許多錢，也該為你的勞工們想想辦法，讓他們的生活也得改好些。這就好了。如此說來，他的話也是天經地義，一些也沒錯。但西方習慣，定要成為一家的思想，只此一家，別無分出，於是不免要裝頭裝尾，裝出許多話。於是，歷史的命定論、唯物史觀、階級鬥爭種種理論都裝上。本是講經濟，講資本主義，後來不曉得講到那裏去，毛病就出在這些加上的話。

我對西洋哲學，當然是外行。但我覺得一部書從頭到尾讀完，其實也只幾句話。但他這幾句話，必須用許多話來證。中國書中講一句是一句，講兩句是兩句，不用再有證。只此一句兩句已把他要說的道理說完了。所以西方哲學，是出乎人生之外的，要放在大學或研究院裏去研究，中國人孔、孟、莊、老所說的話，是只在人生之內的，人人可以讀，人人也能懂。從這個門進來，可以從那個門出去，隨便那條路，路路可通。我們中國人認為有最高價值的書應如此。

我所舉的這九部書，每部書都如此。可以隨你便挑一段讀，讀了可以隨便放下，你若有所得，所得就在這一條。如論語云「言忠信，行篤敬，雖蠻貊之邦，行矣。言不忠信，行不篤敬，雖州里行乎哉！」你若到外國留學去，這段話對你恰好正有用。我們此刻要講中國文化，孔子思想，卑之毋甚高論，卽如「言忠信、行篤敬」六字也有用，難道有此六字，便使你不能留學！必得先打倒孔家店才能留學嗎？若要民主與科學，有此六字亦何害？你到外國，言不忠信，行不篤敬，你在家裏，你到街上，言不忠信，行不篤敬，到底會行不通。難道你嫌孔子講的思想太簡單？但中國思想的長處就在這簡單上。我不說外國思想要不得，但和我們確有些不同。正如一人是網球家，一人是拉小提琴的，你拿打網球的條件來批評拉小提琴，只見短處，不見長處；只有不是，沒有是處。你總是要我把小提琴丟了，來打網球，那未免太主觀太不近人情。我們不能儘拿外國的來批評中國，等於不能拿獅子來比老鷹，老鷹在天上，獅子不能上天去。

我這樣講，你說我頑固守舊，那也沒法。我在小孩時最受影響的有一故事，試講給諸位聽。那時我在初級小學，那是前清光緒時代，一位教體操的先生，他摸摸我的頭，問我說：「你會讀三國演義是嗎？」我說「是的」。他說：「這書不要讀，開頭就錯了，什麼叫做天下分久必合，合久必分，一治一亂，這都是中國人走錯了路，中國的歷史才這樣。你看外國，像英國、法國，他們治了還會亂，合了還會分嗎？」那是六十多年前的事。中國人崇拜西洋，排斥中國自己的那一套心理，前清時代就有，我在小學時那位體操先生就是思想前進早會講這些話。但現在的英國、法國又是如何呢？我的意思，還是勸諸位且一讀這九部書，也不勸諸位去全部讀，可以一條一條隨便的讀。讀了一條又一條，其間可以會通。如讀論語這一條，再翻論語那一條，這條通了，那條也可通。讀了王陽明這一條，再讀王陽明那一條，其間也可以通。甚至九部書全可得會通。

我提出了這九部書，照理我該提出第十部，我們蔣總統提倡復興中華文化，就是要實行國父孫中山先生的「三民主義」，三民主義應該是今天的國民黨一部人人必讀的書，三民主義並沒有抹殺中國文化，在近代可說是獨出人羣一個大見解。也可定為中國人一部人人必讀書，可是我今天只想舉幾部古書，不舉今人的著作。因此也不把三民主義舉在內。

這九部書中，也不一定要全讀，讀八部也可七部也可。只讀一部也可。若只讀一部，我勸諸位讀論語。論語二十篇，至少有幾篇可以不讀，譬如第十篇鄉黨，記孔子平常生活，吃什麼穿什麼，那一篇可以不讀。最後一篇堯曰，不曉得講些什麼，也可不讀，只堯曰篇最後一條卻該讀。如是一來，論語二十篇只讀十八篇也好。十八篇中你不喜歡的，也可不必讀，譬如上面說過「唯女子與小人為難養也」，這一條，你說不行，你不讀這條也好。那一部書找不出一點毛病，不要把這一點毛病來廢了全書。你不能說孔子這人根本就不行，當知這只是一種時代風氣，時代過了，那些便只是偏見，很幼稺，很可笑。孟子的文章是好的，莊子文章也好，若不能全讀，只讀內篇，就內篇中分章分段把懂的讀。其餘各書當然一樣。我們既不是要考博士，又不是應聘到大學裏去當教授，既為中國人，也該讀幾部從前中國人人讀的書。若有人把這幾本書來問你懂不懂，你儘說不懂便好。你若把書中道理你懂得的講，人家會把西洋人見解和你辯。那是急切辯不出結果來的。只要我讀了一遍感覺有興趣，自然會讀第二遍，讀一條感覺有興趣，自然會讀第二條。

讓我再舉一故事。那時我還不到二十歲，十九歲時，那是民國二年，已在一小學裏教書。一天病了，有一位朋友同在一校，他說他覺得論語裏有一條話很好，我問那一條，他說「子之所慎，齋、戰、疾」一條很好。他說你此刻生病，正用得著，應該謹慎，小心一點，不要不當一件事，不要大意，可也不要害怕，不要緊張，請個醫生看看，一兩天就會好。我到今天還記得那一段話。還覺得論語此一條其味無窮，使我更增加讀論語的興趣。你不能說今天是二十世紀，是科學時代，這一條七個字要不得，不能存在了。其實在論語裏，直到今天還可以存在的，絕不只這一條七個字。如「言忠信，行篤敬」，這條能不能存在呢？「子曰：『學而時習之……』」這條能不能存在呢？你若用筆去圈出其能存在的。第一遍至少圈得出二三十條，第二遍可圈出七八十條都不止。

還有一位朋友問我對論語最喜歡那一條，我一時感得奇怪，說我並沒注意喜歡那一條。我反問他你喜歡那一條呢？他說他最喜歡「飯疏食，飲水，曲肱而枕之，樂亦在其中矣。不義而富且貴，於我如浮雲」那一條。那位先生比我還要窮，他喜歡這一條，是有特別會心的。我仔細再把這一條來讀，我說你講得好。回想那時，民國初年，在小學裏教書，還能有朋友相討論，此刻是不同了，肯讀論語的人更少了。

我今天所講，當然並不是一個學術上的問題，讀書得其大意，為自己受用。若能成為風氣，大家來讀，那時情形就更不同，可以互相討論，可以溫故知新，可以各自受用。不論政、軍、商、學各界，學科學的、做醫生的都可讀，醫院裏的護士，店舖裏的伙計都該讀。此刻的問題我所舉的九部書是不是可以替換？這也無所謂。只要是大家能讀，容易讀，而讀了又有用。

今天我大膽的提出這九部書，這九部書，可以減，可以加。有幾部該讀註，有幾部不要註。從前我曾把王陽明先生的傳習錄作一節要本，並不是說某幾條不重要故節了，我只把傳習錄裏凡引到大學、論語、孟子，引到其他古書的都刪了，我要使一個只懂白話，一本古書也沒有讀過的，讓他去讀這節本，我是這樣節法的。我想諸位勸別人讀陽明先生的傳習錄，他要說他沒有讀過中國古書，好了，凡是裏面引到論語、大學、孟子種種古書的暫且都不要讀，不好嗎！等他讀了有興趣，再去找本四書看，自然會把自己領上一條路。最難的是對中國無興趣，對中國古人古書更無興趣，那就無話可講。但如此下去，終必對自己也無興趣，對中國人一切無興趣，把中國人的地位全抹撥，中國的前途也眞沒有了。

我們今天如何來改造社會轉移風氣，只有從自己心上做起，我最後可以告訴諸位，至少我自己是得了這幾部書的好處，所以我到今天，還能覺得做一中國人也可有光榮。

（一九六七年十二月十七日復興中國文化會第十次學術講演，一九六八年二月青年戰士報。）

第二編

一 中國文化問題

一

我們欲研究一個國家或一個民族的命運及前途如何?應著眼於其文化問題的關鍵加以探討;換言之:研究我國民族的出路如何?亦應視我國之文化有無出路以為斷。

我國文化有五千餘年的歷史,在國人腦中所以成為問題者,才是五十年來的事。時至今日,世界各國均進入激盪狀態之下,世界文化的出路,也面臨著嚴重的考驗,現在世界文化的主流有二:

一為以歐美為代表的西方文化。

一為以中國文化為主的東方文化。

然則，我國文化的出路將循西方或東方的途徑，抑是擯棄兩者，另走新的第三條路線，甚或沒有出路。故今日我們研討中國出路問題，應針對現實，正本清源，從歷史的哲學的觀點來探討中國文化的出路。

二

一部份人認為文化是人類生活方式的表現，沒有東方與西方的區別。所謂東方文化與西方文化，不過是進程上的差別而不是本質上的不同。把中國文化比為鄉下人的生活；而把西方文化比為城市人的生活。前者發展遲緩至今仍停滯於中古時代的農業手工業的文化形態；而後者發展迅速已進步到現代的商業科學工業文化的階段。故現在中國的文化應該急起直追，迎頭趕上，以進入現代化、科學化、工業化的領域。

這種見解，大體上我們可以承認，不過我們還要加以分析。依其看法，如果中國文化走上了科學化與工業化之後，則其生活一如西方人，這未免太武斷而值得懷疑。我們知道卽在同一西方現代文化下之各國亦有差異之處，如法國與英國僅一海之隔，交往甚密，其文化尚是大同而小異，致如英美、美蘇之間，亦不能概言其完全相同，無稍差別。倘使各國之思想文化完全一致，世界和平應無問題不必擔憂了。故中國或任何一個國家自有其固有的文化特性與其他國家不盡相同，縱使中國已經現代化、科學化、工業化，中國文化仍然自成為獨有的形態，與西洋的文化不能不有相當的距離。

文化的變異是有限的，所謂「大同而小異」，我們所研究的重點在「小異」而不在大同。就如兄弟二人，同具有四肢五官，但欲研究兩者差異的辨別，應在他們的「個性」與「特徵」而不在共同的形體。文化何嘗不是如此。我們研討中國文化問題，就不能忽略中國文化的特性。

現在我們特別提起文化的個性；世界上除了中國之外，還有印度、埃及等國，它們各有不同的宗教信仰，但它們均有趨向現代化科學化的要求，同時可以有現代化的中國，現代化的印度，現代化的埃及，並非說將其原有文化完全消滅。現代化以後的中國人，仍然是中國人；現代化以後的中國文化，仍然是中國文化，不同於同時代的西洋文化。正如鄉下人跑到上海或紐約，生活雖都市化了，但鄉下人的性格仍復存在，這種特徵是累積的，是歷史性的。

另一部份人則認為中國文化與西洋文化截然不同，在閉關時代的中國文化是自主的，它曾有輝煌的時期，但鴉片戰爭之後，海禁大開，中西文化一經接觸，卽暴震了東方文化的弱點，幾無立腳餘地，與其不能與西洋文化相拮抗，不如忍痛割棄中國文化，而虛心學習西方文化。由於百年來歷史的教訓，使我們不能不接受這種見解，但仍須加以相當的修正。

我們承認中西文化有異點，尤其是五十年來東方文化衰落的狀態，不過於拋棄中國文化而完全學習西方文化的一點，我們卻表示懷疑。要知道文化是國家的民族的社會生活的總匯，同時也具有累積的歷史的生命，可以說是立體的生活，也不妨說文化問題就是歷史問題。至於文化的演進，不是直線，而是波浪形的，瞬息在變的，有繼續性的。今日必比昨日進步，這種說法是極淺薄的進化論。如西方文化，在希臘、羅馬文藝復興時代曾達到波浪形的高峯，至馬其頓、日耳曼族大遷移便降到波浪形的低點；中國文化在春秋、戰國、漢、唐等朝代為文化最盛時期，尤以唐代文化之盛為世界之佼佼者，洎乎五代、南北朝、清末則漸趨於沒落，直至今日是勃興的開始。今日西方與東方文化，盛衰消長的情形，可以比之如人的爬山，一人自山頂而下，一人自山麓而上，其下坡還在上坡之上，但安知彼等一旦相遇之後，從下而上的，會比由上而下的更高呢？何以見得？德國在大戰之前可謂現代化了，但今日的德國如何慘落？日本明治維新的極盛時代與今日相比又何等懸殊？他如英法等國都有每況直下的趨勢。諸位想想今日的西方文化是不是在倒退？平心而論，中國究竟有一點進步，所以說百年來東方文化是比較落後的，我們承認，如果說中國文化根本要不得，那我們不敢苟同。

以上二派的見解，均有其部份眞理的存在，後者為「五四運動」以後一般國人的主張，而前者則是社會主義的思想。

三

文化是人類生活總匯，人類生活的方式有好幾種，但都是相對的，比如游牧生活、農業生活、商業生活這三種不同的生活方式，也就產生三種不同的文化。文化產生的原因極繁，其最要者由於地理環境，物質的天然條件決定人類生產方式的不同，亦即因地理環境和自然條件之不同，而有不同的生活與文化。上述三種文化又可分為：一、農業文化，二、游牧及商業文化兩大類，兩者之間沒有先後的次序，亦可同時並存。諸位一定會懷疑其進化的過程，為甚麼要這樣分法？希特勒說：「國家可分為有的和無的二種」，我以為國家也可分為「內足的」和「內不足的」兩種。

游牧民族，因其內不足，故須驅其牲畜逐水草而遷居，依賴廣大的土地乃能維持其生活的資料。沿海民族不能農殖，故亦是內不足的，應以我之所剩，換我之所無，向外求發展。二者的特性都是動的、進取的、奮鬥的，也可以說是侵略的，因此游牧文化與商業文化同一類型。再說農業民族，五口之家自給自足，父子相承，安其所居，其特性是靜的、保守的、和平的，沒有侵略他人的野心和征服環境的觀念，這是農業文化的類型。倘若我們到了陰山山脈，兩條腿便不能適用，必須馳騁馬匹，沒有它，便不能征服自然環境，濱海之人沒有船也不能滿足其生活行動的要求，這是我們人類生活的工具，概言之這是一個觀念。他們應該利用工具，征服環境以求其生活。至於農業社會，人們要耕田，有牛代替，要播種有優越的地利與天時，這種得天獨厚的觀念，數千年來深印在國人的腦中。今日欲告以工具征服環境的智識，亦無法立卽改變其傳統的概念。這問題的癥結，種因於游牧與商業社會是「內外對立」，而農業社會則是「天人合一」的區別。就情操來說：中國婦女，其丈夫外出，三年不回，還是獨守空閨，甚至延至十年二十年之久，仍不改嫁，而西洋商業民族，其生活流動甚大，往往一去不返。故中國婦女講貞節，西洋婦女重自由。諸如此類的觀念，都是現實生活的體驗，受歷史性的影響。總之，游牧與商業型的文化因係動的、征服的、內外對立的，故屬於「空間性的擴張」；而農業型的文化因係靜的、安定的、天人合一的，生於斯、老於斯、病於斯，想子子孫孫流傳百世，故屬於「時間性的綿延」。

向外擴張的文化，其可以說是富強的文化。因為要征服四鄰，爭取生活空間，他們不能不講武力，求擴張。游牧民族牲畜不斷繁殖，物質的刺激，使他們有貪得的慾望；商業民族，因商業資本的增加，同樣刺激他們貪得。總之，擴張性的文化「富而不足，強而不安」。目下最強者厥惟美、蘇二邦，惟其富強，所以也是世界上最感不足與不安的國家。中國文化雖弱而安，雖貧而足，所以人說農業民族是「足而不富，安而不強」的。以上的分析，是從社會基層生活粗線條中探求出來的精神觀念，他們專事侵略，我們牢守其成，這不是偶然的。

此二者究以何為重要？因為現在世界還沒有進步到不要農業可以生活的階段，農業仍居於重要的地位，應作文化的正面骨幹。世界上的文明古國如埃及、巴比侖之所以曾很快的衰落，而中國、印度至今仍能巍然獨存，這實在是受地理條件的決定。埃及和巴比侖是小型農國，領土範圍小，對內人口易生飽和作用，生活資源有限，對外無天險可憑，不足抵禦外侮，故衰落無可避免。印度範圍較大，發展較慢，而衰落亦較遲。中國是大型的農國，照理發展困難，但黄河、長江、珠江、黑龍江諸流自成體系，土壤肥沃耕地面積遼闊，對内人口不易達於飽和程度，可以自給自足；對外又有天險可憑，所以不但不會像埃及、巴比侖遭受衰亡的命運，而且其文化前途猶顯現著燦爛的光輝。

時至今日，西方的商業文化已成過去了，大西洋的英國，太平洋中的日本，曾經做過天之驕子的，但在第二次大戰以後，終歸於失敗了。這證明海上國家的前途趨於沒落。至將來世界文化的趨勢，戰爭是反面，和平文化才是正面的。蓋和平可常，而戰爭不可久。我們非不要戰爭，但和平才是正常的狀態。通商侵略生命的基礎寄託在別人身上，可暫而不可久；農業自給生命的基礎操持在自己手裏，故將來的文化必定是新型的農業文化與和平文化。美、蘇二國同是西方文化的遺物，自然賦予大型農國的物質條件，但其文化卻是侵略的傳統；而中國既具有大農國的物質條件，同時有和平的精神觀念，所以中國人應學習美國的科學技術，美國人應該學習中國的精神觀念。科學技術是容易學的，而和平觀念卻是微妙難學的。這三大農國之間，美國以「門羅主義」，整頓內部，奠定向外發展的基礎；蘇聯同樣的閉關自守，經過幾次五年的計劃，農工業亦到了相當的程度，打下了侵略的基礎；中國卻是一片處女地，仍待開發。中國有傳統優良文化之薰陶，只怕不強，決不會因強而不安；

只怕不富，不會因富而更貪，甚或受財富的刺激而發狂。今後新型農業國領導世界已不成問題，在新型農業國中，尤其是中國最合乎世界人類和平的需要。今日美蘇的對壘便是西方文化的病症，無論誰勝誰敗，均將為西方文化的沒落與變質。換句話說：即是東方文化的抬頭。

（民國三十七年度國防部預備幹部暑期教育教材）

二　中國文化與傳統政治思想

何謂文化？簡言之，即是生活，全體人類的生活。中國人因為生活在這一個文化的實體中，所以並不覺得有文化的存在。必定要與其他文化相接觸與比較，才會有所認識。這樣才能使我們的文化有新的發展。中國文化在西方人的眼光中，以為到中國來，看到中國人有一條長髮，便認為是代表中國乃至於中國人的生活和文化。也有的人看見中國婦女的裹小腳，坐在獨輪車的一隅，另一邊駝了一個豬，用照相機照下來，以為這就是代表中國人、中國人的生活和文化。這樣來衡量中國文化是不對的，這只不過是中國文化特殊形態之一種特色而已。要了解與認識中國文化，就必須要將中西文化加以討論與比較。

在中國的學術界中，討論中國文化，梁啓超先生的中西哲學史，只是在哲學思想方面來比較討論中國的文化。單是講某一家，某一派的學術，並不足以代表整個的文化。那麼根據什麼來討論呢？最足以代表中國文化的是「歷史」。因為歷史是包括了一切，是客觀的、實際的。歷史是不斷的在變，尤其是近百年來更甚。但是如果單以近百年來的歷史來代表中國的文化，還是不夠的。因此，必須要以長時間的歷史來衡量、討論、比較，才能對中國文化有所認識。

近百年來，一般人可以說沒有注意到歷史，只不過是注意到事實而已。因此有些人認為中國兩千年來的政治是專制制度。也有的人說中國的封建社會思想太深，必須加以改革。也有人說中國的傳統政治，是一種專制而封建的政治，這是與歷史不符的。我們必須要以整個的歷史來看，學術思想對國家、社會固然是有影響，認識舊時代當然也影響新的時代。因為文化是整個的，不能以片斷的來衡量，否則卽會發生誤解。

講到政治思想，東方與西方不同。西方的思想家並未參加實際政治，知識分子與政治不相干；而中國學者是直接參與政治，與政治有密切的關係。但是中國並無一部代表政治思想的著述，所以沒有把政治思想表現在文字上。這是因為中國人注重實際，而不注重理論的結果。當然，這一結果對研究政治學增加了不少的困難。清末有些學者，認為中國諸子百家的爭鳴，與希臘的自由思想是一致的。但是這未必是正確。我們之所以推崇孔子、老子、孟子，是因為他們都已實際的參與了中國的政治。

中國統一政府並非始於秦，而是始於周。封建政治與封建社會不同，秦的政治是郡縣政治，秦以前是封建政治，秦漢以後的政府，並不能說它是貴族政府，或是軍人政府，或是資本主義的政府，或是共產主義的政府。我們由於中西的比較，可以稱其為「士人政府」，因為凡是參與政府的，都必須是士人。中國的社會，也同稱之為「四民社會」，因為這個社會是包括士、農、工、商等四種身分的人民，這是中國社會的特點。西方國家中並無「士」。士是要經過考試和選舉而來的，中國很早便有考試或選舉制度，王室與政府在中國的舊時代中就有區別。以秦朝為例，政府中的宰相與大將，無一是王室的人，所以士人政府的思想，一定是要經過教育、服務、選舉、考試，才能參加政府，形成了士人政府的制度。這一套思想也就是要選賢與能，把政府交給賢者與能者，所謂「賢者在位，能者在職」的政治理論。除此以外，尚有一種更高的理論在其背後，因為社會需要有一個政府的存在，所以孟子曰：「民為貴，社稷次之，君為輕。」這種理論與西方一比，就可以看出他們的不同。西方人講政治，首先就提到「權」。西方關於權的演變是由神權而王權至民權，在中國並無所謂權。我們不能說那一種好那一種壞。中國人是講「職」而不講權，政府的好壞是看從政的人是否能盡職。所以中國歷史上稱之為「職官」。

君職、民職，是中國人對政治的觀念。人民的納稅、守法、當兵就是人民安於職的政治觀念。盡職的內容就是盡責任，是一種政治理想。孔子在論語中有云：「政者正也」，是一種模範的、理想的、標準的思想。所謂正直、正德、正人等。這種理想有一種道德性的存在。孔子曰：「子率以正，孰敢不正？」以「正」來表示盡職和責任。假如統率不正，就會引起人民的反對。所以古語有云：「君不君，民不民。」國君既然不能盡其國君的職責，而人民當然也可以不盡其應盡的職責，來反對國君。所以中國人講盡職是基於道德性，以道德來感化人民可使其性善。人之不善乃是受環境的影響，所以政府的好壞影響非常大。這種極端的責任論，我們稱之為「德化政治」。善治必須要顧及全局，更動任何一部分都會對全部有所影響。中國的傳統政治乃是靠這一套理論演變而來的，選賢與能，就是要有一個強而有力的政府。

「治」不是以上壓下，「治」的一邊是水，水必須要使其平，然後才能談到治。中國的最高政治理想是太平，因此中國人講求「太平」與「大同」。而這種思想是由性善而來的。人的性有正性和正道，大家均同意這種正性和正道。家庭中間有「孝友」，是中國人的道德觀念，自秦漢以後，完全是根據著這種政治理想而不斷的去追求。中國人是不講「專權」而只講「盡職」的，假如不能盡職，就必須要禪讓或革命。中國人是講人與人的關係，而無國界的限制，土地更無界線，當然也無所謂主權。中國人既然不講專權，當然也不重視民主。「法」在中國稱為水平，主要的目的是在「求平」。中國人是講究責任而不強調自由的。「法」既然為水平，「治」乃是要達到這一水平。「平」的最後根據是「性」，再推到最後是公天下。所以批評中國的傳統政治，是要根據實際的政治來著眼，不能單憑片斷的觀念來推斷。政治是沒有百年不變的，到了某一時期終會改變的，因為政治有它最高的理想，任何一個國家或朝代都無法達到這個理想，只是在不斷的追求這個理想而已，假如這個理想達到了，就不能說是理想。我國以前的「九品中正」可以說在當時是很完善的，但是到了唐朝，又改成了考試制度。因此，一個制度的變化，並非是由於權利的衝突而來的。

西方的民主制度是否與中國的傳統政治配合得上，是值得我們研究的。所以孫中山先生接受了西方民主政治思想而加入了考試與監察制度，使政治配合中國的社會。大多數的人不瞭解，認為中國兩千年來的文化是專制制度和封建社會，所以毛澤東講中國二千年的歷史是專制。他認為人性就是奴性，而實行了公社制度。這種想法是不正確的，猶如滿洲不能代表東三省一樣。因為它是政治單位，而非地理單位。世界文化貢獻的新觀念，就是東方文化與西方文化的交流，使其「相悅而解」，研究中國傳統政治思想最重要的是「制度」和「奏議」。前者文人當政，必把政治理想併入政治制度中；後者文人在野，必把其對政治的理想著成奏章，貢獻給當政的人。即使文人在政治上失敗了，他便會把個人的見解理想著成史書，留給後人參考。所以要了解認識中國的傳統政治思想，必須要與其他思想相配合，相連繫，才能發現它的異點。這是我們研究中國文化與傳統政治思想最應注意的一點。

（一九五九年二月臺北法政年會講詞，本稿未經作者過目。）

三　新時代的人生觀序

一個時代有一個時代的風尚，一個時代有一個時代的想望。從前人最大的理想是做聖人，現在人最大的理想是做英雄。你若恭維他是聖賢，他不是不敢當，就是不愉快。你倘恭維他是英雄，他始眞實地感到愉快，但也同時感到不敢當的內慚。現在眞是一個崇拜英雄的時代。

英雄與聖賢的區別在那裏呢？我想照現在一般人的意見說，聖賢似乎是做了別人心中要你做的人，英雄則是做了你自己心中想要做的人。現代人主張個性伸張，主張自我表現，主張極端的自由主義，自然應當主張一個自己想要做的人，不肯做一個別人想要你做的人，因而大家喜歡做英雄，不喜歡做聖賢。

但我不免要問，究竟誰能擺脫了別人，十足的自由他自己呢？讓我們平心一想，你一天吃的、穿的、住的，一切的生活所需，那是你最基本的也是最初步的人生，但那一件能擺脫了別人的影響呢？你喜歡吃的，還不是別人喜歡吃的嗎？你喜歡穿的，還不是別人喜歡穿的嗎？你喜歡住的，還不是別人喜歡住的嗎？在你未參加這一套生活以前，這一套生活早已在社會上流行，早已是一時代的風尚，早已為一時代人的想望，你不過參加了一分，那裏是你自由地表現了你自己呢？當風尚過了，人的熱望也換了，吃的、穿的、住的，一切式樣也變了，那時你亦得隨而變，這不是極淺顯易曉得的事實嗎？

現代人大家想做英雄，現代是英雄主義的時代，你亦嚷著英雄主義；現在大家說自由、說個性，你亦嚷著說自由、說個性，這是不是你的自由、你的個性呢？這樣你是不是便成為一時代的英雄呢？到底你做了自己想做的，還是做了別人想要你做的呢？如此說來，英雄有時未必是英雄，自我有時未必是自我，個性有時未必是個性，自由有時也未必是自由，還是在時代風尚中，還是大家所共同想望的，還不過服從了別人，來為此風尚捧場，為此想望作奴隸，跟隨著湊熱鬧，是不是呢？

現代人的想像，英雄是有權力的，能把自己意志來征服別人的，但是誰是怪東西怪味道來征服別人的口味呢？誰是穿了怪衣服怪樣來征服別人的時式呢？英雄是不是不近人情的，還是也在人情之中的呢？若英雄也還是在人情之中，那英雄早已在時代風尚別人想望之中屈服了。而且屈服於不自知，屈服再也不想抵抗，這又何成其為英雄呢？若是人人想吃而人人吃不到，由你吃到了；人人想穿而人穿不到，由你穿到了，那是英雄，則英雄還不是做了別人想望中之奴隸，為時代捧場湊熱鬧嗎？英雄自然有其可愛與可敬的地方，但是不是所謂的權力意志、自我表現、個性伸張等一類的呢？若英雄也還是做了別人想望中之一型，那英雄與聖賢之區別究竟何在？現代人愛做英雄，不情願做聖賢的道理，究竟該如何說法呢？

本來你喜歡吃的，而說不出你為何喜歡？你喜歡穿的，而說不出為何要喜歡？這些才是眞喜歡，因為這些已經為時代之風尚了。惟有成為時代之風尚，才能流行，才能深入人心，才能表現出來具有一種力量，才能成為一種眞實。若是只有你一人一時喜歡者，或者是你故意的喜歡者，那是不能深入人心而表現出一種力量的，那便是不眞實。你現在崇拜英雄，卻說不出那樣才是英雄，你為何要崇拜，這才是你的崇拜，因為這一番崇拜，是時代風尚無形中逼得你崇拜了，這是時代風尚之表現，這是時代風尚之權力與眞實。似乎只有時代能有力量、能表現、能有自由，你呢，你縱崇拜英雄主義，你到底還是時代風尚下做一無名小卒，服從著時代風尚向前奔跑，是不是呢？那麼英雄也不過是一個時代風尚下之小卒，他也沒有自由，沒有力量，沒有眞實，是不是呢？

如此說來，英雄也還是個平常人，所以平常人個個都想做英雄；若是英雄不是平常人，如何平常人又可個個想做英雄呢？這正如一身時髦的服裝，不論美的醜的都可穿；一桌精美的烹調，不論窮的富的都可吃；一個英雄氣概，豈不是不論誰都能模仿都能學的呢？因此才能成其為「英雄主義」。若英雄主義只有英雄能做，「天下英雄，惟使君與操」，那末除卻他兩人，人人無分做英雄，英雄太少見了，不能成為主義，不能由人人想望，成為一時風尚。但使人人能做英雄，那英雄又有何希罕呢？正如一身時髦服裝，不論美的醜的都穿了，便只見其醜，不見其美，那時則服裝的式樣便不得不變。同樣道理，待到人人想做英雄，人人眞個做了英雄，那眞想做英雄與眞能做英雄的人，又要避英雄而不做，所以說這是一時代之風尚，那有風尚而不變的呢？如此則英雄便成不英雄，而不英雄者卻變成了英雄。莊子云：「臭腐化神奇，神奇化臭腐」，正是此理。我不曉得現代的英雄，是臭腐還是神奇，要之英雄必有臭腐與神奇的兩方面。

然則世上有沒有眞英雄呢？我想眞的英雄還是有。譬如時裝式樣時時翻新，但仍有所謂眞美人。眞的美人不在時裝式樣之內，她的美准不由時裝所完成，但也並不要逃避時裝式樣，時裝式樣也並不損壞了她的美。同樣的道理，眞英雄是超乎平常人之外的，但也循循乎平常之內。平常造不了英雄，但也毀不了英雄，英雄不逃躲平常。你要學美人，你可學她的服裝式樣，你可學她塗朱抹粉，但你卻莫學她的一顰一笑，須知一顰一笑是學不成的。同樣你要學英雄，你該學英雄之平常處，莫學英雄之不平常處。英雄之平常處可學，而英雄之不平常處則不可學。

吾友萬君著英雄主義一書，不脛而走，這證現時代風尚是人人想學做英雄了。但有人說，萬君此書，還是極平常的理論，這是教人塗朱抹粉，卻不教人如何美。愛美的人們呀！你試這樣的去塗朱抹粉吧！崇拜英雄的人們，你應知道這是一部英雄的朱粉書。你該學如何塗朱粉，但你也該懂得洗朱粉，洗盡朱粉，再看美人，這才是眞能欣賞美的人。我願此書讀者，把學塗朱粉的道理來學美，把學洗朱粉的道理來認識美。你在平常處去學英雄，你要脫盡平常，才見所謂眞英雄。但你卻不要學眞英雄，學的便不是眞的。英雄英雄，你如何的教人認？又如何的教人學？

（民國三十六年十二月二十四日中央日報七十三期圖書周刊）

四　學問與生活

一　悼孫以悌

孫以悌是北大史學系三年級的一個學生。人極聰睿有希望，不料竟已投海自殺。他自殺的原因，尚未深知。我不願對此事件有所批評。我只覺一個能決心自殺的人，無論他生前思想上行為上有何差失，只他最後決然自殺的一著，終不失為多少可以同情和可以憐憫的。我想能決然自殺的人，畢竟終是一個有心力的人。然而我們不盼望社會上多有自殺的事件，我們更不樂聞有希望的青年走上自殺的路。因此我對孫君之自殺，禁不住要說幾句題外的感傷話。

學問自學問，生活自生活，兩者之間，似乎距離得愈遠了，這是近來學界一種不可掩之事象。我並不說學問和生活定要合一，然而縱使我們的學問一天天的上進，而我們的生活卻確實一天天的下降了，這是一件極可憂慮的事。用一個粗簡的比論，在我們健康沒有問題的時候，本是可以專心工作的，而一旦健康發生問題，則不得不變換我們一部分的工作來兼顧我們的健康，甚至暫時將全部工作都用在恢復健康上也不為過。否則工作日進，健康日退，這一種工作，決非合理的工作。現在則學問日進，生活日退，我們究應如何樣地生活，已成了一個極重要而亟待解決之問題，而我們所幹的學問，還是與我們的生活，全不相干。所以北大史學系的師生們方在一致地希望著孫君學問的前途，而孫君卻一人默默的去跳海自殺了。

當社會秩序比較安定，政治、法律、風俗、信仰等等，在比較有遵循的時候，做學問的人，儘可一心做他的學問，本不必定要牽涉到我們該怎樣生活的問題上去。然而現在的中國並不是這樣一回事。家庭的父兄長老們，早已失去他們指導子弟後生的權威，並及他們的自信。他們還盼著自己的青年能從外邊回來給他們一些新鮮的啓示。各個的家庭全是如此，一個青年在他最先的一段生活裏，要想從他們的家庭乃至宗族親戚鄉黨的環境中間，得到一些將來生活上習慣和信仰的可靠基礎，來做他長成後生活堅實的底層，似乎是不可能。

學校也和家庭一樣，原不過是社會機能之一部分，也同樣不能超然在社會之外。現在的學校裏，對於社會前存的一切習慣信仰的傳統勢力，似乎已能盡其摧毀之功，而對於我們所祈望的新社會新人生的建造，則現在的學校還未能有切實的貢獻。小學校的學生一批批送進中學；中學校的學生一批批送進大學；大學校的學生，再一批批送到外國。只不過像家庭把他們送入學校一般。現在的大學，時時期待著外國回來的學生給他們一些更翻新的花樣，中學則期待著大學生之回復，小學則期待於中學生之歸來，正如家庭的父兄長老，期待於其子弟之回來，全都盼望著他們有一些新鮮的給與。

然而中等學校畢業的學生，他們在小學教育上所能自信和努力的，只是如何使小學生能合格考入中學。大學的畢業生，在中等教育所能盡職的，是如何使中學生能合格考入大學。外國歸來的留學生，在大學教育上的責任，是如何使大學生能有能力出國留學。這些全是智識與學問之傳授，至於我們該怎樣去生活，學校教育和家庭一樣的不能負責。所以現在受過新式教育的家長，也還只能指導其子弟去受新式教育，而所謂新式教育，還只是一種智識或學問。而那種智識與學問，卻與人生合不上，而且有更遠隔之趨勢。

而且這一個歷程裏邊，小學畢業無法入中學，中學畢業無法入大學，大學畢業無法出國留學的還很多。學校既根本沒有關於人生上的指導和素養，及其出學校入社會，上之國家的政治和法律，下之社會的風俗和信仰，全沒有一種力量來範圍或指導我們的人生。舊的信仰和習慣，儘量破棄；新的方面的建立還遙遠無期。整個社會的生活，只向著黑暗和混亂的方向加速進行。在如此黑暗和混亂的局面裏，縱使有一些辛苦得來的學問和智識，然而和社會人生既是絕不相干，往往使人有無法使用的苦痛。在這種情形下面，不外有幾種可能的應付。第一種是憑藉他學校方面所得學問和智識的地位，很漂亮地爬上社會的上層，做官僚、政客、買辦、名流，一般人所謂之「領袖」，往往所學非所用，只是來主持這個黑暗和混亂之導演。另一種是激而反動，盡力在社會的下層來幹徹底破壞的工作，只求打破現狀以為快。此乃一般之所謂「志士」。又一種則躲在一邊，埋頭於與世不相關的學問，成其所謂「學者」。再一種則既不能站在前面做領袖，又不能鑽入背後唱革命，又不能閃在旁邊做學者，只是徬徨煩悶無聊隨逐，以待其年齡與精力之逐漸消耗，則徬徨煩悶之苦亦逐漸解脫。在有希望的青年裏邊，他苟非潛心於與社會人生漠不相關的學問，又不肯盲然加入破壞社會的祕密工作，而他忽然感到現社會之黑暗和混亂，他的年齡和精力，尚不許他輕易放下，則他除腐化消極的一路以外，便可有決心自殺之危險。

一個人到疾病纏綿生命臨危的時候，不應再硬幹與恢復健康全無關係的工作；一個社會到如此般黑暗和混亂的地位，國家的教育似乎也不應該再來提倡和現實的人生漠不相關的一些學問。我希望我全國的教育界，在此局面下及早有所覺悟和改革。然我並不如一般現在的領袖們所想，以為文法各科研究政法、社會、歷史、文學、哲學的全是些不切實用的學問，以為以後的教育應專意注力在有關生產事業的幾種實用科學上。我並不反對獎勵提高生產智能的科學教育，然我想科學的人才，也要在相當安定的環境以內，才能發揮其效用的。習得關於某種生產技能的學者，要靜待清明的政治和安寧的社會來用他，不能把他的生產技能來改變現政治的黑暗和現社會的混亂。專事提倡狹義的科學，便謂可以拯救現社會之黑暗與混亂，這只是一種淺薄的見解，只足證明他對政治、社會、歷史、哲學種種學問方面認識之不足。這和前清末年只到外國去學造船造砲，在見解上並無多大的差異。

人生現實的問題，只有人生現實的智識可以解答。學校裏的文、法兩科，本來是與社會人生密切相關的學科，然而現在國內各學校文科法科的內容，也大半是些與人生漠不相關的學問。一半是稗販外國，一半是鑽研古書。有志研習文法科的青年，他對於現實人生的興味，自然要感到濃厚些；他對於現實人生的問題，自然要感到嚴正些。而結果他所學習的依然與現實的人生闊隔甚遠，宜乎他更要受到一種茫乎之慨了。

一時代之教育，應該有其一時代之意義。專門模擬外國，和專門傾向古人，是盡不了時代的責任的。現代英美大學生和教授們的態度，與乾隆時代的翰林和進士們的風習，一樣不足為我們的榜樣。要轉換現時代政治和社會上之種種黑暗與混亂，要解消現社會人生之種種徬徨與苦悶，文科法科的大學教育應該肩起這個責任來。而第一個轉變，應該從學問和人生之力謀接近開始。不要只看重了學問而忽略了「生活」。

我盼望國家辦教育的，不要儘走上偏枯的路。要認識政法、社會、歷史、文學、哲學諸科在國家社會所能盡的職能和責任。要顧及國內有幾千萬對文科法科在天分上有造就希望的青年。須積極的改進文法科的內容，不能消極的減削文法科的發展。舉一例言，國家逐年派各大學教授學生赴外國留學研究科學，卻不聞撥一些款獎勵學者到邊區或內地去做考察民生疾苦、風俗利病或山川形勢，及政教實況等等的工作。又國家近年屢有限制大學文科法科之言論與法令，並時時有禁止學校教授學生對言論思想出版集會種種之自由，而並不有一種具體積極之唱導（除卻黨義一科）。似乎文法科的教學，只應與現實人生隔離甚遠的做一種點綴，而沒有看重到文科法科教育在現時代之需要和其不可缺。就學校言之，似乎各大學的課程，偏重培植典雅的、專門的學術空氣，而少注意到博通的、切實的、務大體的人才造就。似乎比較注重書本的智識（不論外國和古代），而看輕實際的生活（不論社會和個人）。我希望各大學的課程編制、教授內容及一切設備和用意，能稍稍地有一個轉換。

至於學生方面，似乎也是把學問看得重了，而把生活看得太輕。鹵莽滅裂的破壞，和醇酒婦人的頹廢，漠不相關的治學，和一往不返的自殺，都是對於實際生活不耐煩的狀態。應知生活卽是學問，現實的生活根本應該用治學問的態度來處理。而且除卻對於現實生活有深刻之探求與認識，決不能希望對於政法、社會、歷史、文學、哲學各科有一種最上乘的造就。反言之，現實生活之探求與認識，則有待於書本的或其他學問之種種艱深的研習。從生活上研尋學問，從學問上解決生活，生活與學問能漸漸的接近，卽是文科法科的學程漸漸尋上道路，而上述的種種病態庶乎可免。大學校的文科法科日漸發揮其權能，而後政治社會之黑暗和混亂日漸消失。現代人生之新信仰及新習慣日漸建立，而後家庭社會國家遂從學術的生命裏得其復生。

話似乎說遠了，其實只是由孫君的自殺引起的一些平日的積感。孫君曾上我「秦漢史」的課，我在去年年假大考的課卷裏，發見孫君天分的優越和其前途的希望。後來有一位先生告訴我說，孫君性情怪僻，近方用其全力做一圍棋小史。我當時卽可惜他用錯精神，不免玩物喪志。然而我沒有機會和孫君做一次詳細談話，這正是大學教育只重學問智識的傳授之病態。後來突然聽說孫君自殺了。乃知他並沒有「喪志」，只是中了「學問」「生活」完全分成兩橛的毒。孫君似乎是有為學問而學問的態度。所以在不久要嚴肅地解決他生活問題之前，還一心一意埋頭去做那種絕不相干的無聊小題目的考據。我在聽到孫君自殺消息的那天，因為心中十分悼惜，在上秦漢史的堂上，空講了一小時關於孫君自殺的私人感觸。楊君向奎等近編潛社史學論叢，向我要稿，我一時無稿。楊君說，孫君的圍棋小史等遺稿，均收登在論叢裏，要我即把那一堂的議論追寫出來，我因寫了這些話。我知道這一篇文字與潛社史學論叢其他文字的體裁太不合了，然而我想至少潛社諸君，讀我此文，應有同感。即把此文作為我們對於孫君自殺的一種誠懇的悼念罷！

（民國二十三年元月北大史學論叢第一册）

二　覆某生

昨奉損書，欣悉一是。足下好學深思，在軍中不忘書籍，欽企何似。學問貴自己受用，卻不必定期有所獨創，因各人性格不同，遭遇不同，只自己受用得，便即是獨創，前人種種說法，卻總合不上自己分上也。所謂學問和生活打成一片，私意當分三階段說之：一是自己個人生活與學問之配合，此是一底層之基礎。其次便貴把個人生活擴大為時代生活，時代之遭遇，即不啻是我個人之遭遇，如是則把自己心胸自己生命擴大了，學問境界亦隨而擴大，但卻仍是生活與學問打成一片，非是憑空另做一套學問。具此心胸以事學問，卻不得謂是務外為人。既把學問境界擴展到時代生活上，便自然將更進一層轉入文化歷史之生活中去。因個人生活與時代生活皆脫不了是文化歷史生活之一短暫微小之表現而已。若論學術之眞血脈眞精神，則必從個人生命，尤要者此個人之當下心胸懷抱而從此展擴。若把學問精神儘限在個人生命上固不是；若把個人生命忽略了，而全從外面去尋學問，亦不是；此貴各人當下反求諸心而知。足下喜讀拙著中國思想史、宋明理學概述及陽明學述要三書，試以此義闡之，可知古人用心，所謂學問和生活打成一片者，推而極之，卽是陸象山所云：「宇宙內事莫非己分內事，己分內事莫非宇宙內事」之兩語。吾人際此身世，更不能不有此了悟。然此亦只是我儕個人自身之日常探究學問則然，小之為自己之受用，大之為學業與事業之成就；惟後之二者，其事不盡在我，故學者不貴於此有所期必，只一意為當下自己受用；而事業學業之在外者，待其自至而已。區區之意如此。

（一九五八年十二月，人生雜誌十七卷二期。）

五　道德與藝術

道德與藝術的境界，依中國人觀念言，乃一體之兩面，並不應該有內外之分，主要只在我之一「心靈」。眞能到達這一境界，才始是人生之最高境界。所謂本能，乃出於生命之意志，乃心靈之端倪。心靈則像是一種智慧，用以到達此本能。動物常見為是行動先於思想，人類則多在行動之前有思想。有事然後見理，有生命然後見心靈。凡如記憶、想像、思想一切心的功能，胥可說是生命之智慧。心靈之表現在外者，即若上述記憶想像思想等行為。西方人只講個人行為，尚嫌不夠，應擴大講歷史的行為，即人類大羣共同的行為。

一般言常與變，普通意見認為變是病態。但亦可反過來說，常態卻見為是一種病態，變始有進步，非病態。近代西方人有所謂「變態心理」，其實推擴言之，人生應有一種超越尋常的心理，亦即可謂是一種變態心理。今論人生中之道德與藝術，專言其心理狀態，亦可說是超越普通的一種變態心理。換言之，即是一種不平常不普通的心理。此亦可謂乃人生之一種突創。道德人生藝術人生，亦可即說是一種突創的不平常的人生。

一般人常是半獸半人，不得謂是一理想的完人。此種人的心理，都是一種低級的、野蠻的、未開化的、普通的，亦卽所謂常態的心理。科學上有所謂「假說」。我此下從歷史來講常與變，我之所講，也可算是一種假說，舊心理學有「智、情、意三分說」。我以為動物，甚至低級動物植物，乃至無生物，亦可說是有意志的。高級動物則兼有智慧，然因其無哭與笑之表現，可證其尚缺少情感。逮到人生，始有十分充盈的情感。如苦痛與快樂，此純屬心理方面，大體上對一般生命本身言，可說是無用處。

從無性生殖到有性生殖，而後雌雄相配，就一般言，動物乃至普通人生之性欲，則可謂只是一種生理上的滿足。至於男女之愛，始是心理上之純享受與人生性情上的高級滿足。懼怕應是本能，非情緒。如魚之畏影，不能謂是一種情緒，只能謂是一種本能。有些心理學家說，人生行為中，是逃了才怕，非怕了才逃。我仍認為是怕了而後逃，非逃了而後怕。所以怕的主要心理，亦是出於生理的，而牽引進步到心理。此是一種生理作用的演進，而到心理上去，成為一種畏懼之情。悲哀亦然，悲哀最先是生理上的一種收斂狀態，而牽引進步到心理上。快樂最先則是生理上的一種發皇狀態。至於人類懂得哀悼其親故之喪，此乃心理上之一種找尋再經驗，而同時亦為一種享受與滿足。人生之求樂亦然。

此等專在生理上講，則是奢侈的，而且是違逆的。由生理轉進到心理，則是一種變。變之極，則成為一種生理之超越，而是一種純心理了。在生理上常欲得休息，卽形起一種鬆弛心理。生理上又常欲得滿足，卽形起一種有所得的心理。休息之最高發展，則成為藝術；滿足之最高發展，則成為道德。西方人講究宗教信仰，而少說道德。我國人則講究道德而少說宗教信仰。道德之主要意旨，亦可說卽是西方人之所謂自由，自由亦卽是心理滿足之別名。儻就今日社會實際情況言，亦甚至可謂今日人生乃無講話之自由，並且更無不講話的自由。若說「不自由毋寧死」，則今天卻成為還是不講話還是死的一種選擇了。你若寧選死之一途，則同於耶穌。不然，則該選不講話。要知耶穌之釘上十字架，卽是耶穌之一種自由，亦卽是耶穌之一種內心道德。

內心道德則可謂乃出於人生之一種變態心理，亦可說是一種超越心理。因其並不是自然的。一任自然，乃與禽獸同歸。人類始知舍生命以成仁取義，動物的意志則只在保持其生命，惟人乃始有仁義有道德意志。如戰爭、戀愛，皆出人類心理中之一種自然情緒。道德亦是一種情緒，而非理智。決意要完成某種道德，此謂道德意志。道德亦可說是情操，此乃是心的生活，心的享受滿足。此心不願委屈，把心的滿足超越於身的滿足之上，而後發生有道德。

藝術則是趣味的，藝術精神重在欣賞。把整個的我，卽把我之生命與心靈，投入外面自然界；而有所欣賞，求與之能融為一體。於是在自然中發現有我，又在自然中把我融釋了、化了，而不見有我，這是人生藝術心靈的境界。如你一個人登高遠眺，感到天地之偉大，自然之美麗，同時當知偉大者卽是你的心，美麗者也還是你的心。而你在此偉大與美麗中，喚醒你自己，同時也遺忘了你自己。你解放了，你陶醉了，忘我忘你，一片天機，在歌唱，在跳躍，這是藝術的生命。音樂場中，最圓滿的成就，是一片心靈之洋溢，這是心與物相通，心與心相通，通體只是一心，只是一生命，此始是眞人生。

總之，道德與藝術是人生中最高境界，就人類文化講，藝術必依附於道德。道德始是人生理想之終極實踐。只求盡其在我，不更向外有所求，則我已在我的外面，在別人身上發現了、完成了。道德是人的眞性情，只有性情始見人生之眞，始見眞我，始見眞人生。

孔子為中國之至聖先師，最為國人所尊視。孔子創為儒家，其所教導最重道德，此可不論。但許氏說文：「儒，術士之稱。」孔子以「六藝」教，則儒家所教卽重藝術亦可知。

禮、樂、射、御、書、數為六藝。孔子獨在堂上，其子伯魚曾兩度趨而過庭，孔子獨召而教之曰：「學詩乎？學禮乎？」不學禮，無以立。不學詩，則猶正牆面而立，亦猶無以立。孔子三十而立，所謂「立」，在羣中而能獨立，不失其己，卽自立為人。自立為人，莫大其能交於羣。春秋時，列國諸侯卿大夫相來往，卽外交之辭令，亦莫要於詩三百之吟詠。左傳一書中，例證不勝舉。故曰：「誦詩三百，使於四方，不辱君命。」詩三百尤為中國最古最崇高一著作。此中國文化重道德尤重藝術之最古最顯一明證。孔子曰：「志於道，據於德，依於仁，游於藝。」可見人生大道卽在其能游於藝。非游於藝，亦無以見人生之大道所在。「道」與「藝」之內外合一，卽此又是一明證。

禮樂之次曰射御。中國古人卽以射見德，例多不勝舉，其義在此不詳論。故中國男子生卽懸矢於大門，但孔子自謙：「執御乎！執射乎！吾執御矣。」孔子不敢以執射自居，此卽孔子之謙。六藝射御之下，乃有書數。此二者乃人生所必習之藝。西方人最重科學，治科學必習數學，以為一切科學之基本。是在中國學術中，西方科學亦所不廢。故中國學術傳統中，亦同有數學為之基本，堪與西方媲美。亦可謂中國同樣有科學中之醫學，其成就亦決不遜於西方。又如道家講究衛生，鉛汞之術即流而為西方之化學。惟謀財盈利與戰爭殺人之機器，則較遜於西方。即如槍砲，亦先發明於中國，而中國人乃改砲彈為行禮中放射之鞭炮，亦成為一藝術，此則其異耳。此亦中國重道德亦重藝術一明證。

然則近代西方之科學發明，儻果臻於道德化與藝術化，而不為經商牟利交兵殺人之用，豈非世界人類生命前途一大幸福而何！

今再言文學。

亦可謂文學即藝術，故中國人既言「文藝」，又言「藝文」。可見文學乃占人生藝術中之最高地位。即如詩經三百首，乃中國最古之著作，亦即中國最高之藝術。又其次如屈原之離騷，此亦中國之最古文學，亦即中國人一種最高道德之表現。屈原弟子如宋玉、景差、唐勒之徒，有其藝無其德，而其所為辭之地位與價值乃益差，不得與其師相比。司馬相如為漢賦，徒為帝王誇宮室之美大富麗，其意義價值乃更差。故揚子雲初效司馬相如獲大名，老而悔之曰：「雕蟲小技，壯夫不為。」豈不苟非寓有道德之用意，則其一切文章即無意義價值可言乎！及唐代韓愈，唱為古文，乃曰：「好古之文，好古之道也。」中國文學與藝術道德相互融和為一體，豈不亦與韓愈之唱為古文而得其證。今日唱為白話文，取其易能與易曉。著意專在技能上，不在道義上，此則誠見其為西化，異乎中國傳統之所用心矣。

（一九五一年香港新亞書院文化講座講演，講稿收入新亞文化講座錄，一九八七年改寫成此文。）

六　人物與理想

諸位同學：今天承蒙你們要我來講幾句話，雖然時間很倉促，可是我總想講幾句對諸位有用的話。我希望諸位聽了我的話後，不只是對諸位中某一位有用，更希望對每一位在座的人都有用。而且我這些話，不只希望對諸位在新亞時有用，我還希望諸位在出了校門後還能有用。其次，諸位還可將我這次所講的話，告訴你們的兄弟姊妹，告訴你們的朋友，告訴任何一個人。而我希望這幾句話，對任何一個人都有用。但這只是我心裏所想，至於這幾句話眞的能如此有用與否，那就要等諸位聽了後，自己去了解，自己去體會。

一

今天我要講的話，事前沒有定下題目，因為我並不是有了題目才講話，而是在沒有定下題目以前，我已經想講這些話了。可是每一個演講，照例都要有一個題目，所以我便定下「人物與理想」，作為今日演講的題目。剛才主席說過，演講後，大家將有問題要發問，所以今天的演講不會很長。

首先我要先說什麼是「人物」。諸位都懂得什麼是「人」。中國古人說：「人為萬物之靈。」這個「物」字，包括很多，有有生物、無生物、自然物、人造物等。而中國文字所用「物」字，可有兩個意義：一個如上所講係萬物之物，一個是作分類分等用。如生物中有有生物、無生物；自然物、人造物等，此是分類。又如一件東西有不同價值，如一座房子、一張桌子等，價值有別，此是分等。我們若把「人物」二字分開來說，則人是人，物是物。現在我們將「人」「物」二字合起來用，說有一個人物，這不等於說有一個人。我們說「人」，或說「人物」，這兩種意義有不同。

我們都懂得將人來分類，譬如說：他是一個男人，她是一個女人。他是一個大人，他是一個小孩。或者說他是一個學生，他是一個工人。又或者說，他是個政府官吏，他是一個公司裏的職員。這樣，不就是分了類嗎？又譬如說，公司裏有董事長，有總經理，亦有低級職員，他們的薪水，都有一定的等級。這樣，又不就是有等級之分嗎？但現在我所要說的，不是這樣的分類分等。如我們今天在座的人，大概有五十多位，但我們不能說這禮堂上有五十多位人物。人物和普通人不同。說此人是一「人物」，乃是從普通人中分別出來的「特殊人」。

各位都知香港大概已有一百多年歷史可講，在香港學校裏培養出來的人亦很多。但是在香港學校裏讀書出身的人，這一百多年來，我們也可說他們都不過是些普通人。如我們要從香港讀書人中來找一個人物，那麼我們大家腦子裏一開始便會想到一位人物，而且又是一位大人物，那就是我們中華民國的創始人孫中山先生。孫先生不僅是中國近代史上的一位人物，亦可以說，他是世界人類中間的一位人物。又可說，他是人物中一位大人物。那麼為什麼香港學校裏出身的人，都比不上他？他是人物，而我們不是，其中道理何在？

二

講到這裏，我將暫不往下講。我得先問諸位：承認不承認我這幾句話？倘若諸位根本不承認我這幾句話，那麼我便不往下講了。實在也就無話可講了。再換一句話說，諸位承認不承認我們人類中有等第有差別？從平等方面說來，大家是人。從不平等的方面說來，有些人叫人物，而有些人則否。亦可說，只少數人得稱人物，而大多數人則不可稱人物。如是則在我們人類平等中，可以有些不平等。這個不平等，就是我們剛才所講的價值上的不同。

諸位不要認為，孫中山先生是我們中國國民黨的一位領袖，是我們中華民國的第一位大總統，所以他是一位人物。其實，這些卻不相干。若我們來講歷史，來講歷史上的政治人物，從中國方面講，在以前，皇帝之下有宰相，皇帝宰相是政府領袖，但在中國歷史上，只有少數皇帝宰相才稱得上是

「人物」。其餘縱做了皇帝宰相，也不算是人物。再講我們知識分子，講學術界。中國的政治領袖大體都從考試中選出，從唐朝至清朝一千多年，國家最高考試獲得第一名的稱狀元。三年一次國家大考，一千年來就應出了三百多位狀元。但是其中極少數的才得稱是一位「學者」。在學者中，也還有多數不得稱人物的。我們可以說，宰相、狀元是人，卻不能說他們是人物。但我們從另一面說，在歷史人物中，亦有很多不是狀元出身，並未做上政治領袖的。

又如諸位將來都想留學美國，想得到個博士學位。但是各位曾否想到，美國有很多的大學，在美國大學裏，每年得到博士學位的眞是多。可是在那些博士中，可以稱得上是一人物的，那就少之又少。在美國政治上和學術界，亦有些大人物，他們沒有得博士學位，沒有做大總統，也有沒進過大學的。但在美國人民中，都承認他是一位人物，其為數亦不少。諸位此刻在新亞讀書，究竟只想要得個學位，或是想在眾人中做一個人物呢？這就是諸位的志向問題了。

或者諸位會說：「我們無此志，無此願。我們只想隨眾做人。」但這也是諸位的志願。若諸位在立此志願前，先問：「究竟什麼才叫做人物？」如此便要牽涉到我今天所講題目的第二層，即「理想」一名詞。我所提出的理想二字，亦可稱做是文化中的理想。中西文化不同，雙方的理想亦不同。深一層講，在中國所謂的人物，與在美國所謂的人物，便不同。這些不同，也可說便是中美兩民族文化理想之不同。諸位當知，人物理想都該從「文化理想」中來。西方文化則認為你是一個人，我也是一個人，相互平等。他們所謂的人物便從人生的外部去講究了。所以他們不注重歷史上的人物，只著眼在社會上的人物，便將無法了解中國人的所謂文化傳統、文化精神、文化理想，與其所謂人物了。

三

人有兩種，一種是「自然人」，如我們都由父母生下，便是一自然人。另一種人是要經過加工的。不單是純粹的自然人，而更加工精製，才可以叫做「文化人」。每一人生下，都有他自己的本質，那是自然的。人有了自然的本質，才可在此本質上再加工夫。如進學校，由小學到中學大學，乃至研究院等，將來他便不僅是一個純粹的自然人，而經受了文化培養，成為一文化人。學校是培養文化人的場所，所以學校本身便得要有一番理想。此項理想，則必然便是文化的理想。其實也不僅學校如此，整個社會，整個民族，都有他們的理想。有了理想，乃始可以加工。如我要做一張桌子，我們就要先有一個做桌子的理想，然後才可加工來實做一桌子。

諸位從中學畢業進大學，大學畢業後還希望留學，此也是立志上進，好像便是一理想。又如學校，有了一個學院，就想辦兩個；有了兩個學院，又想有三個，學校總想擴大。又如一做生意人，有了一百萬家財，便想要一千萬。但這些都只是「量」的增加，非質。照中國傳統言，卻不能算是理想。中國人言理想，都在「質」上面。這個問題要細辨深說，恐怕比解釋「人物」二字更難。簡單說，僅在量上計較，那些多數只是欲望。能在質上分辨，才有理想可言。

有人喜歡說：「無中生有」，這是一句量上的話。我本人則並不信這句話。若我們沒有理想，就不會有成就。如我們沒有成為一個人物的理想，將來便不能成為一人物。一個人物之成就，則決不是無中生有憑空而得的。諸位又說：「有志者事竟成。」我以為這句話中的「志」字，便該是質不是量，所以人貴立志。我們的所志所願，大體講來，未必能完全達到。假如我們具有十分的理想，若能達到五六分、七八分，那已是很不易。只見人有大志而小成，卻不見有人僅小志而大成的。更不見有人乃無志而有成的。我們只看歷史上人物，往往沒有人能達到他百分之百的理想。如孫中山先生，也並沒有達到他自己百分之百的理想。又如孔子，也沒有達到他百分之百的理想。中山先生和孔子，並不是晚上睡覺，明天醒來，便變成其為孫中山與孔子的。

諸位或者會說，他們之間之不同，和其成就之限制，都為受當時的時代和環境之影響。但我要告訴諸位，志願理想在內，時代環境在外，應該分別說，不該混合看。我今所講，則只是在內的一面。孔子說：「吾十有五而志於學。」孔子說此話時已過七十。孔子之立下此「志」，已是五十多年的長久時期了。孫中山先生亦說：「余致力國民革命凡四十年。」孫先生之所致力，也是四十年的長久歷史了。今試問：沒有志，沒有願，那能如此？諸位此刻在學校讀書，我怕諸位只有四年之志，四年以後，我保諸位可能達到百分之百之所志，即是取得了中文大學的學位。後面環境變，諸位所志也就隨而變。若非在短時期內確有把握的事，諸位自會無此志，無此願。可見諸位目前的理想，嚴格說來實不是理想。諸位理想，似乎只在短暫中匆促地，做一平常人而已。

四

有些人聽了我的話後不動心，有些人聽了我話要懷疑、要反對。也有些人聽了我話，會說根本聽不懂。那麼我的話，也只好講到這裏。諸位如聽不懂而有志要求懂，那麼我要奉勸諸位四個字，那就是「自發自願」。凡是有理想的人物，都在這「自發自願」四個字下產生。好像一粒種子，在泥土裏長大起來，這是「自發」。但此種子，一旦從泥土裏升出，卻須經歷日曬雨淋，風吹霜打，甚至人鳥踐踏啄食種種磨難，種種摧抑。故於自發之外，還要加上「自願」。諸位要將自己一生的智慧精力，貢獻給你們之所志與所願，此始算得是你們之理想。倘使諸位不能自發，沒有自願，那即無理想可言，也絕對不能成為一人物。

諸位可能又會說：「你所講的太空洞，無把握。」但我亦只能回答你，最實在最可把握的只是你自己。你要能自發自願，要能抱一定的理想，盡一切力去做一等的人。諸位又會問：「那一種理想是第一等的？」我也只能回答：「只有問你自己吧！」諸位若再問怎樣做法，如何下手？我亦只能回答：且問你自己吧。如此說來，則我此番演講，豈非根本沒有講什麼話？這也不錯。但我也有個道理在裏面。如諸位在新亞讀書，幾年後便畢業了。又或到外國留學，得了博士學位，學問途徑到此而窮。那時諸位或者尚不過是一位卅歲的年青人，那時諸位仍不一定就是一人物。到那時，你對此問題再去問那一位？故我說，對此問題，只有你自己去問自己，求自己來回答。要從今天起，諸位各自自己體會，自己了解。你自己便對自己最重要。你能對自己重要，始能對人也重要，乃能對國家民族天下後世也成一重要人。孔子、孫中山，也只如此。我的演講至此而止。但我仍願我此番演講，能對諸位有用，則惟有望諸位之善自用之。其餘我將不再多說。

（一九六九年十月四日新亞書院學生會學術講演，新亞生活十二卷十期。）

七　事業與性情

一

今天的世界，可說是一個極大動盪的時代。諸位看報紙，或者彼此談天，或者個人自己心裏想到，國際間的大問題、國家政治問題、社會經濟問題，乃至學校教育、宗教信仰、學術思想等各方面的問題，都會不斷地刺激我們，使我們在這些錯綜複雜的大問題之下搖動、震盪。

不過我可以告訴諸位，除掉政治、經濟、學術、宗教種種問題外，還有一個就是我們的「人生問題」。我們該怎樣來活在這世界上？倘使拿這問題與其他一切問題相比，則此便是個中心問題。其他可以說都是外圍問題。也可說，人生問題是一個根幹的問題，而此外則是許多枝節問題。一切外圍、枝節的變化，固然可以影響我們的中心與根幹。然而除了一切外圍枝節以外，我們不可忽略了此中心的根幹。即是我們的人生問題。

我喜歡讀歷史，無論中國史、西洋史，世界各國歷史，各種變動常是不斷的。一個接一個，此起彼落，而人生問題，有關人生本質上的變動，則比較難以碰到。當然也有，中國史、西洋史中都有，不過比較的少而難以看到。今天則恰巧遇到了人生中心根幹大問題的變動時代。將來要變成什麼樣子，此刻我們還不知道。我自前年由香港回臺灣，兩年以來，很注意這一問題。據我所看各項報紙所載，關於這一問題大變動的消息，隨時記下。但也不是嚴格的，有時是看到而忽略了，沒有記，但所記下的已有一百幾十條。今天我只想舉一條。讓諸位知道，我所注意及我今天所講的人生，在骨子裏的大變動。

今年倫敦大學和另一所大學製了一種調查表，發給倫敦各高級中學畢業班，調查他們的意見，問「男女究應在結婚後開始有性交，或者不妨在結婚前先有性交」，請他們發表意見。調查完作一統計，結果：女生主張婚前可以有性交的佔百分之八十五點四，主張婚前不得性交的佔百分之十四點六。男生主張婚前可以性交的佔百分之八十九點八，主張婚前不應有性交的佔百分之十點二。又在七年前，曾有一次調查，那時女生不贊成婚前有性交的佔百分之五十五點八，男生不贊成婚前有性交的佔百分之二十八點六。在此七年中，變化已如此之大，在我看來，這是一件驚心動魄的大新聞。諸位年輕的同學們，或許都知道我是一個很頑固的人。我今天所講的話，並不能算是一種學術性的，也不是一種宗教性的，我只可說是在此談天。根據上述這一統計，我們可以聯想到其他事項。即如婚前性交，也免不了要受胎生小孩。於是又連帶到墮胎問題。今早我便在星島日報上看到倫敦又有一個統計：十四至十六歲的女孩子受了孕，去年十到十二月，三個月內墮胎的，每月有一百宗。十六至十九歲的女孩子，大概每月是兩千宗。

我今試問，在這些事上，我們的人生究竟該向那一條路跑？性交之自由與墮胎，不過其中一例，此外還可一件一件牽連而來。電影中涉及性交的影片，如此之類，講不勝講。當然還有其他一切問題。我可告訴諸位，這已是我們今天時代的風氣，大眾的潮流。我們生在這個時代裏，遇到這種大浪潮，諸位當知，這在歷史上實也少見，或許幾百年不會有這樣的一次，而我們今天居然身逢其盛。我因此深深感覺到孔子在論語中所說的兩句話：「己欲立而立人，己欲達而達人。」這兩句話，在我們社會上通用了已兩千多年。我有些朋友，有的名叫「立人」，有的名叫「達人」。也有些學校，取名「立人」、「達人」的。當然我從前看見論語這兩句話，也就懂得。而在今天，則更覺得孔子這兩句話實在親切而有力量。我們人，生在這樣的時風眾勢下，在這樣的風捲雲湧的大潮流中，我們要站得住，卽所謂「立」。自己站得住還不夠，還得要叫別人也站得住。如做父親的欲立，而兒女不立，又怎麼辦？唉！今天的子女，已不是昨天的子女了。又如夫婦，豈不也是要「己欲立而立人，己欲達而達人」嗎？當然我們各人，大家須要面前有條路，由我跑。跑得動，跑不動，每一人那條路，跑到死也跑不盡。然而我們總該有一條路在前面，讓我可以跑。我不能隨波逐流，永遠跟著人。今天隨波逐流跟著人，不出十年，連我自己也會不曉得我以前是個什麼人，所謂「忘其故我」。至於明天，我會是個怎樣的人，更會自己不知道。如此，則豈不是連我自己都迷失了。諸位，是不是這樣呢？我想特別是我們年輕的同學們，更應該要懂得注意這個時代的大風雲、大潮流。所以我今天特別要提出這一個人生問題來，作一報導。梅校長說我提出這問題很好，所以我決然來講此題，而特名之曰「事業與性情」。

二

我們中國古人講哲學，有「大同」與「小同」之別。這是說，我們的一切，有同必有異，有異必有同。而同與異之中，又有一個分別，即所謂「大同異」與「小同異」。怎叫小同異呢？如我信自由民主，你信集權共產，這不是我和你兩人的事，還有許多人和我們一樣，所以這種同異，只能稱之為小同異。又如我信耶穌教，你信佛教，還有許多人別信他教，這也是小同異。在我們一切同異中，只有一個大同大異，就是人生問題。各人的人生各不同，夫婦不同，兄弟不同，姊妹不同，每一人有每一人的人生。不如講政治，講宗教，講學術思想，都可有派別，派別與派別間雖相異，而在同一派別中則相同。只有講到人生，只是一個「我」，每一人各是一我，而我之與我各不同。所以每一人之人生盡可有同有不同，這可稱之為大同異。古今中外，遠的不講，五千年來，自有文化社會，只要是一人，人與人則無不同，又無不異。盡在此人生之內，其為一「人生」則同，故得稱之為「大同」。

但其為一「我」則異，故又得稱之為「大異」。所以別的問題都可說是小問題，人生問題，則是一個大問題。

今天我來同諸位講此人生問題，我希望能在人生大同範圍之內，舉出幾點人生共同大基本所在。這是人生的一個大同面。至於其大異一面，則須諸位各人用自己的聰明智慧，自己想辦法，來解決各人各別的問題。卽在孔子，也不能代替顏淵設法，須得顏淵自己去解決。孔子所講，也只是一道，這「道」字則屬人生之「大同」面。

我今天所講「事業與性情」，我認為這是人生問題中一個大同的、人人都要碰到的問題。我下面許多話，或許是我讀書得來，也可說是我自己一人憑空想到。今天諸位或許不能卽刻評判我這些話的是非得失，但不妨拿我這些話放在腦中，隔了五年、十年、二三十年，乃至五六十年，可供諸位作參考。

三

什麼叫做人生呢？我們來講人生問題，首先要清楚，什麼叫做人生？我認為：人生是兩面的，不得多於這兩面，也不得少於這兩面，而此兩面則只是一體的。此乃人生一體之兩面。若就學術性講，人生一面是「業」，一面是「性」。用通俗話講，就叫做「事業」和「性情」。我所謂的事業，並不如一般人所講，如從事政治、教育、宗教、學術，而有了大的貢獻，建功立業，才叫做事業。我今所講的事業，則是廣義的。如每一人有一個職業，職業也就是我們的事業。不僅如此，卽如日常人生，早起晚宿，一日三餐，也是事業。而且這些乃是我們人生中最重要、最基本的事業。卽如孔子、釋迦、耶穌也不能不吃飯，不睡覺。如此說來，日常生活，飲食起居，豈非人生中一個大事業嗎？所以我所講的事業，是從早上起床到晚上睡覺，做工、不做工都好，都是人生的事業，全部人生都在其內。然而每一人各有不同，我剛才已講了，人生是一個大異。這些大異處，又是每人相同，所以亦是一大同。

我既已把一「業」字來講盡了人生，為何還要講到「性」字呢？試用通俗講法來作說明。如：肚子餓了，要吃東西。但為什麼肚子會餓？這並非我要肚子餓，乃是肚子自己餓了。又如：晚上要睡。最好自然是不睡，或者工作活動，或者尋些消遣娛樂，豈不很好。然而我覺得非睡不可，好像有一個力量在背後督促我、要求我。不是我要睡，而我的身體精神要我睡。由生理學上講，這就是人生之性。喜、怒、哀、樂、愛、惡、欲，七情都是性。最後「欲」字最易見。身體倦了，眼睛要閉一下，要倒頭睡下休息，這是我們的生之性。

又如同樣的吃一頓，然而所吃滋味不同，你我各有所愛。而且我吃了這些，覺得很快意，吃那些覺得不夠味。這分別在那裏？又如一樣的菜和湯，我吃了很開心，你吃了不開心。這問題並不在那菜和湯。或者我喝鷄湯不開心，而你喝菜湯卻很開心。又如睡眠，睡得著、睡不著，睡得甜不甜，這些全是生理問題，即性的問題。所以人生在業的一面外，還有其另一面是性。性是一個人對其事業方面之感覺或反應。

業表現在外，有目共覩，大家看得見，而隱藏不了的。有一部份。自己看不到，用科學儀器便驗得出。中國舊醫給你摸一摸脈搏，也可知你病在何處，這都是業。我們的性，則只有自己知道，即使最親愛如父母、子女、夫婦、兄弟，也會互不相知。即要講也講不出。如諸位在此聽講演，下去談天，一人問，你覺得今天所講怎麼樣？這當然有一種反應，或說很好。另一人反問：你呢？他說不錯。此兩人豈不有了同感。其實這是最粗最外皮的。若其內心深處，則不能用任何方法表達，或不能用任何技術測量。如說開心，開心到怎樣的程度？如說不開心，又不開心到怎樣的情況？這只有自己知道。所以說，飲水冷暖，各由自知，無法喻人。

人生該無刹那虛度，一切外界之業，必在其內部性上作一番烙印登記。我今用一粗淺譬喻，人性就好像一副電子計算機，每一件事投入這計算機內，它會給你打一個分數放在那裏。諸位當知，我們從早晨起床到晚上就睡，只要一息尚存，便不斷有一個業。而這一業，其反應即是性。更進一層說，一切業，也都本源於性而產生。所以業必發動於性，而又必歸宿到性。業則與衆共見，性則唯我獨知。諸位不妨拿我這番話，多方面的反而求諸己，把來自我考驗。也不妨看看別人，大家衆生全如此。我們的人生，便可把這「性」與「業」之兩面來包括盡。

四

今再把此兩面來作一比較。與眾共見的，或許反而是虛偽不眞的，至少是較不重要的。唯我獨知的，才是人生中最眞實最重要的。所以性情才是人生之本質，事業只是人生之影子。如我在此地喝鷄湯，人家見了，說你在喝鷄湯啦！好快活呀！但若喝菜湯，便會不希望人家看見，覺得不好意思。又如我在一間大旅館中很講究的地方吃東西，若有一位朋友來看見，我會覺得很高興。但如在一個小飯館中吃東西，偶然有一人來說你怎麼在此地吃東西呀？我會覺得不高興，難為情。但請問：吃是吃在自己肚裏的呢，還是吃在人家眼裏的呢？而且吃東西，是不是定要到大餐廳，不要到小飯館？也有人，到大餐廳去吃而不開心，到小飯館裏吃反而開心。究竟這些處，那個有意義，那個有價值呢？孔子在論語上說：「古之學者為己，今之學者為人。」我們吃東西也是學，吃得舒服，這叫「為己」。要吃給人家看、擺濶，這叫「為人」。為己則重在「性」上，為人則重在「業」上，這裏有一大分辨。人生在此分辨上，應知有一選擇。

我幼年時讀列子，裏面有個故事，說有一皇帝，每晚做夢，夢中自己做一苦力，滿頭大汗，疲倦不堪。有人告訴他，說在國內有一個苦力，天天晚上夢做皇帝，非常開心。於是皇帝令人把那苦力找來，問他說：你是不是每天晚上夢做皇帝呢？他答是的。因問：你是不是覺得很開心呢？他說很開心。於是那皇帝說：我們能不能調換一下，你來做我的皇帝，我來做你的苦力，讓我晚上也好好兒做夢吧。但那苦力說：你派我做什麼別的工作，我當遵命。但叫我作皇帝，我不能答應。為什麼那皇帝晚上常做惡夢呢？我想或許他心中總有不安不滿處，他的事業並不全從他的性情來。為什麼那苦力晚上做夢儘做皇帝呢？應是他心安理得，性情滿足了，更在事業上可以無所求。所以他日間雖然吃苦，晚上卻做甜夢。

我告訴諸位，今天我們這個世界，若論一切物質設備，從前的皇帝，也沒有我們這般享受。梅校長事前告訴我，說演講室沒有冷氣設備。在他是向我表示歉意，在我覺得一切很好，很夠條件了。我們這一代的人，比起一百年、兩百年前，在物質享受方面講，我們都是皇帝。我今已快八十歲，若比起我小孩子時的生活情形，我現在也如做了皇帝。我不記得是那一天，在上海馬路上看見汽車，當時驚奇，覺是了不起。現在我自己就有了汽車，這豈是我當時幼小心靈中所曾預想。諸位年輕的人，生在今天，享受這世界物質文明的生活，卻不曉得各位自己父母們從前的生活是如何般的簡陋。然而今天，我們全世界人類正像個個都在那裏作夢，而且是在作惡夢。否則諸位清晨起來看報紙，也便沒有這許多夠刺激的新聞。國際的、國內的、經濟的、教育的、思想的、宗教的，一切的一切，全來刺激我們。究竟那些新聞由那裏來的呢？我敢告訴諸位，這是由於我們的人生已犯上了病，等如不分晝夜，全在那裏做惡夢。今天我們的時代，正是一個惡夢的時代。

我上面講孔子的話，「己欲立而立人，己欲達而達人」。能不能衆人皆夢，我獨醒呢？能不能由我之醒來喚醒別人之夢呢？我們今天的人生，是不是還有我們自己的一條路可以由我去跑呢？還是跟著人家隨波逐流儘做些惡夢呢？跟著人家，迷失了各人的自我，多你一人或少我一人，這究有什麼關係呢？人生不到百年。諸位多是廿歲左右的青年，再過五十年，還不到我這個年齡。諸位能不能知道五十年後的你是個什麼樣子呢？大家變了，我能不能不跟著變呢？跟著變，到底又變出怎麼一個樣子來呢？我們應該不應該各自有個自我之存在與認識呢？應該不應該要自己能有一地位「立」？應該不應該自己能有一條路「達」呢？這是一個大問題，當然今天我不能在此多講。但我要告訴諸位，我們各人性情之重要，必然該遠超乎事業之上。諸位不要兩眼只往前面看，事業、職業、經濟、地位，奮鬥、努力，一步進一步的沒有休止，而一切都在事業上。我們日間已夠疲倦，總該要晚上好好睡一覺，能沉酣不夢固好，能做一個舒舒貼貼的夢也還好。我們的人生總是有兩面，不要匆匆忙忙的儘做惡夢。我們不要儘一眼釘在人生之業上，我們該知有一個性情，一切要反求之於個人的自己內心所獨知處。此刻我所講，其中或許有些較深的意義，無法用言語曲折表達出來，希望諸位自己能去仔細思索，或可由自己的體會中得之。

五

我此刻想再進一步講。所謂性情，請諸位不要誤會以為性情只是先天所賦與的，一生下來即是如此。我今天要特別提出一個意見，人之性情，除了先天稟賦外，更重要的還在後天培養。讓我先把其他的生物來講。

先講植物。如：米、麥、菊花等。今天的稻麥，絕不是原始的稻麥，乃是經過了幾千年的培養而始有。前幾年在美國，每逢周末或假日，常伴同內人到市場去買菜，曾見店舖裏陳設著各式各樣的米，不下數十種，並標明某種適合做飯，某種適合做粥等。這豈是原始的稻米就如此。說到種花，陶淵明詩：「採菊東籬下」，那時的菊花，已經不是原始的菊花。月令：「菊有黃花」，此可能較陶詩中所提較近原始，然而也決不是完全原始的了。從前我在北平，常去看菊花展覽。如今在臺北，年年也去看菊展。在菊展會上陳列出各色各樣的菊，種類繁多。但都是經人工培植而來。有時人家送我幾盆，放在園裏，朋友們見了，都說這菊花眞美。但是到了第二年，便沒有了。因我不會培養它。種花不懂得培植，那不會保持原樣的。

再講動物。在香港，大家喜養狗。狗可以說是人類早期最親密的朋友。當人類文化開始，和人們最接近的恐怕就是狗了。中國有五千年的文化，中國的狗便也有了五千年的培養。香港人喜歡養狗，常見女人小孩們牽著各種狗出來，獅子狗、狐狸狗、狼狗。每一種狗有每一種狗的個性，各不相同。狗性不同，狗業也不同。有的狗只能養在房間裏，有的只能臥在地氈上，或沙發上，或在人身懷抱中。如放牠在房外，牠就會失常。有的狗要放在門外園裏，把牠關在屋子裏也不行。若有人養了一隻狼狗，生了兩隻小狼狗，各送一人，隔了三年，拿來相比，此兩隻狗便會大不相同。因一人善養能教，又一人不會養不會教。中庸上說「盡性」，那隻狼狗先天的秉性能發展盡致，另一隻狗的秉性天才則沒有發展出來。或許三千年以前的獅子，和今天的獅子還是一樣。但三千年以前的狗，和今天的狗卻大不相同。同是養狗，養法不同。有人不懂得養好狗，養了好狗也寃枉了牠。並且狗也要傳種接代，如果亂配雜交，隔了幾代，不僅會成雜種，也將成為不成種。所以人們養狗要選純種。每一種狗性格不同，品種不同。

從植物到動物，均有品種不同、性格不同，這裏也有牠們的大異。愈加後天培養，則愈見大異。如狗與狗不同，較之狼與狼更不同。狗經後天的培養特別深。人為萬物之靈，又經後天培養，更見有品種、性格之別。如中國人，與西洋人，各經文化培養三五千年，所以品種性格各不同。中國人就是中國人，歐洲人就是歐洲人。在歐洲人裏面，有拉丁民族、條頓民族、斯拉夫民族之不同。在中國人裏面也有南方人、中原人、北方人之不同。把一個拉丁人和一個斯拉夫人放在一塊，其不同處很易見。如把中國一個東北人和一個西南人放在一塊，其不同處也易見。這些是小同異。而把中國人和歐洲人相比，則成大同異。我們應該因才施教。如一隻狼狗應該教牠做一隻狼狗，一隻獅子狗應該教牠做一隻獅子狗。不能教狼狗做獅子狗，也不能教獅子狗做狼狗。因為牠們也是幾百年傳下來，不能一旦逆其天性去改變牠。人固然是萬物之靈，但一個中國人，也不能短時期教他變成一外國人。我們今天不再提倡民族觀念，但英國人不能驟然做法國人，法國人不能驟然做意大利人。這是在歷史上所看到，使我們不能不承認。

明代戚繼光寫了一部書名叫練兵紀實。因當時中國沿海各省有倭寇，戚繼光練兵作戰，因士兵的出生地區不同，而所加訓練亦別。如山東的兵長處在那裏，短處在那裏，江蘇的兵長處在那裏，短處在那裏，書中都有詳盡分析。這是一部極值得注意的書，因此書能發揮了因才施教的原理。這在教育事業上固當注意，即在自我教育方面也該注意。今天的教育，數千萬人在一學校，聚數十百人在一班上課，他們出身不同，背景不同，也可說，各人品種性格有不同。但我們只重事業不重性情，硬把來集合在一起。若說學校是一製造人才的工廠，今天的學校未免有些粗製濫造。像在工廠裏用機器大量出產的貨物，斷不能如從前人手工藝品之精美。今天的教育只講普及化、大眾化，論量不論質。只問事業所需，不問性情所宜。只求成才，不求「盡性」。把人生只當作一種工具，專為外面需要，不問內部生命之眞實所在。若是我們要講品種、講性格、講後天培養，則以前像英國牛津、劍橋的教育方式，倒有些地方可以借鏡。它的教育方法，確有些近乎中國宋、明時代的書院。它分了許多學院，各自隔別，日常人生，照顧周到。不像今天般的教育，都已社會化，不容特立獨行之士。只講多數，只要隨從衆勢，這在陶鑄人才上，是大有問題的。

六

今天我特別提出來告訴諸位，性情須賴後天培養。如謂「變化氣質」，須不斷有一番工夫在裏邊，不是一日可冀。但我們正該有這種工夫。如在香港，便見有一種力量，極普遍、極現實，圍繞著我們，叫人無法違抗。衣著則一年一換，女人的皮鞋款式，今年是尖頭的，明年會變成了方頭，你要再買尖頭的找不到。去年的褲子，今年都得丟掉，不管你喜歡不喜歡。瀰漫著的不是人，只是物。不見性情，只是商品在逞力量。這不過是我隨便舉的一個最簡單的例，以見今日的世界人生，事業的壓迫愈重，性情的迷失愈深。所以我們要看重内面性情，不要太看重了外面的事業。這事也眞不易。今天要使人生的事業適合性情，使人人心裏感到滿足，則此世界自會平安。人生大道的重要點也就在此。而今天的時風衆勢，則正在背道而趨，此亦無可奈何。

我不想講得太專門或者太學術化。可否讓我再舉一點大家能明瞭的，或者給諸位指出一條路，可藉以自我教育，讓人人在此路上各自向前。我不勸諸位學理學，因理學太專門。我也不想來講宗教、講哲學，當然更不講歷史、政治、經濟之類的問題。我且來講一講中國人的人生，即中國人之所以為中國人者。此乃中國人五千年來的文化傳統，中國人性情後天培養之所得，即是我們今天像是先天稟賦而來的那般性情之所由。這一問題，實在是極重要，而且必然會伸及西方。

多年來，我常勸人注重文學藝術。不一定要讀中文系、藝術系，也不一定要做一位文學家、藝術家，然而我們須要懂得文學修養，須要具備一些藝術心情。我們應從文學藝術中去看人生。因只有文學藝術，乃是直接從人生的性情中產出。但通常，我們接觸藝術沒有接觸文學的機會多。接觸藝術，須經專門訓練。而接觸文學，則條件寬泛。不必講究文學理論，也不必爭新舊文學的派別，只要能從文學中來欣賞人生。我想奉勸今天在座諸位，不論你是修什麽科系，不妨多讀一些文學方面的書，詩、詞、駢、散，乃至小說、戲曲之類，只有在中國文學中最能接觸到中國人生。至於西洋文學方面，我知識不夠，但我年輕時，西洋方面翻譯成中文的小說劇本之類，也曾看過不少，至少林琴南所譯的，我是全讀過了。論到電影，在香港這些年來，也不知看了多少。我從默片開始直到最近，由電影中所反映出來的西方人生，在我也有了四十多年的閱歷。曾記在四十多年前中學教書時，開始第一次被人拉去看電影。那時還是默片，有許多默片的印象到今天還留在腦海裏。我確實知道，這四十多年來的西方社會、西方人生，實是變得太快了。

我試舉我淺薄所知，把從中西文學藝術中所見中西雙方之人生，作一比較。

一、淡與濃：

我覺得中國的文學藝術，或者說中國的人生，與西方的比較，則中國的人生味比較淡一點，西方的則濃一點。借用中國古人說話，中國人生像如一杯水，西方人生像如一杯酒。或許他們的有味些，我們的比較像淡而無味。然而我們卻認為淡一點的好，或許更淡則更眞，更可久，而無病。所以我們要說：「平淡」、「雅淡」、「高淡」、「恬淡」，「淡於名利」，「淡泊明志」那些話。今天的中國人則多數西化，愛濃不愛淡。至於怎樣叫做淡，怎樣叫做濃，則須諸位自己去體會，我無法為諸位道出。

二、深與淺：

也可說，中國的文學藝術比較西方的都要深一些。深是藏而不露，不肯十分地盡情拿出，愈深藏愈見中國文學藝術的較高意境。淺露最要不得。姑舉一詩為例，如唐人詩：「月落烏啼霜滿天，江楓漁火對愁眠；姑蘇城外寒山寺，夜半鐘聲到客船。」這人睡在船裏，徹夜沒有睡著。但他為何睡不著，心中究在想些什麼，他不講了。或許只在客船之「客」字上，透露了一些消息。中國人最要在能涵蓄，而西方人則要表現。現在大家都說自我表現。在我年輕時，我的先生、朋友，乃至學生們，他們講話，都要有涵蓄。但今天變了，我年輕時遇見的人，今天都沒有了。大家總怕別人不知道我，急切想表現。甚至三句話要講四句，三分話要講四分，這是表現。表現得披肝瀝膽，激昂率直，要使人一見便知，更無餘蘊，把自我當作商品般做廣告、作宣傳。

三、靜與躁：

中國的文學藝術常重在靜一面。從前有人常講中國文化是靜的文化，西方文化則是動的文化。但宇宙間事物，那裏有動而不靜，或靜而不動的？而且一動一靜，中國人恆連在一起講。但靜的反面不是動，而是「躁」。我覺得大體講來，中國人生比較像是靜一點，安一點，所謂「靜為躁君」，「稍安毋躁」，躁是中國人所戒。

前天看報，說一個中國人，偕同一個美國人，在公路上開車，那位美國人儘愛開快車，從後抄前面去。那中國人說，慢些兒吧，我們稍遲一會到也不要緊。寫文章的人說，從這裏可以看出中國人性格和美國人性格的不同。我想他說的是不錯，中國人比較靜定，西方人比較躁動。諸位若從文學裏去看這靜與躁，比較地難。但若從電影裏去看，便很顯然。不過今天的中國電影，不夠表達中國人的性情與人生。嚴格講來，還可以說現在沒有能懂得中國人性情和人生的中國電影。只有中國的京戲，才可表現出中國傳統。西洋的話劇我看的很少，但把電影來作比，一個中國女人的眉目傳情，在平淡安靜中那臨去的秋波，這種表情，同西方人的擁抱、接吻差別太遠了。但不能說中國人無情。只是中國人的心情要藏要靜要淡，不像西方人則要急切地盡量表現出來，甚至八分要表現到十分，纔始滿足。

四、平與奇：

中國的小說，或說中國的文學比較來得平。中國人也說「出奇制勝」，可是到底遠不如西方的奇變多端。我從前看中國唐、宋、元、明各代的傳奇小說，總覺得平淡無奇。首先我看西方小說是天方夜譚，眞是奇險萬狀。後來又看如福爾摩斯、亞森羅蘋的偵探小說，乃至其他奇情小說、探險小說之類，都是務求其奇與險。不像中國人總愛和平的過日子。中西雙方一比，顯然可見。不論是文學是藝術，是人生之各方面，政治也好、經濟也好，相比之下，一切大不相同。

七

若要在今天的社會裏面找，像我所講：淡與深與靜與平，已經不易找到。這是中國舊的一面，我或許比諸位佔點便宜，我年輕時所接觸，今天尚能想像到。要講新的話，自然諸位接觸的多，我接觸的少。可是在今天這一個大變動時代之下，新了還要新，更要新，五年一新，十年一新，眞是日日新，又日新，不曉得此下的社會將新成什麼樣子。我們人究該如何做？我們前面的路又究竟在那裏？沒有人去考慮這問題，也沒有人能考慮這問題。所以我今天要在人生問題的大同一面提出「事業與性情」來作題目，而從性情方面講，我認為中國人要做中國人比較易，要做外國人比較難。你說一個人到外國學五年十年，就能變成一個外國人嗎？或許有人說，一個人不行，我一家去。若一家人能在外國住上三代，可能變成為外國人。但在最初的一代三十年中，怕會很難。然而他已變成了一個不三不四的外國人，回到中國來，種種不滿意。那又怎麼辦呢？固然中國的一切都已變了，而外國比中國變的更快。

倘使我們能淡一點，能靜一點，中國人還能不失其為一中國人，會能有他自己的性情。不要跟人家比，人生是無可相比的，性情方面更不能比。如我剛才所講，我喝這杯茶覺得很好，你喝這杯茶也覺得很好，然而這個所謂很好無法打分數。人我之間不能作比。如說某人得意，究竟得意到什麼程度呢？你能為他批個分數嗎？七十五分抑是八十分？那很難定。說某人不得意，也不能批分數。我同你比，究竟是你得意還是我得意？上帝造人最偉大的工夫，就在人我之間保留著一個祕密。這一個祕密，就是只能由你自知不能同人相比。如此則世界上全人類就各自「獨立」相互「平等」了，如此也纔是眞「自由」。能如此來指導人生，也纔是眞「博愛」。所謂一切榮華、富貴、得意、失意，任何事，都無一個可相比較之處。所以世界人類能到今天。

倘使今後的科學發明，能夠把我們內心深處的性情拿來用分數作比，那麼人都不能和平安靜地活下去。相爭相比，只該剩下一個得意的，那一個得意的又將怎樣地活下去？所以我說，人生的最大祕密不能相比。這是人生中最重要最寶貴的。而今天的外國人則總好相比，如賽馬、賽狗、鬥拳、運動會等，都是興高采烈。而學校教育也要憑分數相比，七十九、八十分，都得比。如能懂得人生不相比，全部人生就會和平安樂。這是中國人所謂之「自得」，君子無入而不自得，所得則只在唯我獨知的性情上，不在與眾共見之事業上。這人的人生就會淡、會深、會靜、會平。

我不是在此講道學、講理學家的話。我只希望諸位每一人能有一些文學修養。我勸諸位讀一部詩經，讀一部陶淵明詩。諸位一讀此等，自會感覺自己人生前面有一條路，可由你向前。那時你就會覺得人生是一件大事該要學。不要說學不會，至少在你便會有一個「好學」之心。詩經三百首或許難讀，但陶詩易讀。即使讀唐詩三百首也好。這並不是要你們去做一詩家，不必講平平仄仄，也不必講究做詩的一切理論。只要從此懂得中國人生中的一些淡與靜、深與平。這樣或許對諸位將來有一些無用之用。

以上這些話，我認為是我所能講中之頗可寶貴的，故而今天特地提出來貢獻給諸位。若我來講一套什麼學問、什麼思想，或許再過幾天，全無用了。或者諸位要說，那麼你為什麼最近還要孜孜不倦地來研究朱子？這只是我的愛好，聊供我自己作娛樂而已，我想不夠貢獻給諸位。但我今天這些話，或許對諸位有貢獻。在我是出於一番誠心，一番眞意。望諸位要能慢慢地拿我這些話，存在心中作參考。

（一九七一年六月五日新亞書院學術講演，新亞生活十四卷三期。）

八　學術與人才

一

近年蔣公號召我們復興文化，這是一具有歷史性的大運動，決不是兩三年就可收到成效。我們只能說，現在只是開始，各位對這運動，都負著很大責任。我們要知道，「學術」與「人才」，是復興文化最重要的基礎。人才可以開創學術；學術可以培養人才，兩者互為因果。有學術，就有人才；有人才就有學術。

從民國以來，我們學術界走的是一條並不正確的路線。新文化運動開始，我們的學術界都是偏向於懷疑、批評、推翻、打倒，完全屬於破壞性的，建設的意義最少。因此，我們可以說，這是一條反面的路線，而影響了全國的青年，他們走上破壞的道路居多，走上建設的道路少。那時學術界有句口號，叫「整理國故」，這四個字像是正面的、積極的、建設性的，但是正因為如此，大家僅能枝枝節節的、零零碎碎的，在材料上做點考據的功夫，對我們國家民族大的方向和意義上，缺乏貢獻。這就使我們這一代青年們一方面受了反面懷疑、批評、推翻、打倒的風氣感染，養成了心理上的習慣。而「整理國故」又使他們跑上乾燥無味、無系統、無計畫的考據學的路上去。

我這樣說，聽起來好像說得過份，其實並不過份，我們那時的學術界，可以說是幫助了今日的中共開了一條路。我個人從前在大陸的大學教書，接觸過很多青年，這些青年都應該是國家的人才，結果卻都起了反面的作用。

二

我們從民國初年到現在，只有一句話、一條線下來，那就是「提倡科學」，從無人提出反對。可是我們要知道，學術不能唯科學、純科學的；就「科學」二字而言，有自然科學、人文科學、社會科學，至少科學具多面性，不能以自然科學包括所有學術，也不能使每個人都變成科學家。而且每種科學的對象不同，自然科學的對象是「自然」，是「物」；人文科學的對象是我們「人」，是「社會」，這就大不相同。由於對象不同，方法也就不能一致，無法以一個方法，包含兩種科學的要求。

一位科學家研究物理、化學、生物學，以及一切自然科學，他本人置身於研究對象之外；但是人文科學研究的對象是人，研究者本身亦是人，研究者已經在研究對象中間，無法置身於研究對象之外。比如研究洋老鼠，或研究一隻兎子，人與研究對象是分開的。如果我們講家庭、講社會、講國家、講人類，我們就在家庭、社會、國家、人類之中，不能說自己是一學者，就可處身事外，來研究它們，所以這與自然科學迥異其趣，截然不同。我們又可以舉一個例子來說明這不同之處，一位自然科學家要頭腦冷靜，要客觀，不動絲毫感情，去研究任何物質方面的某一問題；而我們一位人文學者研究家庭、社會、國家、人類的種種問題，卻離不開感情。各位也許會認為感情是礙事的，一位學者不應該用感情，要純理智，要純客觀，要科學方法，這是研究死東西，而不是對研究人文而言。我們齊家、治國、平天下，最重要的就是我們的「感情」。

我們做學問，研究人文學和社會科學，不能離開感情。但感情會不會誤事呢？實際上說某些感情是要不得的，要誤事的；所以中國人的傳統文化，所講的學術，只對人文科學方面功夫用得大，成績也好，最講究的是「正心誠意」，也只有在正心誠意的情形下所產生的感情，才是我們在這裏所說的感情。這正心誠意不是宋明理學家所說的正心誠意，衹要你是研究人文科學，你對夫婦、父子、兄弟、朋友、鄉里、社會，對一切的人羣，人文學一定有一番極肯切、極純潔、極高尚的感情在裏面。因此中國人講人文，非常重視正心誠意，那就是「心」不能偏，「意」不能僞。這是第一點與自然科學不同的地方。

其次，比如我研究物理化學，研究生物學，我所研究的東西，任我擺佈。研究者是主人，被研究的是客，甚至可說是一堆材料，一堆工具，兩者的地位並不平等。我們研究人文學，研究社會學，對象是人，研究者也是人，被研究者有其獨立、不可動搖的地位，卽使是幼稚園的小孩，也有他小孩的尊嚴，兩者的地位是平等的。孔子曾說：「吾道一以貫之。」曾子說：「夫子之道忠恕而已。」這「忠恕」二字，就是正心誠意，難道這忠恕不是感情嗎？如果木然無動於衷，以純客觀的立場來研究我們人，這很可怕。他來研究我們人的問題，他是不是要超出乎人之上，像我們研究自然界的那樣呢？

同時，自然科學是可分的，愈分愈細，分到今天，弄得你不知道我，我不知道你，大家都變成專家。研究物理的，不懂化學；研究理化的，不懂生物學；研究植物的，也不一定懂動物學；研究蒼蠅的人，不一定懂白老鼠。但我們研究人文科學，必須要全盤皆懂。我們研究家庭，就不能把夫婦、子女、一個個分開來研究；我們研究一個政治問題，法律、經濟、軍事、外交，不能只懂這樣不懂那樣，只解決這個問題，不管那個問題，這會出毛病的。所謂專家之學，照理只是研究自然科學的需要；而研究人文學，在求其「通」，要「通才」，要「通學」，要「人與才通」，才能見其大，能顧全一切。這才使這裏的事不妨礙那裏，那裏的事不妨礙這裏。

現在，我們不得已補偏救弊用西洋人的方法，要民主，要討論，經濟問題是經濟學家的專長，外交問題是從事外交工作者的專長，我們很難於照顧全局和有一個大的理想、大的目標，這是我們文化的、人才的一個很大的危機。科學愈發達，人的世界愈來愈縮小，我們研究人文科學的也跟著自然科學走，分門別類。於是要想解決這個問題，就會影響那個；要想解決那個問題，也就影響這個。但是我們所需要的，是要有大建設、大眼光，要統籌一切，要照顧全局。

所謂科學方法有一個最笨、而最不可缺的方法「實驗」，怎樣想就怎樣試，但人文科學卻不能拿來試。我們有一番理論，一番意見，試一試吧，弊端百出。今天的共產主義，何嘗不是從一套學術思想開始的呢？然而這套學術思想，一開始時就心不正，意不誠。它不是想要解決整個人類問題，它不含忠恕之道，它缺乏人與人之間不可或缺的感情，它這一試，禍害就大了。從這一點看，自然科學家與人文學者，他們的修養與方法，是有很大差別的。

中國人對人文學者的修養方法，講得十分透澈，齊家、治國、平天下，而以修身為本。修身就是修養我們的感情，是極重要的一部份。中庸上說：「唯天下至誠，為能盡其性，能盡其性，則能盡人之性，能盡人之性，則能盡物之性。」這是有層次的，先要我盡自己的性，才可盡家庭、社會、國家之性，而後可以盡物之性。西方人的科學發展到今天，他們已盡物之性了，但並沒有盡己之性，盡人之性。可是我們覺得這樣的偏重於自然科學的學問，是本末倒置。今天世界上人類文化上的大弊，是人文科學追不上自然科學。再說，照中國人的理想，人文科學在前，自然科學聽憑我們使役，那麼自然科學對人類社會的貢獻，與今天大不相同。何況現在的自然科學並沒有眞正到達盡物之性的境地。這就是中國文化的偉大處，而不是西方文化所能望其項背的。

天地萬物，連我們人在內，都是自然，都有一個性，中國人最看重這個「性」字，西方人沒有這個字，他們講的 Nature 是「自然」，而不是如我們所說的「性」。我們把萬物包含在一個「天」裏面，所謂「天命之謂性」，就是這個意思。從事研究學問的人，先要「克己復禮」，為什麼要用這個「禮」而不用「理」呢？因為中國人的想法如用「理」字，人就變成冷酷無情，「禮」字卻蘊含著人情味。到宋朝，講究天理仁學；人的修養到最高境界，達到天德。這種德用到社會上，就是王道，所以我們把「天德王道」四字合起來講。就人的內部來說，修養德性，是一個聖人，表現於外面的是世界大同的王道。所以我們要做學問，要做內聖外王之學。中國文化傳統，共同的信仰，共同的目標，一切的人文科學，一切的社會科學，都是這種「內聖外王」之學。不是沒有過失就叫聖人，聖人要放之而王天下，並不是權謀、欺詐、富強、勢力，一切的一切可以王天下，必須聖人配合天德才能王天下。因此，我們要做任何人文科學的學問，基本條件要自己先做個聖人。聖人是不是可以做得到呢？人人可以為堯舜，當然我也可以。如果我們做不到聖人，那麼可以做賢人，賢人做不到做君子，君子做不到做善人；假使連善人也做不到要做小人的話，那還有什麼好說！小人又怎能談學術？

聖人有兩種，一種是上帝的賜予，所謂「天縱」，像孔子就是。還有一種聖人是「困而學之」，我們現在還不困嗎？但是可以放心，這是上帝降以大任，叫你去做聖人。中國人偏重於人文學，人文學偏重於期望人人為聖人、為賢人、為君子、為善人。堯舜的時候，沒有思想家，沒有教育家，沒有一切文化，堯舜是怎樣做聖人的呢？上古的聖人是「性至焉」，是天生的。湯武的時候文化已是大開，他們也是聖人，他們是怎樣做聖人的呢？「反之焉」。看見堯舜做得好，做得對，反之於身，當然也變成聖人了。孟子說：「反身而誠」，如我們中國人注重孝道，看到書上面這樣說，反過來自己想想，覺得對父母應該盡孝，這就是所謂天德，天生我們人類是應該要孝，但是還有很多人不孝，我們說這是「未盡意性」，也就是盡性的功夫沒有到最高境界。諸位以為今天人類可攀登月球，科學已到最後一步了吧？其實科學只是剛開始，自然科學再過五百年，再過一千年，不曉得要到一個什麼境界。我們不能單讓自然科學進步，我們人本身也應該要求進步。

我們講聖人賢人，還不是跟上月球的人一樣，只有少數幾個，道理在那裏？宋周濂溪先生有一句話：「志伊尹之所志，學顏淵之所學。」伊尹是一個鄉下種田的人，然而他的抱負很大，要對社會、國家貢獻堯舜之道。我們應該以伊尹的志向為志向，但應學顏淵之所學。我們不能學孔子之所學，孔子是天生的大聖，學孔子最有心得的是顏淵，所以我們只能學顏淵之所學。我想我們中國人講人文科學、社會科學，要栽培人才，就在這幾句話上。學者所以學為人，我們做學問，就是要學做這樣的人。我們所提出來的目標、方法、理想，與自然科學不能一概而論。我們希望今天以後的中國，出新的人才，我們一定要走一條新的學術的路。

我們今天講自然科學和人文、社會科學，只有兩面，而孔子門下，分成四科：德行、政治、言語、文學。「政治」是為政之道。「言語」不是講話，而是外交；春秋時代國家很多，最重要的是使於四方，不辱君命的外交人才。孔子所講的「文學」，不是我們今天所講的狹義的文學，而是廣義的文學。而總綰政治、言語、文學三者之學的，是「德行」，所以孔子門下的德行，要三者貫而通之。顏淵的德行與孔子差不多，就如兩張同一形式、質料的桌子，所區別的只是大小不同。後人贊顏淵為

「小孔子」，此之謂「學顏淵之所學」，我們要學做小孔子。至於做學問，我們只學孔子，不必學堯舜，因為孔子能做堯舜，而堯舜不一定能做孔子。人文學的標準，要學孔子；學問不在人文之外獨立成一學問，而在人文範圍之內，求一「會通」，這是中國人文學的理想。蔣公所號召的「文化復興」，如以西方專家分科之學，加上我們中國傳統的通才通學的人文之學，這才是中國最理想的文化復興，不僅可以救中國，而且還可以貢獻全世界，使全世界今天的文化危機，獲得新的生命。

在復興文化的大前提下，我們如何來復興中國舊的人文學？中國從孔子到現在二千五百年的這一套傳統的學問，就造成了這一套文化，我們要復興文化，那麼就要復興這一套學問。我們當然不能到外邊去找一套自然科學來；中國從前也有自然科學，然而比不過今天的外國。外國人雖沒有像中國的人文學，但他們有宗教。我們覺得宗教家講的，不及孔子的博大宏通，但對他們的人文學亦有補偏救弊之功。我覺得我們一方面應該在學校裏，一方面在我們各人的修養上，要提倡一套我們中國的、舊的、傳統的人文學。

從前廣東有位大學者，名叫陳澧，他說學問分兩大類，一是博士之學，一是士大夫之學。西方人今天的大學，都是文理學院分開的，但是他們的文學院採用理學院的精神，中國也師法了他們的制度，我們可以稱為博士之學。比如有人進了大學，先選文學院，進了文學院之後還要再選中國文學系。我們中國傳統上的孔子教學就不是這樣。進入國文系後就開始學文學概論、文學史、詩、歌、詞、小說等種種的學問，學到最後，得到了學士、碩士、博士的學位。民初就有人說，這是洋八股，西方這種教育制度，就等於我們科舉時代考八股。但是現在一個知識份子，一個公教人員，一個從事於黨政工作的人，一個中年人，或許沒有進過大學，進過了大學或沒有得到博士學位，即使得到了博士學位，老實說一句，今天不能做這門學問。現從事於公務、黨政、社會等工作，豈不是在學術圈子之外了嗎？中年以下在大學當教授，還可以講這門學問，這就是博士之學。我們中國人一向講的是「士大夫之學」，窮則獨善其身，我是一個「士」；達則兼善天下，我是一個「大夫」。我要從事國家社會一切的工作，當然不能不學無術，總得講一套學問。我們中國人講學問是怎樣的呢？人是來做事的，所以說齊家、治國、平天下。學什麼？學做人。人怎麼做呢？就是齊家、治國、平天下。人生下來本來就是替社會、國家做事的，那麼我們對大學這套課程又有什麼用呢？學了文學的人不通哲學，學了哲學的人，他也不來管文學，還有社會學、政治學、經濟學、法律學，很多很多，造成了一個一個的專家，這對將來的世界，是值得憂慮的事。從前這樣說，不易為人所接受，今天來說，人類文化的危機，已經表現出來了。

那麼我們怎樣來講士大夫之學呢？我們剛才說，自然科學的對象是物，人文科學的對象是人，現在再照這個說法來講，博士之學的對象是學問，學詩學的，學文學的，學哲學的，各有其天地。士大夫之學的對象並不如此，是學在社會上怎樣做一個人，對社會有什麼貢獻。我們讀書做學問，貢獻在學問上呢，還是貢獻在自己？所謂修養，是對自己的一種貢獻。講文學，我們有經、史、子、集四部，書分四部，學問並沒有分四部。比如我們讀陶淵明的詩，讀杜工部的詩，陶淵明的生活比起我們今日來，或許更困苦，杜工部所處的時代比我們也更為顛沛流離一些，如果我們多讀陶詩杜詩，對我們個人德性的修養，以及人格的提高，我想會有很大的幫助。我們讀韓愈、歐陽修的文章，同樣對自己有幫助。往上去可以讀楚辭、詩經，也是如此。諸位不要誤會，我不是來提倡舊文學，希望大家做陶淵明、杜工部、韓愈、歐陽修；我的意思是我們讀讀舊文學的書，應該在舊文學中產生出新文學。新文學要創造，怎樣創造呢？就是在舊文學中創造出來。各位也許反對，但是各位還得要讀英國文學、法國文學，還得在舊文學中創造新文學。哪能不讀一書，不識一字，而成為文學家呢？現在以中國的傳統，中國的社會，如陶淵明、杜工部的詩中，來創造新文學，比讀西方文學家的作品來創造中國新文學，要親切、方便得多。所謂「詩言志」，詩裏面的鳥獸草木，天地自然，只是一種比興而已；談到志，我們要「志伊尹之所志，學顏淵之所學」，我們要做一個聖人，不做聖人我們要做一個君子，不做君子我們要做一個善人，從人的本身發揮出來的，才是我們理想的文學。書裏面有人生的理想，有人生的境界，我們讀舊書，不是一定要做個文學家，但我們要能欣賞。我不寫作，但要能運用，雖然如此，我們仍應有文學家的心意與生活。所以我更主張諸位倘使讀書，不一定要讀陶淵明、杜甫，也可讀李白、白樂天，也可讀蘇東坡、陸放翁。比如柳宗元貶在永州，蘇東坡貶在黃州，讀讀柳宗元的永州遊記及蘇東坡的赤壁賦，就可知道我們今日的生活比起永州的柳宗元、黃州的蘇東坡，不曉得高多少倍，我們之所以去讀它們，是追求人生更大的享受與更高的境界。事業不是我一個人的事業，我不要做文學家，可是我希望中國社會再出文學家，一個文學家，我們要有十個、百個能欣賞文學的。我們的社會，是詩的社會，是一個文的社會，我們的人生是詩的人生，散文的人生。中國人的詩和文章，有很高的境界。至於用白話還是用文言，題目、內容，這並不難；我們開始已經說過，我們是在學做人。

在復興文化的大前提之下，我們與其讀哥德、莎士比亞，不如讀韓愈、杜甫。因為他們是中國人，我們的文學有我們的傳統。我想各位都是中年人，都有職務在身，要想像大學的博士班那樣研究文學，沒有這個精力與時間，也沒有這個需要。我們讀讀舊文學，是一種享受，一種消遣，自然而然會使我們提高境界。我們不能專做一個文人，中國人極看重文學，然而極看輕文人；因為我們中國人要做的是善人、君子、賢人、聖人，要修身、齊家、治國、平天下，不是要做一個寫文章的人；同樣的，中國人看重歷史，但從來沒有提倡要一個人一輩子做歷史家。大家負了文化宣揚、改造社會的大責任，怎麼能不知道一點歷史呢？但是我們無法把二十四史貫通，也不必像博士之學的歷史專家那樣去讀歷史，孔子以下的大人物並不多，一個時代幾人而已，我們只要讀讀歷代的盛衰興替，讀讀大賢人、大名人如何立身處世，我們要復興中國文化，要復興中國人，看看從前的中國人怎樣做人做事，這是我們大家都可做得到的。講到經學，大家不一定要知道十三經，但是要翻翻四書，我們不需要做中國學術史、哲學史、思想史，或經學家，然而我們人人必讀的四書，應該有所了解。民初以後那種打倒孔家店、禮教吃人等等已成過去。今天應該勸導大家，對孔孟重新估價。對批評孔孟的人，如老子、莊子，如何批判，我們也該加以了解；歷史上有講孔孟之學的，如程夫子、朱夫子、陸象山、王陽明，我們應該知其然，他們是怎樣的一個人，一生做點什麼，講的是什麼，我們只要知其大意。近代中國人如林則徐、曾國藩，是怎樣一個人，我們也應該翻翻他們的作品。這樣，使我們人的生活中加進了學問的生活。我想今天在座諸位，平常最忙，也該抽出時間，我們眞正所要讀的史學、經學，也不過一二十部，這才是通才之學。

今天中國社會，缺乏通才，每碰到做學問的，不是史學家，就是文學家；那麼再問文學裏面做什麼學問的？是小說家，都是專家，這是做學問。可是我不希望講學問，希望講人。我個人沒有進過大學，沒有得過學位，沒有三年五年的時間到圖書館寫論文。我只是在小孩子的時候就開始學，做一點傳統上大家都在做、都知道的事情。今天西方人的一套是西方人的，我們中國人的一套，我認為還應該拿來提倡。我們看孔子十五而有志於學，三十而立，四十而不惑，五十而知天命，六十而耳順，七十而從心所欲不踰矩，我們當然學不到孔子，也許各位已過三十，假使三十而有志於學，那麼四十而立，五十而不惑，也不為遲。我們要提倡復興中華文化，我愼重的希望諸位，對我的話，加以一番考慮。我們來提倡，在朋友中間，在青年中間，要除了以學問為對象做學問外，還要以人作對象來做學問，哲學、經學、史學、文學，像陶淵明那樣粗枝大葉的做學問。比如我讀論語，不能全部懂，但我懂的已經對我有用了。我讀陶淵明的詩，我不會寫詩，但我感到趣味。我的想法，要復興中國文化，一定要復興中國人。天生下來的人，不是文化陶冶的人，我們父母是中國人，生下子女也是中國人；這只是籍貫的問題，一定要進中國學校，一定要受中國文化陶冶，他才變成一個中國人。洋化的中國人，怎麼能復興中國文化呢？這是中國洋化，不是中國復興。要復興中國文化，先要復興中國的人；要復興中國的人，就要復興中國的學術，在這風氣之下，做個受過中國文化陶冶的通人。這裏也知道一點，那裏也知道一點，講學問，我沒有學問；講人，我是一個中國人，中國文化傳統中間的一個人。如此情況下，少數中的少數，於特殊環境中，他們可以創造後面的新學術，出新的杜甫、新的司馬遷、新的司馬光，也許還有新的孟子、老子、莊子、荀子，我們有中國舊傳統的學術修養，我們可以做理想的儲備人物。倘使今天中國到了個理想的時代，我們就是那個時代中不可或缺的人物。我們處於社會任何一方面，家庭、朋友、以及每一角落，我們這一套都可發生影響。但我們並不是要做學者，學者要在大風氣中間少數的人來擔當。

我今天這些話，並不是希望各位來研究個人自己的學問，我的意思是希望各位做一個新時代的新人，我們提倡一種新的學風。我個人的意思，今天的大學分科的教法，總還值得研究，不過人微言輕，並且茲事體大，要把文學院來改造，這事情不容易。西方人怎樣，我們也跟著怎樣，這套是博士之學。可是我們不在大學，我們從事於公、教、黨、政、軍的工作者，可以享受中國傳統文化中的修身、齊家、治國、平天下，我們為什麼不享受呢？

我們千萬不能接受新文化運動以來的推翻、打倒，也不要被「科學方法」四個字嚇得我們去做專家，不能做眞專家，就得做假專家，這是須要糾正的風氣。

我學，是學做人。做什麼人？做今天的中國人，做明天的中國人。我們一定要子女到外國去留學，未必一定能做明天的中國人，我們中國明天不需要人文的博士之學；今天我們需要的是「通人」，要有「通學」。中國人今天被人稱贊為最偉大的，是烹飪，外國人無有不佩服的，中國人的烹飪好在那裏呢？在調和，菜肴和作料調和得十分可口。外國人是科學辦法，牛排就是牛排，豬排就是豬排。我們做學問，也等於做菜一樣，一點肉絲或鷄絲，加點粉，加點菜、醬油，一煮一炒，就成佳肴。不要一輩子做一個哲學家，或者文學家、史學家，那與社會隔得太遠了。我們中國人的學者，稱為「士大夫」，在家庭、社會、國家裏面親親切切，「學」「用」一統，這就是我們中國人的理想的人文學者。

（一九七一年國軍文藝工作隊講演，六月二十三日青年戰士報，國魂三〇六期。本稿似未經演講人過目。）

九　中國的人文精神

一

今天的講題是「中國的人文精神」，這個題目對我們當前來講，非常重要。我們中國文化，是以人文精神作中心的一種文化。所謂「人文」，就是人類的文化。我現在講中國的人文精神，實際上就是講中國的文化精神。首先我來談一談對「人文」的一般觀點。

現在一般的講法，「人文」與「自然」是對立的，譬如說人文第一，或自然第一，好像人文就不是自然，自然就不是人文，人文、自然二者，互相對立。實際上人文與自然是相通的、合一的。因為我們人的本身就是從自然中來的，是自然中的一部份。人類的文化雖表現於科學、藝術、宗教、道德、法律、風俗、習慣各方面，其要項不外人的生活。就拿衣、食、住、行來講，試想我們穿的衣服，吃的食物，住的房子，交通的工具，那樣不是由自然中來的？不過我們在自然之中，加了一番人工進去罷了。人的生活，離不開自然，換句話說；人文是不能脫離自然的。我們可以講，人文就在自然之中，不過今天我們所處的自然環境，已經不是自然的本來面目了。因此我們也可以說，自然就在人文之中。譬如我們在熱鬧都市住久了，天天所見到的，都是熙來攘往的人，覺得自己所處的，只是個「人」圈子，要跑到外面去活動活動，到田野，到海邊，到山上去旅行，以多接近自然，這當然是對的，不過不要忽略這外面的自然，都是已經加了人工的，只是比鬧市的人工少一點而已。這一切自然，並未脫離人文的範圍。所以說：自然就在人文之中。如果一定要找沒有人文的自然，恐怕只有回到洪荒時代去找，因為沒有人文的自然，山不是今天的山，水也不是今天的水，甚至原野、草木、鳥獸都和今天所能見到的不一樣。洪荒時代以後到今天的自然，凡屬我們人所接觸到的，都經過了我們人類文化的陶冶，可以說這是一個文化的自然。

今天文化與自然，已難嚴格劃分。至少在我們今天所居的地球這一範圍之內，二者是相通的，合一的。將來人類跳出這一範圍，跑到月球上去了，那麼月球也就隨著被人的文化所改造，會失去其本來面目。以後人類在月球上所見到的自然，又是加了人工的自然了。雖然宇宙無窮盡，自然不可限量，文化是從自然中來，而逃不出這個自然。但絕大多數人所見的自然，都是經過改造，從文化中來的，故自然與人文，始終是相通合一。

人文的最大效能，改造了自然。「人文」一詞的來歷究竟如何？今天在大學裏讀書的同學，不論是讀哲學的、歷史的，或文學的，都知道有所謂「自然主義」和「人文主義」，「人文」一詞，被用得很廣泛，或許有人以為是從西方翻譯過來的。其實中國很古的典籍易經賁卦裏面，就有「觀乎人文，以化成天下」的記載，「人文」一詞，便是從易賁卦裏面出來的。我們中國人把天、地、人稱之為三才，「三才」一詞，也是出自易經，易繫辭稱天道、人道、地道為三才，人道就是人文精神的重點，由此可見我們中國講人文，實際上已經是很早的事情，比起西洋來，要早多了。

我們對「人文」一詞的來歷已經明白，接著來談「人」、「文」二字的意義。人為萬物之靈，是具有理性的動物，在座的諸位和我都是人，其意義比較容易明白，不必多講。「文」字究竟怎麼講？易經繫辭裏面有句話：「物相雜故曰文。」由此我們可以瞭解，有兩件或兩件以上的東西夾雜在一起便成文；反之，僅是一件東西不能成文。譬如一張紙，僅是白的，或僅是黑的，一種顏色便不能成文。至少要有白的，又有黑的，兩種顏色相間才能成文。文也有「理」的意思。我們中國人管文叫「花樣」，夾雜在一起的東西，顏色愈多，花樣也就愈多，道理也就愈細密。換句話說，「文」就是兩件以上的東西，相雜在一起而成的花樣。物有花樣，人的花樣更多，人與物、人與人之間，都有花樣。天地生人，有男有女，這就是所謂的「物相雜」。人除男女之外，還有老少、彼我等等區分，每個人都只承認這世界上僅有一個「我」，別人都是「彼」。丈夫覺得妻子不是我，妻子也覺得丈夫不是我；父母覺得子女不是我，子女也覺得父母不是我。又如兄弟、朋友、師生，黃種人、白種人、紅種人、黑人等等，分別愈多，夾雜也愈多，花樣也更繁複。

二

宇宙的奧妙，誠不可思議，試想這世界上如果只有男人，或者只有女人，那會是個什麼世界？不僅不能成文，沒有花樣，簡直是太單調、太枯燥，會使人活不下去了。天地既生男女，男女相雜產生了夫婦。夫婦是男女相雜成文，人類有了文化之後，所「化」出來的，並不是天地生的。人以外的其他動物，也有雌雄，卻不成夫婦。人有了夫婦，生兒育女，又有了父母、子女。有夫婦而後有父子，夫婦、父子等人倫關係，都是由人的文化所化出來的，並不是天生的。夫婦、父子也就是人的文化中的一部份，「文化」二字的意義並不深奧，不是很明顯嗎？

人文的效能很大，改造了自然，又化成了夫婦、父子等人倫大道，但始終沒有化出自然的範疇，同時自然與人文也始終不相違背。凡此種種，都是人文與自然相通合一的事實。夫婦、父子、兄弟、朋友、師生等之外，文化所化出來的人的花樣還多，如家庭、社會、民族、國家等等都是。今天的聯合國，有「天下一家」的遠大目標，這一世界性的組織，更是由於人的文化所化出來的，這一事實，全世界的人都得承認。

男女既成夫婦，就當有夫婦之道；老少既成父子，就當有父子之道，既有人、我之分，就當有人與人相處之道，即所謂「人道」。如果人人都只顧自己的利害，無視別人的生死，結果豈不是要「人將相食」，變成禽獸世界？因此講人文精神，必須著重於「人道」這一點上，要人人都知道彼雖不是我，我也不是彼，但大家都是人，都應該要講人道。

三

人類文化，因產生的時代背景不同，種類不一，今天有所謂人文主義的文化，又有所謂自然主義的文化；有中國文化，還有西洋文化，究竟那一種最好？重視那一種才對？我覺得那一種都有好處，都有值得重視的地方。太偏重那一種，都不對。因為只偏重一種太單調，好像這世界上只剩了男人或女人，一樣太枯燥無味了。人文主義有人文主義的好處，自然主義也有自然主義的好處，我們應當兼容並包，使「物相雜」以成文。中國人當然應該重視中國文化，儘可能發揚光大中國文化的優點，使列祖列宗所留給我們的寶貴遺產，能與世長存。也應該重視西洋文化，吸收西洋文化的長處，使中西文化和男女一樣，兩相配合起來，以求產生一更完善，更優美的新文化。

我常對我所見到的一些現象，頗為擔心，好些人似乎根本就不知道有中國文化，甚至忘記了自己是中國人，平常講的都是外國話，看的都是外國書，好像他是外國人，只有外國才有文化。我想：假使中國人都如此，不久將來，中國文化消滅了，中國人都人無文，世界上只剩下一種西洋文化，物不雜，人無文，豈不是太單調了？

外國人對文化的態度，也曾有過不好的表現，不過他們所表現的，與我們某些中國人不同，他們都只認為自己國家才有文化，因此英國人瞧不起法國人，法國人又瞧不起德國人，德國人同樣只瞧得起自己，瞧不起別人。然而他們現在都改觀了，已不復有那些不良現象，他們除了重視自己國家的文化，對外國文化也發生興趣，不但研究他們西方鄰國的文化，並且不遠千里，甚至萬里而來東方，學習我們的中國文化。我頗以此為慰。因為中國文化總算沒有完全被人遺棄，不過還是有點抱杞人之憂，擔心將來中國人想學中國文化如果要跑到外國去留學，太麻煩了。這些算是題外的話，不多談了。

四

現在來談另一新問題，談「自然界」與「人文界」的不同看法。在自然界看來，這個世界上全都是東西，都是物，不是有生物，便是無生物；有生物之中，分植物與動物，動物又有天上飛的，地上走的，及水中游的。人是動物中的一種，照自然界的看法，人與人也不過是物與物。而就人文界的看法，人與人則不是物與物，而是心與心的問題了。譬如一個男人和一個女人在一起，假使不心心相印，怎麼會結成夫婦呢？也許諸位要說，從前的婚姻，都是父母之命，媒妁之言，秉花燭入洞房之前，恐怕不一定都會心心相印吧？固然不錯，可是諸位也不要忽略男女雙方秉花燭入洞房以後，心心相印，育女生男，同甘共苦，才有夫婦之實。倘若他倆永遠心不相印，始終爾為爾，我為我，那不過徒有夫婦之名而已。又如諸位同學在學校讀書，老師對你們講課，一定得用心才行，要經過大腦才能講課，你們聽講也必須用心才行。老師講話的聲波雖可刺激你們的耳膜，也得經過你們的大腦，你們才能接受，這樣師生之間，心與心相通，教學才會成功。如果說，老師與學生只是自然界的物與物，心與心不相通，那麼不過徒有師生之名，那能談什麼教學？總之，人與人是心與心的問題，因為「語言」是人與人間最重要的交通工具，所有正常人的講話和聽話，都是要用「心」的，講話的人在用心講，聽話的人在用心聽，彼此間心相通，故能交換意見。或許有人問，無線電並沒有人所謂的心，它怎麼也可以接受人的講話，和對人講話呢？無線電不過是人所用心製造出來的一種能突破時空限制的機器，只是傳話的工具，其本身不會講話，這也就是心與物的區別。人文界與自然界的最大不同處，就是心與物的不同。諸位不要以為我在講唯心論，唯心論是哲學，我沒有講。我也不講唯物論，我在此所講的，只是些普通常識。

人類文化有所謂自然主義的文化，與人文主義的文化，自然主義的文化，比較偏重於自然，是向外的，外為物；拿人來講，便偏重講人外表的軀殼身體。人文主義的文化，比較著重於人文，是向內的，內為心；拿人來講，則著重於講人身內最重要的部份心。這兩種文化雖有倚重倚輕之不同，彼此應該是相通的，合一的，就像是我們人的身心，必須協調一樣。這兩種文化有三大產物「宗教」、「道德」與「科學」三者。

首先講宗教，最早的宗教，其實就是自然，不過我們現在不這麼講，但宗教是向外的，向上的，向人類的開始。根據耶穌教的說法，人是我們人以外的神上帝所造的。最初，上帝只造亞當、夏娃兩個人，後來亞當、夏娃在伊甸園中不守清規，偷食禁果，才繁演綿延有今天這許多人，這許多人都是上帝的兒女。或許有人，尤其是中國人在乍聽之下，不免驚駭，以為大家都是上帝的兒女，不論男女老少，都是兄弟姐妹，那麼豈不是社會上無復長幼尊卑之分，家庭中父子之道就此消滅，況且兄弟姐妹結婚，有背倫常道理，那還得了！其實不用怕，萬能的上帝，早有安排，在座的諸位當中，我想一定有好些人讀過聖經，聖經裏面不是有過「神愛世人」、「你應當把上帝對你的愛去愛你的父母」一類的記載嗎？我想就是親生兒女信了上帝，做父母的，因為沾到上帝的光，還是不會太被冷落的了。至於結婚，只要對象不是直系血親、直系姻親，及旁系血親旁系姻親八親等以內的人，都可以，我國民法親屬編有此規定，也不必擔心，這裏倒是有兩樁事情，我們需要瞭解：其一，我愛我的父母是人文精神。其二，我如果拿上帝的愛去愛我的父母便是宗教精神了。西方人到中古時期才講靈魂、講天國、講上帝，這是他們的人文主義。他們的人文主義興起很遲，與我們的人文主義不同。

其次我們講科學，科學是講物的，科學家終年在研究物質的組織，探討物質的性能，希望物質能被人作最有效的利用。他們作研究工作時，會把人與物二者等量齊觀。譬如想瞭解兎子的臟腑組織，就找一隻兎子來開腸破肚。要明白貓狗的身體情形，便拿貓狗來解剖。要研究人的生理狀況，也會解剖人體。從前我有個親戚去學醫，沒有學好久，就跑回來不想學了，我問他為什麼？他的答覆是不忍解剖人的屍體，我說你不要把那屍體當人看就好了，後來他再去學，並且學成功了。實則就純科學的眼光看來，世界上存在的都是物質，這世界就是物質世界。原子專家、核子專家，他們研究製造原子彈、核子彈，我想他們的存心，只在研究原子或核子由分裂而連鎖爆炸後，所產生的能量有多大，不會想那顆原子彈或核子彈能使多少無辜的人遭殃。今天太空科學家所虔心研究的登陸月球問題，他們的著眼也只在如何能把人由地面送到月球上去，也沒有顧慮人登陸月球以後，將否利用月球為作戰基地的其他種種。他們都只是在研究這世界上的物質能量，在為科學而科學，這也就是所謂之科學精神。大概講來，西方文化偏重於自然主義，最重要的有宗教與科學。中國文化偏重於人文主義，最重要的是道德。

最後我們就講道德問題。夫婦之間，彼此應該怎樣？父子之間，又當如何？這些都是道德問題。也許有同學要問，道德既然重要，為什麼我們學校裏面有宗教、有科學而沒有道德這門課呢？諸位要知道，我們現在所講的是西洋文化，所開課程是從外國學來的，假如講中國文化，我們的大學裏面就當有「道德」這一科目。如果有人說，上帝最了不起，應該信仰；科學最重要，最實用。我都同意，我既不勸人不信上帝，更怕我們的科學老是不如人家，不過我也覺得一個人不當忘本，生為中國人，就應當看看中國書，研究研究中國文化，不要盲目武斷，認為中國文化不如人家的好，沒有甚麼價值。我今天講中國的人文精神，重點就在「道德」二字，恐怕有人要說，現在中國一般人的道德並不見得比外國人高，我也頗以為然，這是由於中國文化衰落的原因。不過我所講的是指我們過去四千年的悠久文化，而不是指的當前，今天的中國文化，已經衰落到極點，在世界上是沒有地位，不足道的。說到這裏，我認為凡是我們中國人，都應當深自惕勵才對。

五

現在我想將宗教、科學、道德三者，再拿我們中國人慣用的詞彙，綜合起來談談。我認為宗教就是我們所常說的「天」，因為宗教講上帝，上帝不就是天嗎？科學就是我們所常說的「地」，因為科學講物，而地就是物，一切有生物、無生物都包括在地裏面。道德就是「人」，因為人與人相處必須講道德，不道德的，大家都認為他不是人。這樣看來，宗教、科學、道德三者，不就是我們中國人所慣說的「三才」嗎？諸位不要以為我在牽強附會，二者的意義，確是相通。

現在我們再看看宗教、科學、道德三者的講求，有何共同之處。先看道德，就拿前面所提過的夫婦之道來講，夫婦之所以有道，乃是由於他們彼此之有心，能夠兩心相通的結果。夫婦之道是如此，一切道德也莫不如此，故講道德必先講「心」。次看宗教，宗教講信仰，信仰靠什麼？也靠心。再看科學，科學重實驗，從事實驗，更得用心。故宗教、科學、道德三者的講求，都得靠「心」。宗教家的心、科學家的心、及一切人的心，宗教家、科學家、及一切人都是人，而人最重要的部份就是心，因此人文主義者拿「心」作文化的中心這一點，非常重要，我們當特別注意。天地生人，只生了人的身體，兩手空空，沒有帶來任何東西；人為了生存，要自己用心想辦法生活，餓了找東西吃，渴了找水喝，冷了找衣服穿，經過一段長時間，待身心完全成長之後，才算成人。諸位同學由小學而中學而大學，過去不知費了多少心思，經過若干奮鬥努力，才有今天，有的並準備將來再由學士而碩士而博士，付出更多的心力，深造自己，成為一個更完全的人，最後，各人將所得的各方面的如科學、藝術、宗教、道德、法律等等成就，貢獻給社會，促成人類社會更高的文化，這都是由於人之有「心」，這也就是人的最偉大處。

中國文化，是人文主義的文化，講人文精神，重點在道德，「心」又是道德的發源地，已如上面所講，下面我們來談一談人與人相處的道理。

人與人相處，古今中外，似乎人人各有一套，我覺得放之四海皆準，百世以俟聖人不惑的，是孔子的「忠恕」之道，和孟子所講的「愛」、「敬」，合起來講，也就是仁義道德的「仁」字。試想人人如果能夠凡事盡己，並推己及人，既能自愛，又能愛護別人；既知自重，又能敬重別人，彼此之間，還會有相處不好的道理嗎？忠、恕、愛、敬，發之於心，照常理來講，人人都應做到，天下應該太平，何以事實並不如此？天下老是大亂？那是由於好些人心有所蔽，心理變態所致。那些人心目中，只有自己，沒有別人，他們只會要求別人對自己忠、恕、愛、敬，不知道也應該忠、恕、愛、敬別人。他們實在應該多想想，社會上人與人的關係，都是相對的，絕不該自私自利。如果沒有夫，便不會有婦；沒有婦，也不會有夫。沒有父，既不會有子；沒有子，也不會有父。沒有老師，當然不會有學生；沒有學生，誰又能稱什麼老師？凡此種種，都可以說明，沒有別人，那會有自己呢？一人之所需，百工之所為備，世界上如果眞正只有一個自己，沒有了別人，那麼自己也別想活了。因此，任何人都應具有「仁民愛物」的精神，盡量服務別人，貢獻社會。

也許有人懷疑，如此人生勞碌一輩子，豈不是只做了社會上的一件工具而已？當然不，我們是人，論語說：「君子不器。」我們不作工具，也不只限於某一作用。易經繫辭裏有句話：「形而上者謂之道，形而下者謂之器。」我們作人，於形上形下，宜兼籌並顧。盡唱形上的高調固然不必；一味的妄自菲薄，只認自己是形而下者，也不應該。天地生人，有道有器，道與器就是心與身。世間事情，兼具形上形下二者。就以當教員來說，拿聘書薪水，養家活口，是形而下者，因為我們的五官四肢，變成了教學生讀書寫字，傳授學生知識，及自己家小謀生的工具。不過教學相長，我們也可因此研究學問，求得更多的知識，這應該屬於形而上的了。人的獨立意義與價值，就由此表現出來，否則我們與沒有受過文化陶冶的自然人與物，難於區別。所以我們人如果不能形而上，但知形而下，則表面雖不完全像工具，實際上已完全等於工具了。不知道的人，或以為由形而下變為形而上會很難，其實天下沒有比這更容易的事，因為形下形上完全由一個人的「存心」來決定，如以仁存心，以禮存心，便是君子，君子是形而上者。若是存心不良，存心刻薄，就全屬形而下的了。譬如父親渴了，要喝茶，兒子立即恭恭敬敬的端茶送到父親面前，請父親喝，兒子把握送茶的機會，在父親面前盡了作兒子對父親應盡的一番孝道，這當然是形而上者。如果兒子為父親送茶時，心不恭敬，甚至還對父親嘀咕著說：你自己就不會拿，一定要我給你送？則兒子雖也同樣送了茶，不過是送茶的工具，是形而下的了。由此可見形上形下，同一件事，同一個人，其分別只繫於人的一念之間。故講人文主義，講人文精神，全靠人的「存心」，我們應當存心忠恕，存心愛敬，要把別人當人看。凡屬人，都有他獨立的人格、價值與意義。我自己是人，別人也是人；丈夫是人，妻子是人；父母是人，兒女是人；老師是人，學生是人。講人文精神最重要的一句話是「不要把別人當工具，要把別人當人，當我自己同樣的人」。所謂「將心比心」，中國人講道義最高之處也就在此。

有些人雖也會把別人當人，但附有條件，如要同一教堂的人，才是和他們同樣的人，我們中國人講人文精神不當如此。說到這裏，我再聲明一句，我雖時刻提醒自己是中國人，我並不敢自我陶醉，說我們中國文化比外國好。事實上，今天西洋人的科學比我們進步。我們今天可說是處在眞空之中，如果不甘墮落，就要努力復興中國文化，要復興中國文化，就要講人文精神，要重道德，將心比心，把別人當人看，要承認自己是個中國人。為什麼還在「人」上加「中國」兩個字？因為中國人有中國人的特質，不可能變成外國人，我們的眼睛、鼻子、頭髮、皮膚都和外國人不同，我們的皮膚上沒有毛，外國人有毛，如果想偽裝外國人，怎麼辦？難道硬把毛揷上去不成？這還只是就「身」一方面來講，就「心」來講，中國人有中國人的思維方法，外國人有外國人的思維方法，彼此的想法，有時會相差得太多。我提這些，當然不是說要把外國人不當人，但我們亦不宜把外國人太當人看，而把中國人不當人，因為過與不及都不好。

今天這一席話的內容，雖是我多年來從好些書本上所看到，並且曾加思考過的，但其中難免有認識尚未透澈之處，沒有講清楚的地方，請原諒。

（一九六七年五月新天地第六卷第三期）

一〇 以文會友以友輔仁

——為人生雜誌創刊十年作

王貫之先生創辦人生雜誌轉瞬十年了，他要我特為人生十年寫一篇文章，大概他知道我很忙，怕我不能踐約，他特地替我指定了一題目，他大概亦知道我想把最近成稿的論語新解再作修訂，所以他指定的題目也挑在論語裏，他說：請你把論語「以文會友，以友輔仁」那一章的精義，再為發揮一番吧！

當然，他也並不專在替我打算，逼我要文章，那「以文會友，以友輔仁」這兩句，在他慘澹經營艱苦支持的人生十年中，我想他對此兩語，必然是常有會心的，所以他專一提出此兩句來，希望我對此兩句作發揮。

貫之是一位湛靜不愛多交際的人，而且他為了人生，也無暇有交際。此十年來的貫之，總是蜷伏在九龍難民地段的一間陋巷小室中埋頭照顧那人生。一年一年地讀者增多了，投稿人亦增多了，通訊討論的亦增多了。遠至臺灣、日本、菲律賓、新加坡、南洋各地，更遠至美國歐洲，只要有漢字流行的區域，有能讀漢文的人之所在，除卻我們的祖國大陸之外，幾乎隨處總可以找得到人生。只要讀過人生的，自然都知道這世上有一個王貫之。他們對貫之，有不少是心儀神交既深且久，而只是貫之不知道。也有些，和貫之函牘往返，討論殷切，年深日久地成為兩不相識的好朋友，這不恰是論語上所說的「以文會友」嗎？

那些人，對人生投稿，幫人生銷售，又且不斷有五十、一百、三百、五百的，匯兌些款項來貼補與人生。若使沒有這些外來援助，人生那能支撐這十年的長時期，這又不恰是論語上所說的「以友輔仁」嗎？

我想貫之特地提起論語上這兩語要我為人生十年寫文章，自然他對此兩語是深有體會而才向我提起的。但貫之借著人生來結交的朋友是多了，而貫之在此十年內始終其事慘澹創造，艱苦支撐，為人生而喫的苦，化的力，在我個人，比較上好算是知道的更親切，更詳盡。有一時期，我也在那難民地段住，和貫之家相距僅是五分鐘路程。貫之在此期間曾遷居了兩次，但仍是在我所居五分鐘路程內，所以我們兩家時相過從，貫之一家的生活，他們的實際人生，他們的物質人生，映在我眼裏，浸入我心裏的，卻並不曾在他那人生雜誌中透露。貫之好像一心一意地只把那「雜誌」的人生來補償他夫婦子女一家實際的人生之種種缺憾與貧乏。也可說，貫之是把他個人連他一家的實際人生所應有之種種打算與掙扎，全移交過來貢獻給那雜誌的人生了。貫之是賠著他個人及他一家的枯槁人生來儘量滋潤他理想中一心以之的雜誌人生了。

若我今天，想趁著此機會，來寫一些映在我眼裏浸入我心裏的貫之個人及其一家的實際人生，或許貫之心上不樂意，他是只想我為他那理想中的雜誌裏的人生寫文章的。讓我再掉轉話鋒來寫一些貫之心下所要我寫的話頭吧！

在貫之心中，是一心一意想把這一份雜誌來提倡傳統的東方人生，乃至理想的世界人生的。我在最近期內，獲得一機會，親身去到西方，目擊心存，和西方人生有了一段親切的接觸，讓我偶舉一端，偶拈一節，來向人生十年交卷吧！

有一晚，我和一位我所敬佩的西方史學家討論有關史學的問題，他應是知道我關於歷史的看法的，我一向認為歷史只是人事的記載，所以歷史該以人物為中心，沒有了人，那會有歷史呢？那位我所敬佩的先生，他和我談論到歷史意義，歷史方法等，我們兩人間，總算是態度意見很相近。在許多方面之交談之後，他忽然說：「治史學固當注重在人物，但人物的價值，不還是在其歷史中所表現的事業嗎？」他提起這一問題，提出得很輕鬆，但我明白，在這一問題的後面，我和他兩人間，可能存有很深的異見。而且這一異見，不僅是我和他兩人間之異見，亦可說是中西雙方一甚深的異見。我當時答覆他，說：「在中國人看法上，這裏有一些和你意見不同的，因中國人常想，人的價值是不盡在他所表現的事業的。」我們兩人當時，對各自意見各自加了一些分析之後，對此問題，即沒有繼續地深談，而又轉向另一問題了。我想他亦許知道，關於這一問題上之歧見，急切間是無法解決的，所以他只輕輕地提起便算了，這一點也是我對他所以深表敬佩之所在。

我常深深感到，西方人常常看重「事」更勝於看重「人」。他們似乎認為該是人生隸屬於事業的，不是事業隸屬於人生的。他們似乎不在想，這事業是屬於我和我們的，或是屬於他或他們的。他們似乎總在想，我或我們，他或他們，是屬於這事業的。這一想法，極重要，西方事業中有許多為東方所望塵莫及的，或許正在這一想法上。

我這一次去西方，自然接觸最多的是他們那邊的許多大學了。那些大學歷史之悠久，規模之宏大，常使我回想起朱熹的白鹿洞書院，陸九淵的象山精舍，乃至在我本鄉如顧憲成、高攀龍等所創始的東林書院等。在中國，其人存，則其政舉；其人亡，則其政息，一提到白鹿洞、象山乃及東林等，便使人聯想到朱、陸、高、顧諸先生。在中國人心中，似乎常常把事業隸屬歸人物了。但在西方，像英國之牛津劍橋，美國的哈佛耶魯等，誰創始了這些事業，誰支持了這些事業，又是誰擴大了這些事業的呢？似乎西方人並不在這些上太注意，太看重，而且也實在沒有像我們那般有朱、陸、高、顧一世大賢一世人豪來創始，來支持和擴大。中庸上說：「苟非至德，至道不凝焉。」那是千眞萬確的至理名言，不能否認的。但在西方，偌大事業，不隸屬在一二人之身，似乎這裏面也該有一個可稱之「德」存在吧！我想他們能把各自的人生來共同隸屬於一項事業之下，那是西方人的一種至德，我們正該虛心認取的。

說到這裏，我該回到本題，來說王貫之先生和他創辦的人生，那十年的人生了。我們提到人生，便會聯想到王貫之這人，但就我所知，貫之平日，從不在想人生那一份事業是他的，他常在想，把人生事業擴大，讓這一事業能擁有許多人，共同來支持它，和擴大它。今天的人生，已是十年了，但在貫之個人的全生命中，十年只是短短一時期。但我們得反過來想，人生短促，能到一百年的有幾個呢？但事業則無窮，若使這一份事業，始終隸屬在一個人之下，不能擁有許多人來共同參加此事業，那豈不是那一份事業的壽命便到底有限嗎？

因此我又想到，論語裏曾子的另一番話。曾子又說：「士不可以不弘毅，任重而道遠。仁以為己任，不亦重乎？死而後已，不亦遠乎？」曾子這一番話，是針對著一個一個人而發的。人生百年便得死，那一人肯負此重任直到他死期臨頭，他的毅力是再無可加了。但那仁道則不能隨著一人之死而便已的。在此上，我們便只能希望人來隸屬於此道，不能希望道來隸屬於此人的了。我想，以友輔仁之友，在這裏，不僅是友當世，而實該上友千古，下友千古才是呀！

但孔子不也說過嗎？孔子說：「人能弘道，非道弘人。」這又是一句千眞萬確的至理名言呀！我們只看見人來做出些事業，沒有看見事業來做出些人，我們也只能說由王貫之來創辦了人生，不該說由人生來創辦出一個王貫之，這不是十分明白嗎？

在這裏，我們似乎該將中西雙方的人生觀點和人生理想，配合起，取彼之長，補我之短，東西融會，才能眞實發揮出論語這一章曾子所說「以文會友、以友輔仁」這兩句話之終極的內涵深義來。

我想只把此短短一篇小文，向貫之來交卷，來紀念這人生十年，來謹向凡愛讀人生的許多環繞著貫之作中心的朋友們提出，好對論語此章作共同的參究。而我尤想，貫之自己提出這一題目來，他自己對此章必有甚深體悟，若能由他自己來寫一篇，必更為愛讀人生的朋友們所歡迎呀！

（一九六一年一月人生雜誌二四五期）

一一　青年戰士報創刊三十週年紀念祝辭

孟子曰：「天之將降大任於是人也，必先苦其心志，勞其筋骨，餓其體膚，空乏其身，行拂亂其所為，所以動心忍性，增益其所不能。」孟子此章指人言。其實家亦然，國亦然，天下亦然。中國乃一廣土眾民，緜延五千年一民族國家。舉世亦惟一中國，其他民族與其他國家，皆不能然。何以故？以中國人能擔負此大任。故中國五千年來亦非長治久安，有衰世，有亂世。然而能在衰世亂世中出人才。並其人才之高之大，則更勝於治世安世。如周平王東遷，已入衰世，有管仲出，九合諸侯，一匡天下。孔子曰：「微管仲，吾其披髮左衽矣。」求之西周盛世，如管仲者，殆少其匹。及後世益亂，而出孔子。其弟子稱之曰：「夫子賢於堯、舜遠矣」、「自生民以來未有夫子也。」中國之化成此民族，摶結其國家，兩千五百年以來則惟孔子負其大任。

此下中國全部歷史無不然。治安世、昇平世，固賴有人才。而衰亂世、危亡世，則更賴有人才輩出，遂得重返治平，重獲興盛。姑舉一二例言之。如宋高宗南渡，又已入衰世，然出有岳飛，後世崇為「武聖」，至今奉祀不絕。南宋之亡，又出有文天祥，作為正氣歌，天地正氣之猶得留存於中國之社會，則賴之。而其間又出有朱熹，注釋四書，替代五經，七八百年來人人誦習，在學術教育界其功乃上媲於孔子。故南宋在秦以下兩千年來，為中央政府之最弱最無能者，而所出人才則超漢唐而上之。又如明末，滿清入關，為中國歷史上一大衰亂時期。然大儒羣出，永為此下三百年國人所崇仰。顧炎武「天下興亡，匹夫有責」八字，更當懸為不朽名言，與中國文字並存。清季衰亂，乃有孫中山出現，其言論，其行事，其為人，亦當為中國此下永世一偉人。

其他民族，則不見有其例，姑舉歐洲言，希臘卽衰不復盛，亡不復興。今日之希臘，永不能如古代之希臘。羅馬亦然。果使有人才不斷繼起，當不致此。卽如現代英、法，疑亦當然。歷史相異，由於人才之相異。中西雙方人才不同，西方重對「物」對「事」；中國重對「人」對「心」。事物變，則人才亦隨而變；人與心不變，則人才亦相承而不變。姑舉農業、商業言，農業主在謀生，不僅謀己之生，亦以供人之生，此之謂對人。商業主在謀富，己之富，不免陷人於貧，此之謂對事，非對人。果對人，謀為生，則不僅老吾老幼吾幼，亦推而及於人之老與幼，此則有情感，故謂之對心。果對事，謀為富，則一切商品非為人之需求，乃為己之財富。製販者之心，乃在物上，非在人上；非情感，乃理智。不僅對人無情，抑亦對物無情，而精心製造，故謂之對物。

再言軍事。但求保衞，不求侵略，事過則放馬於野，解甲歸田。故發明火藥，則演而為爆竹與煙火。中國人言：「人惟求舊，物惟求新。」日新之物，當無傷其人之舊。豈如西方，物日新，而希臘、羅馬之人之舊，則不復見。不僅希臘、羅馬，卽繼起如英、法，其往日之人之舊，此下恐亦難復見。

故西方歷史無傳統，傳統惟在物。如雅典古物，並多寶藏於大英博物館是矣。卽羅馬之萬里長城，亦在英倫北部保其遺跡。歷史無傳統，斯卽人才無傳統。事物日新，人才亦日新。故國家民族之盛衰興亡，乃追隨於事物，不追隨於人才。換言之，卽往日之人才不再起，其國家民族自亦無再興復盛之望矣。

卽如電燈、自來水，此兩物今日之人不可一日無。但余幼年並不知此兩物，自得此兩物享用，亦僅生活方便，而今日之我，則依然是往日之舊我，不得謂我之已日變而日新。孔子遠生在兩千五百年前，又烏知所謂電燈與自來水。但我之生，焉得謂已遠勝於孔子。今日之人，依然是兩千五百年前之舊。卽孔子當時人，如魯哀公、季孫氏、陽貨，豈得謂今日人乃盡勝之。果使孔子復生，方其閉門授徒，求一欲見孔子之陽貨，恐亦不易。驟用孔子為大司寇者，乃季孫氏，孔子死，魯哀公誄之曰：「旻天不弔，不慭遺一老，俾屏余一人以在位，煢煢余在疚。」如魯哀公，今亦恐難驟覓。豈得謂今日人能批孔反孔，卽遠勝於當年。

「傳統」兩字，惟中國有之。因中國人重對心、重對人。心與心、人與人，乃有其傳統。如父慈子孝，孔子前兩千五百年已有之，孔子後兩千五百年仍有之。幼吾幼以及人之幼，老吾老以及人之老。但今日則風氣變，人心變。幼小可送托兒所，老弱可送老人院。一家之內，可以無幼無老，但不能無電燈、自來水。新則新矣，若謂是人之進步，則宜猶待商榷。

最近聞有人言，西方人言自由，而信耶教原始罪惡之說，滿身罪惡，自知警戒。中國無宗教信仰，僅言自由，則恐無限度。此亦比較中西雙方文化言。不能有人權，無信仰，則其心放肆，惟我是尊，可謂言之有理。但中國人雖無西方宗教信仰，亦知有罪惡感，並有過失感。孔子教顏淵「克己復禮為仁」，而曰：「非禮勿視，非禮勿聽，非禮勿言，非禮勿動。」中國自古有「禮教」，斯遠罪惡，亦少過失。古人又言之曰：「禮不下庶人，刑不上大夫。」庶人不能盡遵禮教，斯易近罪惡，則禁以刑。大夫知禮教，則可少過失，而免於刑。孔子稱顏回好學，曰：「不遷怒，不貳過。」是其善改過。子路有聞，未之能行，唯恐有聞，斯其勇遷善。蘧伯玉使人於孔子，孔子問：「夫子何為？」對曰：「夫子欲寡其過而未能。」孔子曰：「使乎使乎！」讚歎之情溢乎辭。朱子編近思錄共十四目，而「改過」兩字獨再見於兩目。中國人重對心，重對人，故特重改過。自改己過，此乃人之最大自由，只憑己心，不煩他力，則禮治已足，何待法治。

西方科學哲學，皆主探求事物眞理，於人間過失罪惡，非所厝心。卽如發明原子彈，亦屬自然眞理，不顧人文罪惡。文學如小說戲劇，皆主虛構一事，離奇曲折，緊張刺激，務求出人意外，不求入人心中。宗教言罪惡，則屬天堂上帝方面事，不屬世間愷撒方面事。卽如行刺一國大總統，亦認是神經失常，可宣判無罪。中西文化相異，甚難覼縷一一作比。

然中國文化亦自有缺點。不求富，不求強，則較之資本主義與帝國主義，每易見為貧弱。俗言：「秀才遇著兵，有理說不清。」以貧弱遇富強，亦何理可說。然自中國人言之，此則正是天降大任之時也。孔子曰：「足食足兵，民信之矣。」必不得已，則去兵。再不得已，則去食。「自古皆有死，民無信不立」。人之立己，則必自信其心。羣之立國，則必人與人相信。「遯世無悶」，「獨立不懼」，此己之自信其心也。「為人謀而不忠，與朋友交而不信」，此人與人之所以得互信也。重於事，重於物，輕於心，輕於人，則立己在財富，立國在軍力矣。

今日世界強大，首推美國。然美國非擁有大量核子武器，則何以自信，又何以信於人？次於美國，為蘇聯。美國不信蘇聯，蘇聯亦不信美國，乃各競造原子彈核武器，惟能殺人，乃得人信。然求以原子彈核武器立國，又豈可以原子彈核武器立天下之羣生？但羣生捨此，亦無以立。此亦所謂西方文化一傳統。故希臘羅馬以後，有近代之英法。英法以後，有當前之美蘇。美蘇以後，則有太空飛行。人類當於此地球外，另創新國，另闢前途。今日西方之長才大智，已有用心於此者。風氣變，即人心變，而人才亦隨而變，此又一證矣。

中國傳統重對心對人，一旦變其故常，欲一轉而對事對物，然為時短暫，勢亦無積。美國富強，至少已積兩百年。帝俄東侵，亦遠在三百年前，非可驟致。求其易，求其起步，乃使各個人先求發財做官，重權利而好爭，人才乃由此始。近百年國家之動亂，斯亦事理所宜有也。惟慣於安定，憚於動亂，四五千年之心習，則終有難以驟變者。

中山先生之三民主義，其首曰「民族主義」。中國民族主在求安定，不在求富強，此讀中國五千年歷史而可知。故惟中國民族能獲四五千年以來之安定，而其他民族則莫之能。何以得安得定？曰：「惟在其人之有信。」夫婦相信，斯夫婦之間得安定。父子相信，斯父子之間得安定。人與人相信，而國治。國與國相信，而天下平。其主要則在「心」，不在物。在「人」，不在事。

吾政府遷臺以來，亦已三十餘年，局促臺、澎、金、馬四島之上，人口不到兩千萬。而國際形勢之變，則月異而歲不同。抑且瞬息之間，即可醞釀有大變。故與人爭富強，不如在己求安定。西方歷史之精采，正在其每一時期之富強。而中國歷史之精采，則更在其長時期之安定。政治動亂於上，而社會仍能安定於下。社會動亂於下，而仍能有不少人才，遯世無悶，獨立不懼，以求一心之安定，以保持其國家民族文化生命之一脈，使不斷地挽回生機，以重躋斯世於安定。治春秋者，有大同世、小康世、撥亂世之分。今日國人競慕西化，求變求新，曰富曰強。實則中國歷史之精采，則正在其常有撥亂世以重返於安定，而豈惟務富強之所能及。如人遇病，當知療養。儻依然仍效健康生活，專事奮鬥向前，則無怪其病之日深，而終於不可治矣。故中國民族文化之最長處，不在其能無亂，乃在其亂而能撥以重返之治。此則今日國人讀史所當潛心研玩之一端也。

青年戰士報今年雙十乃其創刊三十年之紀念日。此三十年來，青年戰士為吾國家社會獲得安定之一分力量，此已有口皆碑，無可置疑。繼自今，舉世動亂，國家阢隉，恐非短時期所能結束。惟我青年戰士如何善保此一分力量，以維持此安定，而終使吾國家民族重撥亂以返正，以重躋於康樂之一境，此則正貴有長才大智者之出而斡旋此氣運。一部二十五史，吾民族五千年來正不斷有此先例，非自我而始也。中國人之長處不僅在能相互有信，更要者，在能信古人，又能信後人。孔子曰：「後生可畏，焉知來者之不如今。」當前吾青年戰士，自古人言之，則正為後生。使吾國人能自居為後生，勿輕蔑吾國家民族四五千年來之先輩而自居為吾國家民族之創造人，卽此一心，則庶乎近之矣。若必重物輕人，惟西方富強之是期，而鄙斥吾國家民族長期安定之大任，謂之守舊，謂之落後，再不以吾民族傳統之青年後生自居，則其可畏當遠出於孔子之所畏，亦恐非吾民族積四五千年來之前賢往聖之所期所畏矣。幸吾青年戰士能善體此意而勿失。敬以此為青年戰士報創刊三十週年紀念之祝辭。

（一九八二年雙十節青年戰士報特刊）

一二　抗戰文學研討會講辭

中國學術向分經、史、子、集為四部，古詩三百首為中國第一部經書，實乃中國最古第一部文學書。詩分賦、比、興三部分，賦為首，卽直敍其事。亦可謂中國文學自始乃以寫實為主的。三千年前，中國民族上自天子下迄庶民之故事，幾乎盡在詩中。

史更為中國記人記事文學之主要者，茲不詳論。

子部則多涉議論思辯方面，九流外有小說家，其實乃古之稗官野史，亦屬記人記事之文學。

集部為文學之主，最重記人事，讀古今集部自知，亦不待詳論。然則中國文學卽集部，實乃亦經亦史，亦包含子學之一部分。

四部之學主分而實重合，主合而仍可分。故凡治中國文學，仍當分治經、史、子三部，而會通和合之，乃得成為一家言。

中國之集部始自屈原離騷，卽楚辭，乃中國賦體之起源。戰國時中國第一篇散文文學為樂毅報燕惠王書。大抵中國韻文散文文學之祖，於戰國時已全備，不論韻文散文，皆以直接記載人心人事為之主。上自昭明文選，下迄清代桐城派、湘鄉派古文諸選皆是。中國文學史發展，大體讀昭明文選及姚、曾兩家選即知。

此外白話文興起，自元代迄於清末，自水滸傳下迄紅樓夢，亦可謂體裁完備，遠有師承。

近代國事，除洪、楊亂外，惟最近之對日抗戰，可謂歷時最久，占地最廣，為中國主要一大禍變，亦即中國主要一文學場地。惜乎迄今五十年，對此一役，一切文學傳記，始終未能會合潤飾，成一深厚明備之彙編。此實吾人至今一大憾事，不得不深自警惕者。

此實不為文言白話之爭，乃中西文學異同之爭。近代國人，忽視了具體寫實之傳統體裁，此實今日吾人所應警惕糾正者。

如何善自發揚光大吾以往傳統，如何彙集此具體史料？此實吾人繼今所當益自努力完成之工作，亦為當前國人無上想望之所在矣。

今天為「七七」對日抗戰五十周年紀念舉辦「抗戰文學研討會」，主辦單位要我來此約略申述幾句意見。我向不懂文學，謙辭不獲，敬陳鄙意恭請諸位預會先生之指教與原諒。

（一九八七年七月文工會邀請講話）

第三編

一 我們如何來慶祝雙十節

「雙十節」是我們民國的國慶日，逢到這一日子，凡我民國之國民，都必同深慶祝。此刻又逢民國第四十一年的雙十節，已見有許多人寫文章來表示慶祝了。我在這一篇短短的文章裏，卻想提出一點意見來，貢獻於我們青年學生的面前。

我想，我們在慶祝我們民國國慶的佳節和盛典中，我們該慶祝我們自己，慶祝我們能生為民國之國民，能長在中國土，成為中國人。簡言之，我們慶祝雙十節，同時該慶祝我們是一個中國人。

若使做一個中國人，你覺得是可憐、可恥。試問聚集那些可憐人、可恥人，來組織成一個國家，又有什麼可慶呢？人人可憐可恥，沒光榮、沒前途，試問我們的國家，如何不會也連帶可憐可恥，而卻會有光榮，有前途呢？

然而毋庸我們諱言，這幾十年來的中國人，確像時時在感得自己可憐可恥，沒光榮，沒前途，好像不幸而生為中國人似的。試問懷抱這樣心情的人，如何配有資格來慶祝我們的雙十？

所以我們要慶祝雙十，絕對該慶祝我們自己，能生為一中國人。正因為生為中國人可慶，所以我們的國家也可慶。

生為中國人，有何該慶祝之處呢？因為中國是世界上最有光榮的國家之一。何以故？因中國有其傳統悠久的歷史文化。而中國的歷史文化，不僅對其本國有價值，抑且對全世界人類有價值。尤其對目前世界之最近將來，急待宣揚和平眞理與人生大道，中國傳統文化在此一方面，該有它的大貢獻。這該是我們中國人的責任。我們能生為中國人，來向全世界人類擔負起這一大責任，這是生為中國人之第一可慶處。

我們不僅是生而為中國人，抑且生而為現時代的中國人。現時代的中國，大家知道，正在蒙受最大的災禍與困難。現時代中國的種種災禍與困難，怎樣來的呢？這當然有種種原因，而現時代的中國人，忽忘了自己祖國的文化歷史傳統，昧失了自己祖國文化歷史傳統中所涵蘊的種種眞理與種種力量，這該是一最要的原因。我們生為現時代的中國人，該如何來發揚自己祖國文化，如何來培養求能適應現時代需要的祖國文化之新生機，如何來創建新中國的新文化，這一責任，恰恰落在我們現時代中國人的肩膀上。現時代的中國人，有如此般一個光榮而偉大的責任，這不值得我們自己慶祝嗎？

正因為我們國家有其長久傳統的優良文化，所以當前雖蒙受種種災禍與困難，而仍有其可慶之前途。正因為我們有這樣一個偉大的責任，所以我們也有其前途之光榮。今試問我們又如何擔負得起這一責任呢？這該讓我們祖國這一文化傳統中所涵蘊之種種眞理與種種力量來替我們作擔保。我們祖國這一文化傳統中所涵蘊之種種眞理與力量，已經維持了我們國家四千年的生命，已經渡過了四千年來我們國家所經歷到的種種災禍與困難，它已經有了四千年的長期信用，還不夠替我們來作擔保麼？

然而，雖有這一歷史文化之優良傳統，來擔保我們的前途，而如何拯救我們的祖國來脫離當前的災禍與解決當前的困難，則仍待我們這一代的中國人來自己努力。孔子說：「後生可畏，焉知來者之不如今也？」我請現代的中國人，大家來念誦這一句名言。這是中國在二千五百年前一位大聖人對人生眞理之預言，這是人生一絕大眞理。教我們千萬不要輕易忽略後一代，不要輕易忽略年輕人。教我們千萬不要認為我自己做不成的事，別人也一樣做不成。教我們千萬不要認為我們這一代做不成的事，下一代也便一樣做不成。

縱使我們自己認為生為中國人，可憐可恥，沒光榮，沒前途。但中國人並不就此完了，中國人還有後生，還有下一代。請大家記取孔子那句話，大家該知道下一代的中國人，不一定還是可恥可憐，而應該是可敬可畏。請問你憑那一條眞理來斷然決定下一代的中國人就決不比這一代的中國人強呢？你如何知道兒子絕對不會勝過父親呢？你儘管自己看不起自己，你不該連帶看不起你的後生，你的下一代。若使下一代的中國，後生中國，還有其可敬可畏，還有其光榮與前途，你又如何斷然決定中國已往四千年文化歷史之長期傳統，便該在你手裏短命呢？

我們要慶祝國慶，我們至少該慶祝我們的後生，慶祝我們年輕一代的中國人。國家命運之開展，便開展在後生之一代。歷史文化之發揚，便發揚在後生之一代。因此我在民國多災多難的第四十一年的雙十紀念日，要鄭重提起孔子那句話，來慶祝我們中國人之後生的一代，即當前的青年學生。

孟子也說：「天之將降大任於是人也，必先苦其心志，勞其筋骨，餓其體膚，困乏其身，行拂亂其所為，所以動心忍性，增益其所不能。」四十年來的中國人，天意是常託付他們以絕大責任的，但他們餓了、勞了、窮了、亂了，只感得自己無能，自己可恥可憐，卻把責任卸了，還追究到自己祖宗，痛罵了自己祖國四千年的歷史文化，又一筆抹撥了後一代的中國人。好像一做中國人，便無面目正視世界人類。所以才想把祖國文化傳統，連根斬斷，把中國人全造成非中國人，那還有什麼國慶可言？今天的中國共產黨，便決不敢來慶祝雙十，因雙十節，是中國人開始在創造新中國。他們的意見，是中國人必得信仰了馬列主義，必得認史太林為自己的爸爸，才始有其存在之地位。這不是中國人存在，而是馬列主義與史太林爸爸之存在呀！

因此我們要慶祝國慶，我們絕對該慶祝我們自己之生而為中國人。若你不願慶祝你自己之得為一中國人，你絕對該慶祝中國的後生們還可像樣地做個中國人。若你連此都不情願，我勸你信仰馬列主義與承認史太林爸爸。

民國的後生們呀！民國的年輕學生們呀！你們該如何來慶祝此第四十一年的民國在此多災多難的

時期中之雙十的盛典和佳節呢？

（一九五二年十月香港中國學生週報十二期）

二　雙十獻言

——一九五二年

今天又是一九五二年的雙十節，際此國家民族創巨痛深，困苦艱險的時代，我們不想空洞作頌禱，願借此懇訴一些我們的期望。

首先是期望於政府的：

今天在臺灣的國民政府，乃全國人民共同擁戴的惟一政府，這不僅臺灣八百萬居民如此想，海外各地僑民乃及大批大陸的流亡人如此想。即是封閉在大陸鐵幕內的絕大多數的中國人也何嘗不如此想。這幾年來，國民政府茹苦含辛，努力改進的成績，也與人民以共見。但我們總不能不希望國民政府有其更理想更遠大的進步。國民政府雖是全國共戴的政府，但同時也是國民黨一黨主持組織的政府。這固然是依據憲法，經大多數民意所贊同。但此刻局面變了，我們希望於政府的，卻先須希望於國民黨。如是則全國人心對政府之擁戴，雖是直接的，無條件的，而我們之所希望於政府者，則不得不成為一種間接的，有條件的。即先須希望了國民黨之改進，才能再希望到政府之改進。抑且必先擁護國民黨，成為擁護政府之一種事實條件。這一層，在大多數國民心裏，成為一問題。我們所懇切於希望政府者，在能深切瞭解這一心理，而使政府能眞實改進，眞實成為一個使全國民眾可以無條件的直接擁護的政府。

其次是希望於國民黨的：

國民黨在中華民國創建史上之已往成績，乃及孫中山先生三民主義之博大精深，並至於最近期間國民黨本身內部之一切改進，這些我們此刻都不用提。此刻我們只想對國民黨進一忠告。希望國民黨把當前任務和將來職責分開打算。當前的任務是團結全國民心民力完成反共復國之大業，這一層該盡量聯合各黨各派乃及無黨無派之社會人士共同完成之。可不必由國民黨一黨來負擔。將來重返大陸，依照辛亥革命以來之建國精神，依照現行國家憲法，依照世界民主大潮流，新中國不能無政黨，每一政黨仍可由其獲得國民大多數之同意而出來組織政府，掌握政權，這是將來事。國民黨在此非常時間，如何把黨的本身，組織得更健全；如何把中山先生的三民主義，研究發揮得更深切，更完備，更鮮明；如何來繼續它在辛亥革命前後一段光輝燦爛的歷史，這些只有希望國民黨自身，單獨努力。趁此時期，為將來重返大陸之後，再顯身手，奠定一基礎。我們誠懇希望國民黨不要在當前階段，把上述兩重責任一並肩挑。太喫重的擔子，會妨害其前進之迅速的。

其三是希望於國民黨以外之各黨各派的：

固然，依照民主政治的常軌，一個政府黨之外，應該有在野黨，有政府之反對黨。但今天，我們更重要的在反共，不在反政府。自由民主，是我們理想上的希冀，反共復國，是我們事實上的職責。我們懇切希望，國民黨以外的各黨各派，同樣也各自注意其本身內部之組織，各自注意其所為組黨之主義與宗旨，要各自注意於各黨派之將來。暫時則希望他們不再要拘泥政黨成見，不再要算舊賬，能一變其站在外面下面來督責政府之素態，能積極地，在任何各部門各方面，各盡所能來參加政府，來忠誠與政府合作。來共同完成此反共復國之當前任務。

其四是希望於各黨各派之各階層人士的：

有些時候，政治事業並不是全國人民所要盡人參加或盡人注意的事業。但在某些時候卻不然。今天我們惟一出路，盡期待在反共復國上，要求反共復國，不得不儘先注意到政治。再不該高蹈，再不該遠颺，再不該潔身自好，退避一旁，應該在輿論上來促成政府之大改進，促成國民之大團結。應該在各種方便上來調解融和已往各黨派間之隔閡與距離。應該由擁護政府進一步來協助政府向此目標而邁進。

以上四點期望，都是卑之無甚高論。但真實進行，卻總不免有許多障礙，許多曲折。上述四方面的步調，也總不免或先或後，或急或遲，儘可有許多參差不齊的現象。但任何一方面發動，總會牽連影響到其他方面。只要該做的，我們總得做。這是當前的民意所嚮。誰違背這一時期的民意，誰就該受民意之責罰。民意恢恢，疏而不漏，識時務者為俊傑，大家該把自己良心與勇氣，智慧與熱忱拿出來，貢獻於此大時代。中華民國是決然有其前途的。今天且看誰一方面誰一些人，來導其先路。

這一篇短短的小文，雖由一人所執筆，但敢相信，這裏面卻代表了絕大多數當前的民意。

（一九五二年十月民主評論三卷二十一期）

三　希望和反省

——一九五三年雙十節獻辭

我們該抱最好的希望，但我們也該作最壞的準備。茲逢一九五三年的雙十，自由中國各階層國民的心裏，禁不住又會浮現起一種應有的希望來。但就今年的雙十論，不僅在感情上，我們該有所希望。在理智上，我們也可有所希望。但我們的準備呢？而且既許我們有最好的希望，也該我們有最好的準備。

我們當前所希望，首先自然是重回大陸，再見統一了。但我們若果重回大陸，再見統一了，我們該如何？在我們這慶祝佳節歡欣鼓舞的心情下，正不妨來談一談我們所應有的最好的準備！

我們下面所想說的話，將不是專一針對某一部分人，而是針對著自由中國之各階層人士，而我們卻不免要分別出幾個方面，來作各別的期望，來請求作各別的反省。

我們的談話，將分別出下列之諸方面：

一、不論在朝在野，有黨無黨，凡屬負有實際政治責任，乃及熱心有志政治活動者。

二、站在教育、學術、思想、言論、文化界各崗位的一應智識人士與文化工作者。

三、農、工、商實業界人士。

四、流亡者、失業者、在目前生活上無依靠無歸宿的大羣。

五、關於青年界，我們將特別提出單作一個談話的對象。

讓我們首先對第一方面說幾句話。政治並沒有很多的技巧，得民者昌，失民者亡。民心是政治惟一的對象，民意是政權惟一的基本。無論古今中外，民主也好，專制也好，極權也好，各色各樣的政治，逃不出此惟一的眞理與通則。

如何獲得民心，這也很簡單。「民之所好好之，民之所惡惡之」。只有這一條眞理，只有這一個原則。不論古今中外，民主也好，專制也好，極權也好，凡屬在政治上活動的人，他們幾乎全懂得掛起這一塊招牌，利用這一句口號，他們都說在尊重民意，順從民心的。但其間有眞有假，有深有淺，成的敗的，史跡昭彰，歷歷然不爽。民國四十二年來的中國政治，所以始終走不上軌道，沒有能穩定，正為沒有能眞切認識這眞理，沒有能誠懇服膺這原則。

我們如何來作這準備呢？臺灣豈不擺定有八百萬人民？海外各埠豈不擺定有幾千萬人民？縱使我們暫不回大陸，也該認識這眞理，也該服膺這原則。吾道一以貫之，最壞的準備，同時即是最好的準備。而且不僅負政治實責者該懂得這一點，凡屬有志政治活動者，同樣都該懂得這一點。黨派有對立，政見有分歧。但人民的眼睛是雪亮的，民心之向背，民意之從違，另有其共同的趨向。惟有把握到這一點，才有所謂國是與大團結。大家千萬不要只注意政治的對方，而忽略了政治的底層。我們願借此雙十大典，再提出這一番人人共知而且人人共說的唯一眞理與唯一原則來請第一方面人士之反省。

其次，讓我們對第二方面說幾句話。教育界，學術界，言論界，思想界，文化界，這和政治界有不同。他們才是眞負著整個社會領導的責任，這該有深思與遠慮，該能特立而獨行。並不是人云亦云所能盡其職。又不是急功近利所能限其程。民國四十二年來的中國學術思想，教育文化這一方面，讓我們老實說，實在少一批獨立不懼遁世無悶的志士，肯為國家民族作百年久遠的深思，作眞知灼見的獨行。不追隨虛譽，不憧憬實利，犧牲著小己之可有名位，而眞為國家民族作創新文化的一塊奠基石。老實說，若論當前的責任，則這一方面的責任，至少並不輕於上述之第一方面者。我們並不在希望學術思想界方面有同一的內容，同一的意見，卻不能不希望他們有同一的態度，與同一的精神。

我們如何來作這一準備呢？造次必於是，顛沛必於是，今天的自由中國，豈不一樣有學校，一樣有出版界，一樣可以有討論與著作，一樣可以有思想與研究？吾道一以貫之，這一準備，並不要待最好希望之來才開始。若我們今天沒有這自信，難道回到大陸，便可有了這一種自信嗎？若我們今天沒有這準備，難道一旦重回大陸，便可免卻從頭再作此準備嗎？

文化新生的種子在那裏，教育精神的核心在那裏，一切的一切，說到這一方面的千頭萬緒，深微博大，當知並不是「自由民主」四個字所能包括完了的，肩上政治擔子的人是熱鬧的，但這一方面卻是寂寞而冷落。在這寂寞而冷落的長途上，把一擔沉重艱巨的擔子，來交付與一輩無名無利無權無位者的肩背上，而他們卻又是責無旁貸的。今天這一批流亡的智識分子與文化工作者，他們的生活實況，已值得我們深切的同情了。但我們仍不免要提出上述呼籲來請他們作更深的反省。

其三，說到農工商實業界，古語說：「皮之不存，毛將焉附。」公益同時卽私利，國事無異卽家事。今天大陸三反五反鬥爭清算的那一陣大風暴，豈止是給我們以當頭之棒喝？當知自私自了，決不是辦法。逃亡躲避，決不是久計。今天是大家激發天良的時候，難道所謂小資產階級者眞有他們一種不可救贖的罪惡嗎？但難道朱門酒肉臭路有凍死骨，僅是古詩人筆下的過分渲染嗎？我們想，在這一方面，最低限度，至少我們在心理上該有一準備。

我們該如何準備呢？當知政治側重民眾之自由，社會側重共同之福利，道並行而不相悖，而且其事相得而益彰。我們願懇切忠告今天在鐵幕外倖免的一輩尚算擁有一些資本之私人企業家，乃及凡能自食其力，得維一己一家溫飽的大眾們，大家都該深切地體認當前時代的教訓，來鼓舞起我們先賢所倡民胞物與的大教訓，來共同激發我們悲天憫人的大願力。自由平等是政治上的話，博愛同情是社會上的事。我們這第三方面的人，不是常說他們是不願多預聞政治，而只從事於社會的事業嗎？我們願深切的提醒這一方面，該先作一良心的反省。這事很簡單，一轉念之間，天堂地獄，光明黑暗，死生悲歡，即此而分界。於此有關的種種詳情與細節，我們不想再多說。讓我們各自反省吧！

其四，我們將對流亡者、失業者、衣食無著、風雨無庇的一輩同胞們，即如在香港調景嶺的一輩難胞們，來說幾句話。但我們在此方面，除卻同情，除卻內慚，除卻良心負疚，除卻神明難安之外，更有什麼話可說呢？我們只有希望有權力、有地位、有資產、有辦法的人，多多注意到這一面。將來回大陸，在此四年水深火熱之中，大陸上這情形將更甚。我們不是說要打開鐵幕拯救他們嗎？則何不先從眼前的近處做起呢？

但話雖如此說，貧賤憂戚，玉汝於成，富貴安樂，轉取其咎，這也是天道，是人生。從來國家民族休戚存亡的大任，向不託付於權力與地位、財富與安逸，而是託付於人格與志氣、磨礪與挫折。在這一方面，今天似乎已眞做了他們最壞的準備了。但同時我們卻該說：這才是我們大家該有的一種最好的準備呀！不怨天，不尤人。我不入地獄，誰入地獄？孟子「天將降大任於是人」的一節話，讓我們大家時時念誦，來引起我們對這一方面的反省吧！

最後，我們將更以萬分衷忱，萬分摯意，來向自由中國的青年界說幾句話。中華民族，至少已有四千年以上光明偉大的歷史，中華民國的雙十紀念，則從頭到今，只是第四十二個年頭，那僅是百分之一不到的時間。當前的種種患難災禍，無論如何壓迫打擊著我們，但中華民族決有其前途，歷史文化存亡絕續之交在今天，縱使我們應有的希望會拖延，會後移，但這一責任，必然已經落在這一代青年的肩膀上。這眞所謂任重而道遠。這樣的大時代，這樣的大意義，今天我們的青年們，正在作如何的準備呢？

我們說到這裏，一時感到有許多話想說，但同時又感到無一話可說。讓我們祝福這一代的青年們，大家擴著心胸沉著氣，來面對這時代，來深入這時代，來深深領略我們上述提供於各界的希望與反省。我們深盼這一代的青年們大家警惕著，縱使這時代一切，不夠做青年們榜樣，也夠作青年們的教訓了。

我們敬謹以上述的心情，來為雙十節慶賀，同時為自由中國各界人士共同慶祝此莊嚴的節日者，舉出這一些應有的希望和反省。也只有向前的希望，向後的反省，才是我們對當前最好的慶祝。

（一九五三年十月香港民主評論四卷二十期）

四　風目心

——一九五四年開歲獻辭

這是我們一九五四年的元旦，因於天地之回春，禁不住會引起我們對於當前人類文化新生，乃及我們國家民族前途之希望。

世界的局勢，是如此般的沉悶而緊張。殘忍與陰謀，衝突與鬥爭，到處普遍地猖獗。我們國家和民族的前途，又是如此般的黯澹而悲愴。多災多難的民國，終於陷入了鐵幕，喪心偏激的一面倒，高攀著馬、恩、列、史、毛的新聖統，不惜把國家民族之存亡絕續來作孤注之一擲。

無論是世界，無論是我們的國家和民族，當前的新生希望，究竟在那裏？

然而天地不老，時時在回春，人心不死，也會時時得新生，其最先生機，便在人之心。「人心」的新生，其最先生機，卻在某幾人乃至某一人之心。

只有人類的那顆心，在天地萬物中，算得是至靈至明而莫之能遏塞，又是至大至剛而莫之能搖撼。而人類的生命，主宰著的顯然只是他自己那顆心。所以人之新生，其最先的萌茁，也便在他胸坎底裏那靈機之一動。人心動處，幾微而不可知，深藏而不可覩。然而漸生漸長，此心一立，卻有它神祕的感召。一而十，十而百，百而千而萬而億而兆。一人之心，感召了十百千萬億兆人之心。此心越出了此身之軀殼，在人身外面，融化渾成為一大心。此一大心，終於會瀰漫了宇宙，宰制了萬物，驚天地而泣鬼神。到那時，人類始踴躍歡呼，說我們的文化新生在眼前了。然而其機鍵，其萌芽，最始卻只隱藏在某一人乃或某幾人的胸膛裏。連那一人或幾人者，他自己也不自知。

中國北宋大儒程明道先生說：「莫以天地萬物來擾己，己立後，自能了當得天地與萬物。」今且問：這「己」又如何立？「立」便是立的己之心。天地無心，以人之心為心。人之心，開竅在每一人之心。只要某一人立起了他的心，其勢將會逐漸變成一「大心」，由一人之心引生了人人之「公心」。人人之公心，便不啻是天地的心。所以立己心，便也不啻是為天地立了心。

今試再問：此心又如何立？讓我們且看天地，看萬物，秋風肅殺，乃至寒冬臘盡，嚴冰大雪，把萬物舊的一套的生命都摧藏了。新生機則深深掩埋在地下。終於由是而得新生。在中國的大易裏曾說：「貞下起元，冬至一陽生，復其見天地之心乎。」同一個道理，人心之新生，必然會在人類的舊文化，也如萬物般，經過了春生夏長，爛漫旺盛，生機全洩，於是熬歷秋冬，摧枯拉朽，收斂凝聚，而一粒粒的新種，卻從舊生命裏掉出，埋落泥土，又耐過一段潛伏期，而終於大地回春，新生命又復活了。人類的文化新生也如此。此刻的世界，真已到了摧枯拉朽的時令。此刻的中華民國和民族的前途，也正到了臘盡歲尾的當口。然而人心不死，則以下的新生，終於會來到。我們該讓這一粒粒新種，埋落在僻地，莫要給牛羊踐踏了。莫要叫車馬蹂躪了。莫要被閒人閒手折損了。讓它默默地，悠悠地，靜悄悄，冷清清，像是柔軟無力地，而終於這樣地生長了。只待春風一到，這些便是大地的新生命。

我們戰國時的大哲人莊周曾有一段話，他話：「夔憐蚿，蚿憐蛇，蛇憐風，風憐目，目憐心。」這是他指點化機的密語。上一半，由他自己說破了。下一半，卻似他怕洩漏風光沒有說。這因為，天地的生機端在風，風之為物，無微而不至，無孔而不入。春風一拂，萬物皆春。只有風纔能吹送了春意。然而風之本身卻不是春，僅由風而醞釀了，鼓盪了，傳播了，此萬物有生之春。心之在人，其用正如風。而心之本身卻同時是人之春，又卻是天地之春呀！所以眞能不擇四時而與物為春者，卻便是人之心。

人心之動如風，心與心相拂，心與心相感，便形成了人間的風。此人間的風，即所謂「世風」。世風所披，何人不靡？天地之風起於青蘋之末，而世風則生起在某一人乃或幾人之胸坎之深處。萬物春意，借著天地間的幾番風信來醞釀，來鼓盪，來播送。人之心，則借助於人之目。只要人開著他兩眼，便能直見到別人的心。心，風波也。心之起風波處，便起於人之目。風送不透人之心，於是風不能不生憐於目了。因此，只有於人天眼目見人天之心。也只有從人天之心來主宰著人與天。讓我們張開雙眼來觀察我們的人心，來轉移我們的氣運，來迎接我們的新生吧！

天地之生機端在風，人文之化成端在心。天地像是惟恐這大自然的生機，終於會停滯了，窒塞了，於是遂陣陣地起風。天地又像在恐怕我們人類的文化，也終於會枯渴，會僵化，於是在人人的胸坎底裏替我們都安放了一顆心。這為什麼呢？因要生遍萬物，這不是件容易的事。而要凋盡萬物，同樣不是件容易事。而萬物不凋則不生，凋不盡則生不遍。於是乎需有風。風之一鼓盪，萬物從凋盡中又生遍了。

然則人類既有了這一顆心，這雙眼，又何患乎人文所化之像會凋而且盡呢？而且此一心，其機括早放在人人的胸坎裏。人之在世，好若微末不足道，正如江湖滿地一青蘋。然而風，正起在此青蘋之末梢，它起先是那樣地微弱，又是那樣地輕柔呀！然而正因其輕，所以纔易舉。正因其微，所以纔易入！正因其輕而微，遂成其強且大。人心之輕微也如此。一人之心之輕微，正可形成千萬億兆人之心之強而大。而若說天地有安排，正安排在此輕微處。若說天地有計畫，也正計畫在此輕微處。若使我們要發動，也請在此輕微處發動。若使我們要作為，也請就此輕微處作為吧！

若使你不信我如上所說，則請你張開雙目，曠觀天地與萬物，所謂造化生機，是不是如此這般地在化化而生生呢？再請你張開雙目，縱覽古今人類文化史乘之演變，是不是如此這般地在起起而落落呢？仍請你張開雙目，一看你本身之當前與四圍，是不是在你我相互之間，目擊而心存，由你的眼裏透進了人之心。由人的眼裏，透進了你的心的呢？

世局之演變，我們國家民族之前途，豈不盡在我們的眼裏？豈不盡在我們的心裏？若不然，我且試問：既不在我們眼裏，又不在我們心裏，難道會別有遁躲嗎？此處信不及，則一切無可說。

讓我們張開眼，讓我們立定心。萬事俱備，所欠是東風。東風一起，豈不是萬紫千紅，轉瞬俱在嗎？理則有此理，事也有此事。謹於這一九五四年的元旦歲首，拈出此一義。讓我們大家各自來立下此一心，讓我們大家各自來張開此雙目，讓我們大家共同鼓起這一陣風。到這時，你始信，天地玄機，只在你我之方寸間。否則的話，天地只如一大死塊，試問又有誰，能從那裏轉得動它？若天地終於轉不動，則試問舊年已盡，如何又會來新年？

（一九五四年一月香港民主評論五卷一期）

五　雙十節答客問

——一九五四年

或問於予曰：近日國際間頗有承認兩個中國同時存在之擬議，子意云何？

答曰：國家必代表著人民而始有其存在，今天世界上只有一種中國人並沒有兩種中國人，則中國只應是一個，不該有兩個。

或曰：人民有自由意志，如是中國人自願分裂為兩個中國，則如何？

答曰：此指國家所賦予人民之自由言，此種自由便有其限度。如美國在林肯總統時，南北部分裂，林肯總統不能承認其南部人民之要求，因施之以討伐。

或曰：然則，北美十三州人民何以得對英國宣佈其獨立？

答曰：此因英帝國當時，並不願以平等法律對待北美十三州。政府既對這一批人民另眼相看，這一批人民自可對此政府要求自己之獨立。

或曰：為當前世界和平計，國際間同時承認兩個中國，亦有其苦心。

答曰：此不然。為求世界和平，德國不應該分裂為東德與西德，韓國不應該分裂為南韓與北韓。中國民族存在歷史特別長，果為世界和平計，中國更不應分裂成兩個。中國不統一，則世界無和平。

或曰：最近周恩來曾說，臺灣問題，係中國內政問題，此亦不承認同時有兩個中國之存在，子意云何？

答曰：凡屬中國人，都不肯承認同時有兩個中國之存在，而周恩來所說，則又當作別論。

或問：何以故？

答曰：當知中國人，乃屬生而卽賦與以為中國人之資格者，此亦一種天賦人權。中國人一生下，卽有被承認為中國人之客觀存在了。而今天的中國大陸政權則不然。今天的中國大陸政權，自認為代表著中國人，但彼輩心中之中國人，乃另有一條件。條件係何？曰：你非信仰馬克斯，崇拜列寧與史達林，則不得成為一中國人。因此必須坦白思想，必須接受洗腦。如洗腦無效，其人卽該被清算、被鬥爭、被屠殺、被取消其在中國大陸自由生存之權利。因此今天大陸上的中國人，乃必須在信仰馬克斯，崇拜列寧與史達林這一條件之下，而始可獲得其為中國人之資格。故今天的中國大陸政權，乃是代表共產主義，馬列崇拜者的政權，而非代表中國人民自由意志的政權。

或曰：中國政府採用共產主義，此亦屬中國內政問題，別國不便干涉，只就其有此一政權而加以承認，此乃今日國際間承認中國大陸政權之一般意見，子意又謂何？

答曰：此乃只承認了一個共產政府，卻不能說承認了一個中國政府。因中國人生來本無必然需要信仰馬克斯、崇拜列寧與史達林的先天義務之束縛，而今天的大陸政權，卻必要強加此束縛在每一個中國人身上，認為信仰馬克斯、崇拜列寧史達林，乃其人之被認為算得是一個中國人之先決條件。我當正告周恩來，卽此一點，顯見已不是中國的內政問題了。若周恩來認眞要講到中國內政問題，則共產政權已在中國大陸大力推行了整整六年了，至於共產思想在中國大陸之宣傳與煽惑，更已歷有年歲了。若今天中國大陸政權，還懂得尊重中國人民，還要開口講中國內政問題，其第一步驟，應該讓大陸中國人普遍來一次自由的投票，看眞個信仰馬克斯，崇拜列寧與史達林的到底有幾個。因此，今天國際間，凡屬承認大陸政權者，在我們中國人看來，只是他們不承認有中國人。

或曰：君謂大陸政權之設施，已不是中國內政問題，敢問其意，請再申說。

答曰：今天中國的大陸政權，並不是為尊重民意而推行共產主義，乃是為要推行共產主義而壓迫民意。並不是由尊重民意而對列寧史達林致其崇拜，乃為崇拜列寧與史達林而對民意強其服從，肆其殘殺。此而謂是中國之內政，何孰非中國之內政？

或曰：請再更端言之，今天是否眞有一個臺灣問題之存在？

答曰：今天只有中國問題，沒有臺灣問題。

或曰：有人謂今天的中國問題，乃一思想問題，子意又謂何？

答曰：今天的中國問題，已不是所謂中國的問題了，當然更不是所謂中國內政的思想問題了。今天的中國問題，簡言之，是為何大陸政權定要強迫每一個中國人必然得崇拜列寧與史達林？為何中國人對此政權竟無力作抵抗？

或曰：然則，子所認為之中國問題，將如何解決之？

答曰：明白言之，今天的中國問題，已牽進了蘇俄共產帝國的問題而混並為一了，要解決東、西德問題，必然得牽涉到蘇俄；要解決南、北韓問題，又必然得牽涉到蘇俄。難道只是解決中國問題，可以不牽涉到蘇俄嗎？

或曰：牽涉到蘇俄，便牽涉到全世界，今天國際間，正為怕蘇俄，所以只得承認大陸政權，只得想承認兩個中國同時存在，子對此又表不贊成，何也？

答曰：中國既是世界之一環，中國問題同時也即是世界問題了。因此，中國也只得與世界同其命運而前進。若使全世界還有好多民族好多國家，可以不必崇拜列寧與史達林，試問中國人為何例外，定要被強迫來崇拜列寧與史達林？因此，凡屬存心強迫中國人必須崇拜列寧與史達林者，其勢也非強迫其他世界各國人全來崇拜列寧與史達林不可。至少，在中國之四鄰，便非強迫他們來崇拜列寧與史達林不可。因此中國問題，其勢非牽動到世界問題而將永不得一個解決的。

或曰：如子意，是否可以靜待世界問題之解決來解決中國問題呢？

答曰：今天的國際意見，大體是想把問題分開逐步求解決，因此一面主張東、西德必須統一，一面又想且暫時承認兩個中國之存在。

或曰：中國人在此形勢下，如何自處？

答曰：中國問題應由中國人自己來解決。今天國際間縱是怕蘇俄，卻也沒一個說法來禁止中國人自己努力求解決自己的中國問題呀！

（一九五四年十月十日自由人增刊）

六　新年獻辭

——一九五五年

這幾年來，每逢歲首，我照例為民主評論寫一篇元旦獻辭。韶光不居，轉瞬又是一九五五年的元旦，人間歲月，如是般的匆忙緊張，真如白駒之過隙，而歷史時間，卻又如是般緩慢而滯鈍，國際的形勢，社會的動態，文化的趨嚮，人類當前的大命運，一切的一切，好像老停留在那局面上，年復一年，無開展，無轉變，好不焦躁殺人！

原來看歷史和看人間有不同。譬如坐火車中憑窗外眺，眼前近處，樹木道路，倏忽推移，疾馳不停，而遠處雲山景物，卻又似凝然常住，靜定不動。山中方七日，世上已千年，歷史時間，正猶山中之歲月。若使亦如人間般，緊張匆忙，如驟如馳，那將使人類無歷史可言，無文化可言，甚至亦無命運之可言。

當前人類文化一大危機，正因生活得太緊張，太匆忙了，由於新科學之不斷發明，而使人間歲月，更增其馳驟忽速之感。而使與歷史時間脫了節。我們生活慣在這樣緊張而匆忙的歲月中，誤認為歷史時間也可如是般在緊張匆忙中轉動。一般狂熱者、激進者，想剎那間把舊歷史如風馳電掣般轉瞬過去，想剎那間把新時代如呼風喚雨般彈指招來。一輩較為頭腦冷清，較能深思，能靜觀的，一面在懷疑、在反對那些狂熱而激進的改造者，但同時也和他們犯了同一的心病，依然是神經過敏，依然是情緒緊張，心神匆忙，也想在頃刻間，期待那世間現象，倏忽轉變。那豈不是幻想？幻想易於落空，因落空而悲觀、而躊躇、而徬徨、而莫知所往。這眞是人類當前文化一大危機，而此危機已埋伏在當前舉世人的心坎深處，偶觸卽發，使人有無所措手之困。

但我們又得回頭從另一面看，歷史進程，文化潮流，人類大命運，本來是一步不停，在時代輪子上急速轉動，而人間歲月，則老是那般的蹈常襲故，洩沓因循。譬如乘飛機，翱翔高空，那飛機正在紆回盤旋，作一百八十度的轉嚮，而機中乘客，茫然不知，還認為在直線前進。當前世界人類，正在遭遇到文化大轉嚮，社會大翻動，歷史正開始另走上了前所未有的新境，正在邁步直前，而我們恬然不知，還覺得今年如去年般，依照常軌活下去，那才值得我們驚心動魄，來叫醒世人呀！

讓我們具體地述說吧！這幾百年來的世運，本來由歐西人領導，由於新科學、新交通、新工商業之突然寫上了歷史新頁，而帝國主義殖民政策，應運而興。但世界是如是般迫狹，殖民地是如是般有限，帝國主義之向外伸展，遇到了止境，而引生出大衝突。此半世紀內，接連第一次第二次世界大戰，由於帝國主義之內部衝突，而引生出殖民地之覺醒，民族主義之普遍激昂，而整個世界人類歷史，開始大紆回，又在作一百八十度之大轉嚮。此一事象本極昭著，而惜乎世人至今未覺。

首先該提到蘇俄，他們豈不是依循著帝俄舊軌，直從彼得大帝以來，向歐西先進，追步帝國主義，向外侵略，處心積慮地求圓其大斯拉夫宰割天下全人類之迷夢。明明今天已臨到帝國主義之末日，而蘇俄迷夢未醒，還在曲折紆回，向此舊軌道前進。

再次說到西歐諸邦，顯然帝國的舊光榮，不可復保，但他們也何嘗徹悟。甚至如英國當代文化史學者湯恩比，他硬把蘇俄劃入為東方型，似乎與歐西文化絕緣，如是則今天世界衝突，依然是一個歐亞衝突，依然是一種東西文化之衝突。他不悟此乃幾百年來歐西人舊頭腦，實無當於眼前之史實。今天的世局糾紛，決不是一個東西文化之衝突，而是一個「新舊」文化之衝突，幾百年來在歐西舊文化中所醞釀而出的帝國主義與殖民政策，必然將沒落，不能再存在，而現在的蘇俄，則不過是追隨著歐西帝國主義走向毀滅之路的最後一員。

以前帝國主義的前進路線憑海岸，所打的旗幟，是傳播耶穌福音，為之作先鋒者是新商業，而帝俄則正少一出海的口岸，以及新商業之基礎憑藉，因此往日在帝國主義之鬥爭中，屢屢挫折，屢屢失敗。現在的蘇俄，則改而憑藉於共產主義之新宗教，憑藉於以工農大眾作先鋒，憑藉於東方落後被壓迫地區之民族主義之覺醒，而策動其反帝國、反殖民、反資本主義之前進路線，巧妙地從海洋改向於大陸。這些話，只略一研讀近代史，對帝俄與蘇俄之一貫動向，該可毫無疑問地認識清楚，而歐西人士卻不能張眼面對此現實。

當知蘇俄乃巧妙地運用此幾十年來世界歷史大轉嚮之新契機，而仍欲圓其必將沒落的陳舊的帝國主義之宿夢，若求以舊的海洋路線的帝國主義來打擊此新的大陸路線的帝國主義，則斷無可勝之理。因此歐西傳統，還在主張重歐輕亞，而蘇俄則早已轉向於重亞輕歐；歐西傳統，還在重視海洋封鎖，而蘇俄則早已轉向於大陸滲透；歐西傳統，還在策劃商業調整，而蘇俄則早已轉向於煽動工農鬥爭，此是蘇俄之明眼走先了一步而使歐西傳統窮於應付，但蘇俄也不瞭解它的陳舊的新帝國主義之必將隨著歷史大輪之轉變而終歸於失敗。

其次再述說到東方。東方最大者應推印度、日本與中國。印度於歐西帝國主義之崛興下被宰割，亦於歐西帝國主義之崩頹中被解放，乃印度竟想與大陸帝國主義者妥協而謀其自身之存在。其次說到日本，日本以一島國之特殊形勢，適宜於百年前海洋帝國主義之學步，又仗恃於英日同盟所給與堵塞帝俄從東方太平洋覓出路之重大使命，而一時志得意滿，遽成為東亞獨一無二之大帝國，而投身於帝國主義之劇烈鬥爭中，亦隨著帝國主義之沒落而沒落，並使其國家前進幾於陷入了萬刧不復之深淵。今日者，幸其仍占有堵塞蘇俄帝國主義入海之特殊地位而再獲復甦。然日本終亦模糊迷惘，不瞭解世運新機，方日夜期求從大陸帝國之衣袋中，來竊取其往日海洋帝國時代之經濟的舊利潤，以謀其自身之出路。再次說到中國，唯中國為往昔海洋路線帝國主義者最後分割爭噉之一塊肥肉，而憑仗於其傳統文化之悠久博大，激於民族主義之覺醒之深厚潛力，命定的必將使其在此世界新潮流之轉進途程中扮演一重要角色，來獻身於世界之新舞臺，而不幸於毛澤東、劉少奇、周恩來諸人之淺見，不自悟其攫得政權之所由，而不惜投靠蘇俄大陸路線帝國主義之下效身作鷹犬。

最後當說到美國，就近代世界史言，美國建邦，其始乃為最先擺脫舊日帝國主義之宰制，而放出此後世界將步入一新機運中之最先一訊號。其次則以門羅主義抽身退避於帝國主義角逐互競場合之外而保守其光榮之孤立，最後則擔負了在帝國主義之大鬥爭漩渦，領導一股世界新潮流，而躍登世界第一強國之地位。威爾遜總統在第一次世界大戰中十四條宣言，最能啓示此一重大的意義。然今日之美國，雖於當前世界使命無可逃避，而亦未能明白得此一使命之眞內容。

茲再扼要言之，當前國際情勢，乃為新舊兩大鬥爭路線之錯綜糾結所形成。一為新的大陸路線帝國主義，乘於舊的海洋路線帝國主義之將次崩頽而繼起，是為蘇俄帝國謀求宰割世界而勢必引起的一番大鬥爭。其又一則為落後地區民族主義之覺醒，而爭取自由，謀求出路，則勢必與沒落未盡的帝國主義作殊死戰，而東方中國，則勢將成為此一戰陣中之主要者。而目前世界形勢所形成的最不可解的糾紛，則為中共與蘇俄之結合。中共所藉以號召全國，而形成一暴興的強力者，淺見者謂其是共產主義之裹脅，深識者必知是民族主義之誘惑。故其獲得政權以來之唯一號召，則曰打倒美國帝國主義。然一百年來帝國主義侵略中國，就歷史事實言，偏偏缺的是美國。而一百年來帝國主義侵略中國之由大陸路線而來者，史跡昭彰，最陰險而又最兇狠者，明明是帝俄。今日之蘇俄，則又顯然承繼舊日帝俄之步伐而蓄意東侵，但毛澤東初獲政權，即公然主張一面倒，不惜親身朝覲莫斯科，委躬折腰於史太林之前，而一切聽受其指揮。在蘇俄，謀求大陸路線之新帝國之完成，其唯一可畏之強敵為美國，而唯一可資利用之新興勢力則為中國，而中共政權，以打倒帝國主義之虛聲號召，而實際則投靠於帝國主義者面前作犧牲。然則就此一百年來之世界大勢之演變之趨向而言，蘇俄大陸路線的帝國主義，終必步以往海洋路線之帝國主義之命運而崩潰，此乃毫無疑問者。中國國內民族主義之覺醒，其勢亦必與蘇俄帝國主義作對壘，作殊死戰，此亦毫無疑問者。中共政權，其陽面以打倒帝國主義為號召，其陰面，以倚仗於蘇俄帝國而作其鷹犬為立場，其自身站在一極矛盾之尖端，其為不可一日安，又甚明易見。而特因於蘇俄之巧為發蹤指示，又因於中共政權之在一百年來帝國主義壓迫下之自卑感而甘效鷹犬之使，又因於歐西傳統之仍謀保全其已往所得而為垂死之掙扎，又因於美國之徘徊歧路，置身於十字街頭，成為目前世界衝突之一集中焦點，而急切不能認識其來龍去脈，與一切癥結之所在，而形成了目前世界迷亂惶惑，積陰不雨，重雲蔽霾的現象。

此一現象，好如吾人坐車廂中，雖見窗外樹木道路，逐一推移，歷歷可數，而天際重雲，終是陰沉不散，迷濛一片。又如飛機乘客，只見窗外重疊層雲，滿眼模糊，而不知機身正在穿雲而出，將會驟然震驚於陽光之刺眼。

如上所言，我們在匆忙的人間歲月中，方苦於渴不及待地希望時局之急速變化，而不知時代巨輪，實際已舒徐轉動，而且早遠越於人間想像之外。正好似窗外雨聲淅瀝，倦睡者噩夢方酣，而不知曙光已動，宿鳥方興，若非有人來喚醒夢者，豈不將擔誤了在陽光歡樂中的大段旅程。當知此乃人類歷史進展中所屢見之一幕，而人類終於好把自己擔誤，常好在曙光中掩窗擁被，續其噩夢，夢因倦而生，倦由夢而劇，倦夢相尋，輾轉愈甚。縱有喚者，還是慵慵懶起。讓我姑懸舉此一幕，來對此人間匆忙歲月中倦夢懶起人作呼喚，並作為我一九五五年的元旦獻辭吧！

（一九五五年一月香港民主評論六卷一期）

七　雙十談國運

——一九五五年

轉瞬又是一九五五年的雙十了。我們流亡港九的人，在此又度著第七個年頭的雙十。每逢那一天來到，我們總不免要歡忻鼓舞一番，但也總不免要為未來的國運再又打量一番。尤其是這一年，國際間不斷有承認兩個中國的流言散播著，這在每一關心國運者的心頭，都不免像蒙上了一重黯澹的黑影。

讓我們面對事實，這七個年頭來，不是確然有了兩個中國嗎？在我們港九，也不是有著兩個國慶日，懸掛著兩種國旗，分批在慶祝嗎？國際間，也不是早已分別著承認這一個中國和承認那一個中國嗎？如此正對面前事實，說有兩個中國存在，又何足驚詫呢？

但我們要知，任何一個中國人心裏，決不會承認有兩個中國。正因為每一個中國人，只承認天地間只有一種中國人。只要他是中國人，便同樣是我們的中國人。除掉所謂我們的中國人以外，在這天地間，更沒有另外一種中國人。既是中國人只許有一種，不會有兩種，因此中國也只會有一個，不許有兩個。只要人心不死，中國人不變質，不遠的將來，中國將仍會統一，只有一個中國，絕對不會常此有兩個中國同時存在。

但目前的中國，則顯然分裂成兩個了。若在不遠的將來，中國重見統一，又是那一個中國統一了那一個呢？

我想這問題很簡單，中國之重見統一，並不會是那一個來統一了別一個，而只是中國人重新統一了中國。

中國人重新統一了中國之後，又將是怎樣的一個中國呢？這問題尤更簡單了。中國人重新統一了中國，便正式成為一個中國人的中國了。

我們只從歷史看，中國人之中國，則永遠是一個的。直從唐、虞、夏、商、周，下至近代中華民國，只要真是中國人之中國，則永遠是一個，絕不會成兩個。所以暫時會分裂而成為兩個中國的，其中一個，則決然是非中國人所勉強來加以分割的。如五胡亂華以後之有南北朝，如石敬塘以後之有宋、遼、金，甚至如蒙古如滿洲之入主中國，但既不是中國人所自己主宰的中國，則決不是眞中國。所以在歷史上，其實則仍只有一個中國存在。或是割去了半個，或是佔去了全部，卻永遠不見有兩個中國同時並在的。

而且在中國人心裏，則永遠不忘我們是中國人，又永遠存著我們是同屬一種的中國人之心。因此，既是中國人在此天地間只有一種，沒有兩種，則中國自然也只能有一個，不會有兩個。而且這天地間，旣有這一種中國人存在，自然也必該有一個中國存在了。中國之所以歷千年而常存者，其故正在此。

讓我們再近觀世界潮流，若使世界是在民主自由的路上跑，則由中國人重新統一中國，是絕對應該的。若使世界是在朝向民族自主的路上跑，則由中國人重新統一中國，又是絕對應該的。若使世界是在朝向和平共存的路上跑，則由中國人重新統一中國，更是絕對應該的。德國人必然要重新統一德國的，韓國人必然要重新統一韓國的。若使這世界容許外力來分割某一國，或某幾國，使其勉強成為兩個，而不許其再統一，則此世界將永遠得不到和平。而況中國，已經有它五千年的歷史存在，若使世界眞走向和平，中國更又是絕對應該統一的。

若使不遠之將來，眞有一個中國人重新統一的中國出現，那一個中國，將絕對是民族自主的，將絕對是自由的，將絕對不會是別一國家的衞星國、尾巴國，或是某一帝國主義者的變相的奴役的殖民地，讓某些人憑仗外國勢力而來統治。你若眞懂得中國歷史，眞瞭解中國人的本質，你必將首肯我上面之所說，你將定會信中國這一個國家，是先天命定了它不會成為別一國家的衞星與尾巴之類的。又是先天的命定了它不會讓某些人憑仗外力來永遠統治的。若你眞瞭解世界潮流，你也必將首肯我上面之所說。

讓我們把目光更移近，來看一看我們自己眼前港九這七年來的雙十日的情況吧！這些流亡在港九的中國人，不是同時有兩個國慶，許他們自由選擇嗎？不是有兩種國旗，許他們自由懸掛嗎？這些流亡在港九的中國人，絕大多數是小商人，是勞力者，是窮無所歸、安份守己的老百姓，然而在他們身上，仍然顯現出中國人的本質來。在他們心裏，仍然顯現出中國人的自由想望，自由要求來。

只要中國人眞是同一樣的中國人，只看港九一地，便可知道其他到處的中國人。中國人終是同樣的。若使這世界，眞如我說有中國人存在，有中國人之心之存在，則必然會在中國人心裏再湧現，在中國人手裏再成立，一個中國人心所想望的新中國。而我之所說，卻又是千眞萬確的。

若有人憑仗外力，想要把此新中國永遠扼殺，不許其再生，則他只有一法，便是永遠不斷叫中國人把內心自己坦白，好加以淸算、洗腦、鬥爭、屠殺。要把中國人全部變質，或是殺盡了，而後這一新中國自然也會永不出現了。然而遠看歷史，近看世界，這一妄想，顯見是不可能。

讓我們在此流亡第七年頭的雙十佳日，為我們國運前途再來歡欣鼓舞一番吧！讓我們高呼：中國，中國人，永遠地存在，永遠地成為一個而存在。一個中國，萬歲，萬歲，萬萬歲。

（一九五五年十月香港民主評論六卷二期）

八　雙十節祝辭

——一九五六年

今天又是一九五六年的雙十節。這四十五年來，可說我們是常在災禍苦難中。但每逢雙十，禁不住我們仍要歡欣鼓舞一番。這為何來？正因為：我們深信，中華民國是必然有其前途。中華民國之前途，在我們中國人身上。中國人有前途，中華民國必然有前途。中國人的前途，則在中國文化傳統上。中國文化傳統有前途，中國人也必然有前途。

此四十五年來的問題，在乎這四十五年來的中華民國的政府，並未能確切達成其任務，而我們這四十五年來的中國人，也並不能眞切代表了中國文化傳統。我們若要脫離災禍與苦難，我們若想把我們每逢雙十那一番歡欣鼓舞之心情來眞見之於事實，我們的努力方向，該要使我們的政府，眞切能代表了人民。使我們的國民，眞切能代表了我們的文化傳統。

前一問題是政治問題，後一問題是教育問題。我們需要民主政治，即是一種使政府眞能代表國民的政治。我們也需要文化教育，即是一種以文化陶冶為主要宗旨的教育。

我們的大陸，此刻是在水深火熱中，在非人生的境況下，度著他們的災禍與苦難。雖然大陸也依然有政府，但是那政府乃是代表著馬列主義而存在，而施政。政府是主義的，不是民眾的。你若不信奉馬列主義，那政府便會把你做人的資格也取消。你若要信奉馬列主義，你先須對中國文化傳統採取一種敵對的、或曲解的、或不理會的態度，你只是那政府下面一工具，一架聽使命的機器。大陸現行的教育，便在為那政府製造那些機器工具而施教。

我們需要一個眞能代表我們的政府，我們也需要我們自身能代表著某一種文化而存在。若我們自身的存在，並不能代表著任何某一種文化，那我們只是禽生、獸生、物生，非人生。若政府不代表我們，那我們在此政府下，便是為奴、為隸、為機器、為工具。

我們歡欣鼓舞來慶祝民國的雙十節，正因為中華民國乃由中國文化傳統而產生，中華民國乃代表著中國人之存在而存在。我們敬愛我們的國家，正為我們的國家代表著我們；我們敬愛我們的文化，也正為我們的文化也代表著我們。我們敬愛我們之自身，也正為我們自身同時也在代表著某一文化傳統與我們的國家而存在。

在政治上的任何一種主義，則最多只代表著某一時期的某種政治措施，卻並不能代表文化的傳統。又不能代表國家之存在，更不能代表著全人生之意義與價值。主義是政治的，政治是政府的，政府是國家的，國家是人民的，人民是在文化傳統下完成的。世界上至今已不能有無文化的人，更不能有無人民的國，也不能有無國家的政府，又不能有無政府的政治。以政治視文化，在五界之下。以政治視人，在四界之下。以政治視國家，在三界之下。現在是高舉著政治上的某一主義來奪得政權，來操持政府，來抹撥文化人生與國家之一切。試問那得不會給我們帶來更深的災禍與苦難？

任何一個政治上的主義可以有前途，只要代表它的政府有前途。任何一個政府可以有前途，只要它所代表的國家有前途。任何一個國家可以有前途，只要它所代表的民眾有前途。任何一羣民眾可以有前途，只要它所代表的那一文化傳統有前途。

今天我們來歡欣鼓舞慶祝我們一九五六年的雙十節，我們該深切瞭解以上所舉的各層次，我們只在慶祝我們的文化傳統之前途，以及代表著我們文化傳統的人民和國家之前途。

讓我們高呼

中國文化萬歲！

中國人萬歲！

（一九五六年十月香港民主評論七卷二十期）

九　雙十節獻辭

——一九五七年

這一年來，共產世界鐵幕的裏面，不斷發生了許多聳動自由世界聽聞的大事件。蘇維埃本身，如赫魯曉夫和馬倫可夫、莫洛托夫之政權爭奪。衞星國方面，如波蘭事件，匈牙利事件，乃及我們大陸方面最近的右派再清算事件等。

但這些事件，亦僅止於聳動聽聞而止。蘇維埃本身，自史太林死後，這幾年來，已不斷發生了多次的政權鬥爭，但在自由世界方面，則僅止於事前有所推測，事後有所報導，如此而止。似乎蘇維埃每一次的內部事變，從未嘗影響到她的對外形勢和對外地位。換言之，蘇維埃仍然是蘇維埃，自由世界照樣分毫奈何她不得。

波蘭事件，在初起時，亦經由自由世界盡量渲染。其實戈慕卡充其量不過等於一狄托，終竟同是一個共產政權，此起彼伏，不值得太重視。試觀最近幾天來，華沙青年學生與警察之衝突事件，便知戈慕卡政權對波蘭人民究竟貢獻了些什麼？

說到匈牙利事件，使人更痛心。匈牙利人民奮起爭取自由之勇氣與熱忱，誠為可歌可泣，誠已鼓起了全部自由世界之同情。然試問整個自由世界，除卻表示了這一份同情之外，對他們究竟還盡了些什麼力？究曾有了些什麼眞實的援助？匈牙利豈不還是十足一個共產政權在統治？匈國人民豈不仍然蹂躪在蘇俄軍隊鐵蹄之下而輾轉呻吟地在挨熬著，而自由世界對此竟是一籌莫展，愛莫能助呀！

其次再說到我們最近的大陸事件。實際上，這一次中國大陸各方面的反共表現，論其地域之廣，人數之多，聲勢之洶湧，言論之激昂，較之匈牙利有過無不及。然而自由世界對此方面之反應又如何呢？豈不是冷淡寂寞，更沒有絲毫的表現嗎？

如上所述，我們綜觀這一年來，固可說共產鐵幕裏面，不斷在發生著事變，證明了共產政權之違逆人性和沒有前程了。然而我們也可卽就此等事變來反看自由世界，至少我們也可說，自由世界是散漫畏縮的，除卻期望共產鐵幕內部之自生變化以外，幾乎是無能為力的。這正足見自由世界方面，也有其本身內在的病痛與缺點，值得我們之反省。

現在再切就我們中國人來說，卻更應該加深我們的痛心和慚愧。大陸人民，水深火熱，忍無可忍，才爆發了這一次所謂鬧右派思想之出現。在我們，對此事，實不該有絲毫的欣幸心，而該具十分的痛切心。現在大家都會說，共產政權違逆人心，沒有前途，只是一種過渡的政權了。然而卽使眞如此，試問此一過渡，究要犧牲幾多的生命，究要煎熬幾長的時期？而這些則全是我們自己的同胞。我們得苟安在外，總算是呼吸自由世界的空氣了，然而我們也豈不一樣是那麼的散漫畏縮，無所表現，無能為力嗎？我們除卻呪詛，除卻期望外，試問我們又究曾發揮了幾許我們的自由，來針對著這些事變，而能急起直追，與之桴鼓相應呢？

共產世界正為不惜使用極權來鞭策人、驅使人，所以他們那邊，雖說是違逆人心，雖說是不自由，而卻有一番力量使自由世界遇之而畏縮。而自由世界方面，則正為其尊尚自由，至更沒有一番更高更遠的共同理想來指導這一分自由，因此我們所尊尚的自由，散漫成為各自目前之自由。而更沒有一個共同的嚮往。社會如是，國際亦然。美國青年，可以徑自去中國大陸。而英、法諸邦，也可以各自和中國大陸講交易。

而且自由世界，雖說各自珍重著各自的自由，但卻並不很關切別人的不自由。因此整個自由世界，面對著共產世界，也僅能有共同的畏縮心，卻並不有共同的敵愾心。這一種的氣氛，正好用美國的「圍堵政策」來說明。只要外面這一分不自由，不接近到我身邊，這便是圍堵政策之成功。目前自由世界所想望，實際是到此為止。若在共產世界內，能自起變化，此固為自由世界所歡迎，而實則此種歡迎，也和隔岸觀火，不過是五十步與百步的區別。

不幸的是我們了，沉浸在此自由世界之散漫空氣中而不自覺。臺灣是孤島一隅，香港是寄人籬下。然而這流亡幾年來的人心，顯然是愈來愈散漫，愈來愈苟安了。古語云：「同舟共濟。」我們此刻，則並沒有逼切求必濟之心，又沒有懇切具同舟之感。八九年來，只仗著別人的圍堵，來追求我們各自目前的那一分自由。這八九年來，我們究竟鬱積了幾許的心情，又培養了幾許的力量？一遇到大陸同胞，激起了那樣反共的悲鳴與苦鬥之際，我們豈不也只有像隔岸觀火般，不僅無能為力，而且又無所用心？再說不上怎樣急起直追，與桴鼓相應了。這還不值得我們加深痛心和慚愧嗎？

古人又云：「生於患難，死於安樂。」若把我們此刻散處海外臺、港各地的生活情況來和大陸同胞相較，正可謂患難不如而安樂過之。若長此以往，是否會反共的力量，在大陸雖一天天地茁壯，而在海外卻反一天天地萎縮呢？這一層，值得我們更警惕地來反省。

總之，我們身邊的自由，較之在大陸方面，可說是相勝實多，無法相比了。然而大陸同胞，在此極端不自由的環境下，居然能有最近那樣的表現，而我們，則這幾年來，到底表現了些什麼呢？自由自由，這是當前最具體的事實，不值得我們提出來作一番檢討嗎？

這幾年來，我們身處海外，每逢雙十節，總不免要有一番歡欣鼓舞，慶祝期望，來大家熱鬧一番，這也是無可奈何的一種表現。然而今年這一節日，卻不免使我們激起了一番異樣的心情。這幾天我遇到了一位新自大陸逃來的教育界人士，他告訴我一些大陸此刻所謂對右派思想鬥爭的情形。他說：他有一同事，因在學校裏擔任了某項主管事務而也被認為有右派嫌疑了。他們迫脅著羣眾，不斷地集會對他提出鬥爭，要逼他當眾坦白認過，一而再、再而三，逼到無奈何，他那位同事，只有當眾懺悔，甚至拍頭椎胸，號啕痛哭，而仍認為不夠坦白，還繼續地鬥爭他。最後一次，他那位同事，痛哭之餘，而至於當眾暈倒了，於是才算了事。舉此一例，也可讓我們想像到大陸同胞在此反右派鬥爭中之可悲情形之一斑。不讓你流血，卻要你流淚。不讓你眞誠地流淚，卻要你偽裝流淚而達到逼眞的程度。不讓你痛快一死了事，而要你宛轉忍受，當眾暈倒，死去活來，好更長期領略這一番不自由的高壓之苦痛。如此般的煎熬，如此般的苦痛，大陸同胞正在如此般的處境下，而我們則還照例在此有氣無力地慶祝，試問，這算是那樣的一種心情呢？

然而話得說回來，國家民族之前途，則終還是值得慶祝的。在大陸如此的不自由的強大壓力下，而最近仍還能有如許壯濶而勇敢之表現，這不是國家民族前途值得慶祝之最具體的一例嗎？問題則在我們的身邊，我們擁有了這一分自由，該如何表現，如何運使呢？這在政府、在民眾，正各自有其莫大之責任。

呪詛是沒用的，期望也沒用。僅止於呪詛與期望，只表示其不自由。我們則處身自由世界，我們該有力量的表現。而這幾月來，無論政府、社會，要之對大陸最近那一番壯濶而勇敢之浪潮，並不能急起直追，並不能桴鼓相應。目前大陸反共情緒，在中共大施壓力下，雖又消沉、萎縮。然而事變之來，則方興未艾。就整個自由世界言，正已不知放過了幾許大好的機會，就我們自由中國言，至少這一次是不能急起直追，桴鼓相應，而把機會放過了。我們是否將會永遠如此般散漫、畏縮、無氣力、無表現，而老像現在般把一切機會全放過呢？此固不容我們遽抱如許的悲觀，但亦不容我們遽抱如許的樂觀。以後的事，則還待我們自身去努力。

政府則該有政府能努力的事，不能全諉為整個自由世界的環境束縛了。社會則該有社會能努力的事，也不能全諉為給政府的態度限制了。我們的自由，也該有一部份運用來作我們共同的表現。我們不能把此一份自由全在各自的目前來化用了。若是我們絕無自由，我們的共同目標，正在爭取此自由。現在是有了自由，於是各圖目前，卻不能再有一共同之目標，此正是自由世界當前一大病。

欲求根除此病，則不得不回到如上所舉，我們該要一個更高更遠的理想，來指導此自由。目前的自由世界，則正缺少此一番理想，因此使整個自由世界，散漫了，畏縮了，只在各自的目前知道有自由，沒有在共同的將來共認有理想。但若高懸著一個理想，而借此來剝奪著大家的自由，此又正是極權政治之最大罪惡，又正是共產世界一切欺騙愚昧之最後出發點。目前人類文化，則正要在此夾縫中尋求其恰當之出路。

自由中國雖屬自由世界之一環，但自由中國也該自有其出路，不該老困在此散漫、畏縮、無氣力、無表現之情況下。我們不能說，我們的政府，在國際環境下無自己一分的自由。我們也不能說，我們民眾，在政府統治下無自己一分的自由。我們只能說，無論政府與社會，在當前狀況下，尚未善用其自由，未盡量作合理而有力之表現。

就政府言，政府該能盡量運用社會全部力量。若使把社會某部力量隔離在外，而不謀善為運用，此卽不成為一個合理而有力之政府。就社會言，亦必使社會中每個人，均能就其自由，而對社會之共同目標有貢獻。若個人而僅有各自之自由，更無共同之理想。此一社會，亦不成為一個合理而有力之社會。

我們把此標準來衡量當前，則所謂自由世界這一面，縱可謂其尚能尊尚自由，遠勝於共產極權，卻不能謂自由世界已是一個合理而有力的世界。若果此一世界，誠然已是合理而有力，根本上也不會再產生另一世界來。我們同樣可把此標準來衡量自由中國的政府和自由中國的社會。

讓我套古人一番濫調來畢我辭。當前的世界，可悲處實多，我們不暇為共產世界悲，且先為自由世界悲。我們也不暇為自由世界悲，應先為自由中國悲。若我們肯各先具備了一副悲切的心情來紀念我們當前的雙十節，或可能是較更適合些。

（一九五七年十月香港民主評論八卷二十一期）

一〇　雙十獻辭

——一九五八年

今年雙十，是民國四十七年的雙十節，我們流亡海隅，也已在此第十度的歡祝雙十了。但大陸同胞，水益深，火益熱，金、馬風雲驟起，尚不知演變所屆，逢此佳節，回溯已往，眞是感慨萬千，而瞻望將來，仍覺興奮無窮。

所值興奮者，我中華人民，實擁有五千年長期優良的文化傳統，此乃我中華人民五千年來之共業，乃我五千年中華人民德慧之所磅礴鬱積而形成。在此五千年之歷史過程中，有動亂、有分崩、有衰微、有黑暗、甚至有靡爛、有覆亡。而我中華人民，終於邁過此種種憂患艱險，保持此文化傳統，不墜不絕，抑且遞有光昌碩大，此非我中華人民具有大德深慧，蓋不克臻此。

或疑舊傳統不足適應新時代，不悟新舊古今，本乏確界。五千年來，已不知轉換了幾許古今，更迭了幾許新舊，而此傳統，屹然常在。傳統不貴不變，乃貴可繼。所謂君子創業垂統，為可繼也。惟其具此德慧，故能窮則變，變則通。盤根錯節，始見利器。緊惟我中華人民之此德此慧，所以創通持續此一傳統，以無往而不適，歷久而彌新者，誠使吾儕能珍重而發揚之，淬厲而益奮焉，則此德此慧，傳自先民，貽及我躬，反而求之，夫何遠矣。

抑且今日之世界，乃值人類共度噩夢之長夜。或謂共產主義消滅，世界卽登昇平，不悟自有第一次世界大戰，共產主義始在蘇聯生根。自第二次世界大戰，共產主義乃在中國大陸蔓延。而此兩次大戰，均不由共產主義掀起。木腐蟲生，還食其木，卽論當前西方文化，何嘗不病痛襮著？苟求重暢生機，端必本之內力。夫豈沿門托鉢，乞諸其鄰之所得而翼幸？厚誣先人，謂他人父，此既不德，亦復失慧。抱此觀念，以視共產黨人，亦五十步與百步之間而已。

昔明儒顧亭林有言：「有亡國，有亡天下。易姓改號，謂之亡國。仁義充塞，而至於率獸食人，人將相食，謂之亡天下。」今日吾人，乃面臨亡天下之慘景。然亦自仁義充塞，乃始至於率獸食人；自率獸食人，乃始演至於人相食。今日之共產黨人，乃公開鼓勵人相食，乃陰謀唆使人相食，乃兇悍強迫人相食。抑猶不止此。嘗親聞有人從福建逃出，謂鄉間共幹，迫令每家發掘祖墳，人獻骨灰十兩，謂人骨富燐質，肥田遠勝獸骨。嗟！此何世耶！不謂光天化日之下，容此魔孽。然而曠觀國際，各顧己私，競圖目前，譸張為幻，脅弱稱雄。言無信，交不忠。當仁不知悲，臨義不能憤。乃知彼之猖獗，實由此之墮退。嘗試衡之以吾先民史籍傳統之所昭示，豈猶得謂識時務者乃俊傑乎？抑所謂時務者，豈誠此之為務乎？

亭林又有言：「知保天下，然後知保其國。保國者，其君其臣肉食者謀之。保天下者，匹夫之賤，與有責焉耳矣。」夫以匹夫之賤而自任以保天下，以匹夫之賤而相責以保天下，此非深慧不能曉，非大德不肯當。亦惟吾先民先賢，乃蘊此志願，宏此抱負。此曾子所謂「士不可以不弘毅，任重而道遠，仁以為己任，不亦重乎！死而後已，不亦遠乎」者也。

宋儒張橫渠亦有言：「為天地立心，為生民立命，為往聖繼絕學，為萬世開太平。」吾人身處困阨，讀先賢一句一字，若不啻耳提面命焉。夫藏天下於天下，天下終無所亡。藏一國於一國，其國亦將無所亡。亡其人，斯亡其國，亡其天下矣。亡其道，斯亡其人矣。亡其心之德與慧，斯亡其道矣。而此心之德與慧，則匹夫之賤與有之，亦正於匹夫之賤者而特顯。我中華先民，所以創此文化大統，而維持光宣於不壞不息之久者，亦惟此之是仗耳。

爰特揭櫫斯義，以為我匹夫之賤而祝雙十者告，以為我匹夫之賤，而處身於板蕩否塞之時以祝雙十者告。

（一九五八年香港民主評論九卷二十期）

第四編

一　歷史人物講話引言

一個人活著六十到八十年，若使在他身後，更沒有一些事業和作為，可供後人傳述，乃至他的親戚子女鄉黨朋友，對他生前行迹，種種模糊，說不出什麼可紀念的話，那這人可稱一無價值，一無意義。世界上多生他一個，和少生他一個，一無影響，一無分別。同樣道理，若使一個民族在世界上經歷了幾百一千年，更無絲毫成績，對世界人類文化有貢獻，在世界史上占一些地位，那這一個民族，也只有任其自生自滅，如一羣野獸般，更不足道。

但我們反過來說，若使有一個人，他生前確曾對社會國家有絕大作為、絕大貢獻，而在他身後，別人把他忘了，連他的親戚子女們也不知道他一生的經過，那不是他的罪過，乃是別人的罪過；若是他的親戚子女們，更屬罪過之極。中國民族在世界歷史上，占有了最悠久最光輝的篇幅，它對已往人類文化之貢獻最偉大，最深遠，但今天的中國人，反對自己民族傳統歷史，漫不經心，模糊一片。這也罷了，還有些人，故意的咒罵傳統，輕薄歷史，認為這樣便是前進。他倘肯捫著自己良心一問，他對中國傳統四五千年來的歷史，究竟知道了多少？他咒罵的，他輕薄的，究竟是他的眞知灼見，抑還是吠影吠聲？我想那些人，也就夠得自心慚愧了。

若說中國民族不爭氣，那是今天我們自己的不是，不該牽連埋怨到歷史。子孫不肖，放蕩破產，反而罵祖宗不該多置田地。或是窮困顛連，又罵祖宗不該沒有遺業。當知罵祖宗的決不是好子孫，罵傳統歷史的決不是好民族。今天的中國人，自己不知道已往歷史，便不該隨口胡罵。若要做一個像樣的中國人，至少該對中國自己傳統歷史有一些知道。

世界上沒有無歷史的偉大民族，亦絕沒有專對自己已往歷史抱輕薄咒罵態度的偉大民族。辱沒祖先，只是辱沒了自己，咒罵已往，便是咒罵了現在。何況中國歷史四五千年來，實在有無數偉大的人物，無數偉大的貢獻，而且一一詳細記載在已往的史書上，若不信，二十四史、九通一類的書，汗牛充棟，數也數不盡，再出一個秦始皇，也還一時燒不盡。這一代的中國人，不肯虛心研尋，但歷史不滅，民族不滅，下一代下兩代的中國人，自然會將國史繼續發揚光大。到那時，被咒罵被輕薄的，將不是我們的祖先，而是我們之自身。

你若問我，中國民族在世界上最值得誇大，最值得表揚的是什麼，我敢毫不遲疑地告訴你，那只有我們中國的歷史，它在世界上任何民族所有的歷史中，不僅是年代最長，而且包括的範圍也最廣，記載的方法也最詳密，最平實，最客觀，最有條理。正因為如此，要研究中國史，也最困難。第一是看不盡這許多書，第二是精神照顧不到那麼多的方面，第三是我們的聰明，急切中看不出那長時期多方面的各項記載中之大綱大領之所在。

從前人已說，一部十七史從何說起，後來人又得改口說，一部二十四史從何說起了，但我們終不能不說，終不該專在那浩如煙海的二十四史裏，故意挑一些可咒罵可輕薄的、黑暗的、荒唐的零碎故事來供你隨口胡說。試問中國民族的傳統文化，若沒有它偉大的成就，如何能單獨在世界上占有了這麼久這麼大的歷史時代和歷史範圍呢？這豈不是一個最好的眞憑實據，告訴你中國史必有它的意義，必有它的價值嗎？若說我們今天種種不如人，那是我們今天的事，不能說因為我們已往歷史不如人，所以落得今天種種不如人，把一切罪惡，全推在祖宗死人身上，反而說我們今天纔長進了纔像樣。好像是幸而有了我們，纔使中國開始有一線希望，那眞是沒良心無羞恥。

我們該把中國已往歷史眞相來告訴這一代的中國人，這決不是頑固，決不是守舊。也決不會妨礙到我們的前進。歷史終還是歷史，知識終還是知識，眞理終還是眞理，憑據終還是憑據。把中國歷史所應有的知識，把從中國歷史知識裏所能發現的眞理有憑有據地來告訴這一代的中國人，好讓他們不再咒罵傳統，輕薄歷史。好讓他們知道中國民族之偉大處，回頭來覺得我們自己之不行，不振作，不長進，痛切自認我們自己之不肖，這對我們這一代之努力向前，艱苦掙扎，至少也是應該的。

諸位今天正在為中國民族爭前途，為中國民族爭光榮，換言之，這便是為中國歷史爭前途，為中國歷史爭光榮。諸位的抱負，豈不要把諸位自身的努力來寫進中國歷史的新頁嗎！我們要把我們自己的努力來寫進中國歷史之新頁，讓我們分一些心來查看一下中國歷史之前頁之眞相，這豈不是極應該的嗎？

恕我所知不多，讓我來把中國四千年來的舊歷史，絡續地報道一些，作為諸位從頭來再認識中國史之一參考，並敬祝諸位為中國新歷史努力寫上光明燦爛之一頁。

（一九五〇年十二月政工通訊）

二　中國歷史上最偉大的一個克難人物

——大禹

歷史是人造的，因此歷史裏最重要的還是人。

人生的最大意義和最大價值，也正在把他的生命融進歷史，把他的平生作為能寫入歷史中，那他便是歷史的人物，他的生命，便是歷史的生命。歷史的生命，是不朽的生命；歷史的人物，是不朽的人物。

任何一民族，只要它產出歷史人物多，不朽生命多，那一民族，自然有光榮的歷史，自然有不朽的生命。

中國歷史，在世界任何民族所有的歷史中比較起來最悠久，最具不朽性。因此中國民族所產出的歷史人物也較現世界任何一民族為多。

你應該自己抱負，把你自己造成一個歷史的人物，你若有此抱負，你該先崇拜敬仰已往的歷史人物。你莫謂歷史人物已過去了，時代是要過去的，歷史卻永遠長存不會過去的。歷史人物便是永遠長存的人物，所以稱之為不朽的人物，那裏會過去呢？凡屬最歷史的人物，便是最現在的人物。直待我們的時代過去了，他還是現在，不過去。

讓我介紹幾個中國的歷史人物吧，但太多了。翻開中國史，上下五千年，歷史人物五光十色，各式各樣。但人終還是個人，而且亦大家是個人，你只要肯讀歷史，你自會在歷史中遇到像你性格像你境遇差不多的人。他便是你前身，便是你榜樣。我們雖未必一一盡成為歷史的人物，但和我們性格境遇差不多的人，卻早已是歷史人物了。只不過我和他姓名不同，生的時地不同，其實我和他在精神上，在興趣抱負上，在遭遇奮鬥上，卻是大同小異。如是，歷史人物便和我一般，我也便和歷史人物一般。歷史人物之不朽便已如我自身之不朽。因此一個民族只要擁有歷史人物多，那一個民族的各分子，便可都享到一份精神上之鼓舞與安慰，便可各自在歷史人物中找出他的前身和榜樣。這便如那一民族的各份子各自不朽了一般，所以歷史精神之不朽，即便是民族精神之不朽。

上面說過，只有中國民族擁有最多的歷史人物，因此只有中國民族具有最堅強最自信的不朽精神。因此只有中國民族可以上下五千年，較之現世界其他各民族，眞如喬松與小草，夭壽相差，顯然有據。這是中國歷史之偉大，亦即是中國民族之偉大。我與你便享受此偉大之一份，這就無異於你與我之偉大。

今天我們正在提倡克難運動，讓我先提出一位中國史上最先的克難英雄吧！人類在歷史進程中所遭遇的困難，大概不外兩種，一是人類本身自造的，一是在人類自身之外自然界所給與的。一類是天災，一類是人禍。照理說，人類自身所招之難，較之在人類自身之外自然界所給與之難，應該較易克服些。不幸我們中國人卻很早在歷史的開端便受到莫大的天災，而到底為我們的祖先克服了，這是中國民族中國歷史最值得自誇的一件事，然而此層說來話長，讓我慢慢敍述。

大家知道，人類文化有四處最古的起源，一在埃及，一在巴比侖，一在印度，再有一處卽是中國了。然而這四個文化起源的自然環境，是絕不相同的。埃及、巴比侖、印度都在溫暖地帶，植物易生易長，易茂易盛。埃及靠著一條尼羅河，巴比侖靠著兩條阿夫拉底、底格里斯河，印度靠著一條恆河，那幾條河流都是極富於灌溉之利的。氣候水利都極宜於耕稼農作。人類文化是必靠農業而發展的。他們三處都可謂得天獨厚。單我們中國卻不然。中國古代的文化最早發展是在北方黃河流域，那裏的氣候，已是夠寒冷，並不像埃及、巴比侖、印度般溫暖，雨量也不像他們足。黃河的水流是湍急的，易於闖大禍，並不像尼羅河、阿夫拉底河、底格里斯河、恆河那樣特利於灌溉。不僅黃河本身如此，卽在黃河支流如涇水、汾水之類，都是湍急易逢水災的。專從這幾點說，中國可說是天賦不厚，得於天者獨苛獨薄了，而且尼羅河、阿夫拉底河、底格里斯河，都是小流域，恆河較大也比不上黃河，他們在小地面上起家立業，要經營成一個樣子是比較容易的。中國獨獨在黃河流域的大地面上，四顧茫然，叫人有何從下手之感。若專照自然環境言，中國該像是不宜有什麼成就的。試問古代歷史上，誰能像中國般攬成這樣一個大民族大國家的呢？直到今天，就土地言，就人口言，中國還是一個舉世莫匹的大國家大民族。外國人在近世一兩百年內創造出一輛火車，一條輪船，還是永遠的誇耀頌揚著。我們祖先遠在三四千年前，即能創生出一大民族，大國家，為何不值得我們誇耀頌揚呢？難道創生一國家，創生一民族，還不如發明一火車一輪船嗎？

單照自然地理言，要在中國地面上來創生文化，已不如在埃及、巴比侖、印度之省力，只要一看地圖，一研究那地面上的氣候雨量水流的種種情形，已極易明白了。而況中國古人又遭遇著別人家其他民族所未遭遇的大天災，那便是中國史上所謂之洪水。洪水之患，其他民族的古史傳說裏也有，然而試問，即就地圖看，那一處的洪水之禍，能像中國黃河般的偉大可怕呢？而且其他各民族的洪水傳說，都賴神力救治，只有中國，卻不憑神力，單賴我們祖先人的力量來平治，單就這一點講，中國民族中國歷史之自始即賦有偉大性，也就不言可喻了。

洪水在中國，繼續了很長的一段時期，最先在堯時，堯治水未成，把帝位讓給了舜。舜派禹去治水，到底把洪水之難克服了，使中國人從此得在平地上安居樂業，培植出此後三千年遙長的文化，為全世界人類文化放異彩，所以中國人一向稱禹為大禹，這一「大」字，禹是當之無媿的。

堯治水不成，把天下讓給舜，堯舜禪讓，這是中國歷史上不斷頌揚的兩位大聖人的一件大事情。現代的中國人，卻說這是中國古史上的傳說靠不住，在古代並沒有這樣好的人，也更沒有這樣好的事。然而我試問，為什麼別個民族的古史，不像我們中國般也偽造出這一類的好人好事呢？埃及人只想到人死後靈魂還是要回來，因此他們拚命想法把屍體永久保藏，使之不腐壞，於是發明了木乃伊與金字塔。然而正因金字塔之建造，耗盡民力，埃及終於毀滅了。中國古代人並沒有像埃及人般想，中國古人只想到天災要人力去克服，我沒有這力量去做，就該讓別人做，終會有能幹人把這天災克服了。在這一想法下，遂有堯舜禪讓的故事之流傳。若說這是謠言，當知謠言就是眞。埃及人只造靈魂復活的謠言，中國人卻造堯舜禪讓的謠言，這不就是中國歷史中國民族偉大的眞憑實據嗎？現在的中國人，一聽到埃及金字塔不勝神往，似乎覺得中國古代沒有金字塔，不夠像樣般。試問中國古代若亦有埃及般的金字塔，今天的中國人豈不也就變成今天的埃及人了嗎？堯舜禪讓，便是中國古史上的金字塔，我們今天祇知仰慕別人家物質的金字塔，卻不知崇敬中國自己的精神金字塔，這正是今天中國人不肖心理之好證明。

出身擔當治水的是大禹，大禹的父親鯀，早在堯時治水，他不懂水性，築堤築城，結果水益潰決，為禍更大。舜受堯禪，把鯀處罪，貶罰到海濱荒島上，卻把鯀的親生子禹叫來擔當這治水的重任。舜的做法是夠偉大的，罰其父，又重用其子。但禹並不對舜抱私怨，他只想我的父親治水失敗，受國家之公罰，我必盡力把水災治好，一面對得起國家，一面也對得起父親。試問這是何等樣心胸？這是何等樣識見？大禹治水，眞不是一件容易事，據說他在外十三年，三過家門不入。有一次正值他兒子生產下地，門內小孩哭聲呱呱，門外父親走過，忙於治水公務，也不走進門一看。至於他的胼手胝足，艱難萬狀，那是可想而知了。直到後來，他的兩腳發病，行步歪斜，因此後代把行步怪狀的叫「禹步」。禹是中國歷史乃至全世界歷史上一個最吃苦的人，他從吃苦中克難。他是中國民族性最大象徵。中國文化便從吃苦克難中培成，也從吃苦克難中綿延。到今天我們又遇歷史空前未有之大難，然到底是我們中國人自造的人禍，比之天災克服較易，讓我們把大禹做我們的榜樣吧！

然而近代的中國學者們，又有人說，大禹治水也是件神話，中國古代並沒有大禹這個人，也並沒有大禹治水這會事，這也罷了，卽算沒有這人沒有這事吧！然而總還有此一番的謠言。試問中國古人為何不像埃及人般也造人死靈魂歸來復活的謠言，卻專造那些入情入理又偉大又崇高的人事謠言呢？讓我們退一百步，卽把大禹治水當作中國史上的謠言吧！這番謠言也卽是中國古史上的金字塔。這仍還是一座精神的金字塔，較之埃及留到現在的物質金字塔，還是崇高萬倍，偉大萬倍。何況大禹這人這事又有什麼眞憑實據，說他是偽造，是謠言，是神話，非眞實確有呢？

近代的中國人，總想把自己的歷史毀滅了，來從頭改寫成像別人家般的歷史。子孫窮了，只想把自己家譜毀滅，來改造像別人家的家譜，只有別人家的祖先纔是像樣的眞祖先，這樣的子孫，我敢說永無發跡之一日。我們要提倡克難，讓我們崇拜大禹，讓我們效法大禹吃苦的精神。

（一九五一年政工通訊）

三　中國歷史上的一個大衆英雄

——武聖關羽

中國歷史上有一個大聖人孔子，後世奉之為「至聖先師」的，這已盡人皆知了。後代又有了兩個武聖人，一個是三國時代的關羽，一個是南宋時代的岳飛，因此我們又稱孔子為文聖，關岳為武聖。岳飛是一個政治性的民族英雄，關羽則是一個社會性的大衆英雄。八百年來中國的讀書人，知識分子，都知道崇敬岳飛。只有最近代的中國人，好懷疑，好批評，好翻案，好謾罵，好把古人罵得一文不值；有價值，值得崇拜的人物只該西洋有，不該中國有，因此說秦檜忠於謀國，岳飛是專横跋扈不受節制的軍閥。我這時暫不講岳飛，且先來講關羽。

關羽是東漢末年，三國紛爭，中國內亂史裏的人物，好像他對時代的關係，沒有岳飛那般值得我們的重視。而且關羽是一千七百年前的人，較之岳飛，距離我們更遠了九百年，但在中國社會下層普遍大衆，對關羽的崇敬，是更超於岳飛之上的。全國各地到處有關帝廟，我來臺灣，遊日月潭，有文武廟，文聖是孔子，武聖是關羽。我遊關子嶺，到碧雲寺，供奉的是釋迦與關公。從前國內大陸上，理髮舖、切麵舖、茶館、客店，全都掛關公像。我抗戰時期在雲南，走進安南人開設的咖啡館，掛像是孫中山與關公。大概只要中國人足跡所到，關公一千七百年前的英魂毅魄，也會隨之而往的。這又是什麼道理呢？

照目前中國一輩自命知識開通思想前進博學明理的人來講，自然關羽只是一個小說演義中渲染出來的偶像，崇拜關公乃下流愚民的迷信。但我要問：中國歷史人物太多了，何以後代做小說演義的，不渲染別人，卻來渲染關羽？而且在中國下層社會所流行傳布的小說演義那一類書，又是太多了，經他們渲染的歷史人物也不少，何以後代卻又專來崇拜關羽呢？我想他們又會說，這是歷代專制皇帝的提倡。但我又要問，現在毛澤東秧歌王朝，竭力推尊李闖王，你們是否相信，將來中國，會遍地有闖王廟，後代的中國人，會崇拜李闖王代替了以前的崇拜關公呢？若其不然，關羽遭受中國後代人崇拜，而且遠在羅貫中三國演義出世之前，早已受人崇拜，這必有一個內在的理由。

這一理由很明白，這是關羽個人人格之尊嚴。而關羽個人人格之尊嚴，則由中國歷史文化精神所孕育，所陶鑄。而後代人之崇拜關羽，則是中國民族內心要求之流露之象徵。我們須把握到歷史人物，才能把握到傳統的文化精神與民族的內心要求之具體而活躍的表現。現在偏偏要打倒歷史人物，來斬斷文化傳統，這顯然是違背著中國民族之內心要求的。大家高呼政治要民主，難道文化便可以不民主？把征服者的姿態，帝國主義者的面貌，高呼推翻，高呼打倒，高呼革命，而所要推翻打倒革命的目標，卻是全民族內心要求之所在，卻是歷史文化的傳統精神，卻是幾千年來普遍得人崇敬的人格尊嚴，蚍蜉撼大樹，可笑不自量，我將為若輩再咏之。

人類處世，有公也有私。人孰能無公，但人又孰能無私呢？處公有處公的道理，處私也有處私的道理。你不能只許人有公，不許人有私。你又不能說只處公便有理，處私便不能也有理。中國人講處公要「忠」，處私要「義」。對國家民族言要忠，對朋友交情言要義。善盡忠就是義，善守義也就是忠。公私原無二致，處私得當便算是公，處公得當也可算是私。並不要你犧牲了私為公，也自然不許你犧牲了公為私。只有當不當，沒有公與私。岳飛是政治性的武聖人，他為國家民族盡了忠；關羽是社會性的武聖人，他在朋友交誼上卻守住了他的義。環境遭遇不同，其為聖則一，所謂易地則皆然。若使岳飛處關羽地位，他亦便做關羽。若使我們處關羽或岳飛的地位，我們全該效法岳飛與關羽。這是我們全民族的內心要求要我們如此，這是我們中國歷史文化的傳統精神要我們如此。

人格尊嚴，有時不須從出生到死全部人生歷程看，只就他全部人生歷程中表演得最精采最出色的一點一節來看，已十分表示了他的人格尊嚴了，人格尊嚴必然得配合上歷史文化傳統，人格尊嚴，必然會符愜於各個人的內心要求。岳武穆的人格尊嚴表現在風波亭，關壯繆的人格尊嚴，表現在其封還漢壽亭侯印而逃歸劉先主的那一幕。

劉、關、張桃園三結義，那是演義小說上的話，但關羽、張飛跟從劉備，雖有主屬之分，而寢則同床，恩若兄弟，或許是史實。若你說劉備是個軍閥吧，正當他從小沛城敗軍之中逃奔袁紹的時候，他已是一光幹，沒地盤，沒隊伍，寄人籬下，誰能料他再有遠大的前途？而曹操呢？在當時挾天子以令諸侯，兵威所至，袁術、張繡、呂布，擊一個破一個，那眞是炙手可熱，而且曹操也實在是一世之人豪，允文允武。在今天我們讀熟了三國演義，都說他是一個奸賊，但當時人何嘗作此想，他手下謀臣如雲，猛將如雨，並不覺得跟隨曹操，便辱沒了自己的身分。而且曹操又能愛才如命，敬賢有加。關羽在下邳，是一個被圍擒將，但曹操一眼賞識了，不僅保全他生命，還立刻拜他為偏將軍，禮之甚厚。在別人豈不要受寵若驚，五體投地。在關羽心裏，卻只有一個劉備。他心裏先有了劉備，卻不讓他再有個曹操。這卽是羽之義。這雖是私德，但誰不希望自己朋友有此私德呢？你若做劉備，你也希望關羽有此私德呀。你若有朋友，你自會希望你朋友能像關羽呀！人人希望有一個像關羽般的朋友，人人希望自己朋友能像關羽，那關羽自然會活躍在人心裏，也自然會人人崇拜關羽了。

曹操是個聰明人，早已看穿關羽心事，但曹操並不動氣，私下挑一關羽私交較密的朋友張遼去問關羽，你對曹公究竟作何計較呢？關羽毫不遲疑，坦白告訴張遼，曹公待我厚，我那有不知，但我不可違背劉將軍，我到底要逃歸劉將軍處，但也不讓曹公白白待我好，我必有一番報答，再行離去。關羽這一番坦白直率的話，卻為難了張遼。若老實告訴曹操，怕曹操殺了關羽，對不起朋友。若不實告，曹操是主，他是臣，如何為私交欺騙主上。再三打算，終於把關羽的一番話實說了。那知曹操卻毫不責恨，反而讚嘆道，「那眞天下義士也」。這一句批評，把一個「義」字來估量關羽的心事，眞可說一語中的，絲毫不爽。當知後世人人崇拜關羽，在當時，關羽正想背離逃叛的曹操，也早已禁不住他的內心崇重，這眞所謂人同此心，心同此理了。在這一點上，可見曹操足可當得一好主人，張遼也足可當得一好朋友，關羽在那邊環境豈但不差，而且實甚佳。但關羽毫不為此而動心，只默默地想逃。曹操又問張遼，你看他什麼時候才逃我而去呢？張遼說：他一定會報你知遇之恩，待他報了你恩，你便留不住他，這是他逃叛的時候了。

後來袁紹派大將軍顏良來攻曹操，關羽為先鋒，奮勇殺之，曹操心知不穩，張遼的話快驗了，但曹操毫不在乎，反而表封他為漢壽亭侯，還重重的賞賜他。在關羽心裏，也自知張遼必把他話告曹操，曹操必早知他要逃，就其對劉備言固是忠，然對曹操言，則明明是不忠，但曹操反而加倍厚待，在曹操之意，豈不想把此來感動關羽，讓他慢慢回心轉意。就曹操之對關羽言，也已仁至義盡，士為知己者死，曹操也堪稱得關羽的知己了。但關羽畢竟不為這些所動，終於把曹操前後所賜完全封存，不取絲毫，留書而去。曹操左右知道了此消息，都氣憤憤地勸曹操下令追拿，但曹操卻夷然說：「彼各為其主，勿追也。」後來的歷史家，說「曹公知羽不留，而心嘉其志，去不遣追，以成其義，斯實曹氏之休美」。這一批評，也甚恰當。我們讀慣了三國演義，看熟了三國戲，一說到曹操，心中活現一個白鼻子奸相，其實那裏是如此？你若設身處地，你做了關羽，你遇見了曹公，那般樣的為人，那般樣的相待。那時的大勢，曹公那般樣的得意，劉備那般樣的失勢，你試問你自己，能不能也做像關羽呢？你若能如此想，試問大家崇拜關羽，是不是迷信，是不是崇拜偶像呢？我說這是關羽的人格尊嚴，試問有沒有過甚其辭呢？我說這一種人格尊嚴，即是中國歷史文化精神，即是中國民族人人內心之所要求所同情，這些話，有沒有過分不眞實，不近情理呢？

直到清代，還改諡關羽為忠義侯。若論他的忠，他只忠於劉備，最多是忠於漢朝，比不上岳武穆，忠於國家民族，更偉大。但若論他的義，那眞是義薄雲霄，不媿千古一偉人了。這一種人格尊嚴，受中國社會人人崇拜，直到今天，中國社會之維繫，也可說就維繫在這點子上。現在我們是進步了，懂得自由，懂得平等，懂得了權利與義務之交換，懂得了一切一千七百年前關羽所不懂得的新理論。但我們若要社會永久維繫下去的話，關羽這一點子義氣，是不是還值得我們崇拜呢？還是罵他為封建道德，便可一筆抹撥呢？

水滸傳是中國社會一部最流行的說部，宋江等在梁山泊，他們也建起了一個忠義堂。但施耐菴所描寫的梁山泊的忠義，都是虛造，非實事。而且虛造也沒有造到像關羽所實做的那麼忠與義。然而水滸傳還是風靡了全中國，到今也已五六百年了。這裏便可說明了我們的民族內心要求，卽我們的民族精神，也卽是我們的歷史文化精神之所在。人格尊嚴便由此而栽根，由此而開花，由此而結果。這是深藏在人人心中一呼卽出的。

所以我常說：不通心學，便不能通史學。不通心學史學，自然沒有值得他崇拜的人物。一個國家和一個民族的歷史上沒有值得他後代崇拜的人物，那國家也快亡了，那民族也快完了。

現在我們已經快到此地步，人人提倡不再要崇拜古人，但古人在我們內心上，終究不能不崇拜，打倒了這個，又打倒了那個，無可崇拜了，毛澤東才敢來教我們崇拜李闖王。

（一九五一年政工通訊）

四　中國古史上兩個典型相反的人物

——夏禹與商湯

我們要了解一個民族的歷史文化精神，一定要了解這一個民族的性格。由於這一個民族的特有性格，遂形成了這一民族的特有的歷史文化精神。

我們要了解一個民族的特有性格，須在歷史上研究它的典型性的人物。此種典型的人物，即其民族性格之充分表現，與其文化精神之充分流露。但我們要研究歷史上的典型人物，最好應該着意在其邃古時代。因為邃古時代，尚沒有大思想家，沒有大理論家，沒有傳統教訓，沒有共同信條。那時候的典型人物，眞是天分傑出的自然發展。這一種天分傑出的自然發展，最可代表這一民族之固有特性。將來的一切思想，一切理論，一切信仰，一切教條，也只是由於此種天才性的自然發展而來的典型性人物之暗示，而益加發揚光大之，使成系統化，使成理論化而止。

由於這一觀點，我們要了解中國史，我們要了解中國文化精神，我們要了解中國民族所固有的特殊性格，我們首先要注意的，應在孔子之前，不應在孔子之後。我們首先該知道，由於中國民族之固有特性，由於中國歷史文化之傳統精神，才始可能有孔子。並不是由有了孔子，才始有中國民族之固有特性，才始有中國歷史文化之傳統精神。這一看法，並不看輕了孔子在中國民族中國歷史上的地位，只有更加看重了孔子在中國民族中國歷史上的地位。

但所謂民族固有特性，也不是只限於一端一節的。有時常有兩種相反的典型，代表著兩種相異不同的性格。當知在一個民族歷史裏，這種相反相異的典型與性格，到後來可以相互相成而成為這一民族更深更厚的眞性格。

讓我本此看法來舉出中國古史上兩個相異性格相反典型的人物，而中國人一向都同稱之為聖人的，即是夏禹與商湯。夏禹在中國古代的大貢獻，主要是治洪水。他是一個忠而勤勞的人。這一典型，十足代表中國民族性格與歷史文化精神，我已先有一篇文章寫過他，我在此處暫一按下，且來說商湯。

商湯的故事與大禹不同，他好像是一個富於機謀權變的人物。於何證之？還是證之於古史的傳說。我們常說時勢造英雄，英雄造時勢，這是不錯的。洪水為災，這是一時勢，造成了忠而勤勞的大英雄大聖人大禹。但商湯時代，並沒有那樣異常為難的時勢，商湯似乎是在一個平平常常的時代裏，造出他不平不常的人物來，這便是他的機謀權變處。但雖則這樣，商湯卻同樣成為中國人永遠稱頌的一位大聖人，與夏禹並肩齊美。他的故事，且由我逐一的分說。

商湯是夏桀時代一個諸侯，據說他有一次出到野外，見有人張網四面，在那裏禱告，希望四面八方的魚，都游進他的網來。商湯說，這樣豈不把河魚捉盡了麽？他乃把漁網去了三面，只賸一面。禱告說：「魚兒呀！欲左的左，欲右的右，你不好好知道趨向，你才進我網。」這一故事，據說當時傳播開來，許多諸侯都歸心他，說他德及禽獸。他憑藉這一筆政治資本，後來終於代桀為天子。

和他相隣有一個葛國，葛國的國君不肯祭祀鬼神，商湯特地派人去問他，你為何不好好祭神呢？葛君道：「我沒有祭神的犧牲。」湯聽了便接著派人送大批的牛羊去。葛伯把來殺了吃了，還是不祭神。湯又派人去問，葛君道：「我沒有米麥。」湯聽了，又接著派壯丁去替葛國耕種，老的小的肩挑背負著現成的米麥送去。葛伯挑他們有大酒白米的奪了，不與的殺了。有一童子，帶著小米白酒，也給他殺了奪了。商湯於是說，孩子何罪？你無論如何，不該殺這一個孩子，於是派著大兵去攻葛國，葛國亡了。當時許多諸侯的民眾們聽了這消息，都希望湯的軍隊也趕快打到我們的國裏來，也好把我們救了。這又是商湯的一筆政治資本。

後來商湯終於把夏桀滅了。但當商湯起兵伐桀的時候，商國的國民，並不全贊成。他們說：國王不留心我們的農事，卻叫我們去割剝別人。商湯說：這是上帝的意旨，不是我的意旨呀！夏桀滅了，接著連年天旱，歲收大荒。商湯高築祭壇，來禱告上天神靈。把自己綑縛了，做為牛羊犧牲，供獻給上帝。他的祝文說：「民眾何罪，上帝降此大罰？若是民眾有罪，那是我的罪，請上帝只罰了我一人，不要累及民眾。若我一人有罪，更應只我受罰，更不該累及民眾。」終於民眾的心都安了。

上面的幾段文獻，已活見出一個商湯的性格。商湯顯然與夏禹不同。這不僅是湯與禹兩人性格上的不同，乃是中國民族有此兩種內在性格，而在禹、湯身上充分表現了。由於禹與湯兩大典型之感召與陶鑄，而形成夏、商兩代政俗之相異。後代的史家說「夏尚忠，商尚鬼」。便是告訴我們這個意義。夏尚忠，是忠誠勤勞，刻實為人，這是易明的。商尚鬼，這是處處神道設教，帶有濃厚的宗教意味的。但在中國民族性裏所透露的宗教意味，卻仍自與歐洲的、印度的、阿剌伯的種種信仰不同。中國人的宗教意味，可說是徹頭徹尾一種人道意味的，是悲天憫人，重在情意不重在理智的。網開三面，不教人多獲魚，卻教人多失魚。「天地之大德曰生」，這一教訓，這一信條，早在商湯的故事裏透露了。葛伯不祀，商湯並不明言去征伐。直要到葛伯殺卻那童子，商湯才正式聲討。這不是討伐他不祭祀，卻是討伐他不人道。後來所謂「天道遠，人道邇」的觀念，在商湯的故事裏也早透露了。

孔子常常仁智並提。禹的性格是仁過於智，湯則智過於仁。然禹若非智，如何單憑忠勤刻苦，治得洪水？湯若其心無仁，又如何表示出這一套？我們也可說，典型人物，常是由於普通人物之內心要求而形成。只因中國民族性，要求這一類的宗教精神，才在商湯身上表現出這一類的精神來。簡言之，這一類的宗教精神是入世的，非出世的；是重情意的，非重理智的。是訴之於人類之同情的，卻非超越人類而高舉出一上帝來宣揚的。網開三面，似乎不科學。但近代西方科學發明，只能推翻他們自己的宗教傳說，至於中國民族的宗教精神，則並不與西方科學眞理相衝突。商湯的桑林獻身，相當於耶穌之十字架，但並不要耶教的創世紀。單刀直入，徑訴之於人類之同情心。商湯之智，正見其仁。所以商湯終亦成為中國之聖人。

周武王有一些像商湯，但孔子孟子都於湯武有微辭。孔子說，我對禹「無間然」。這是說他對禹的那一典型是更無批評的。周公的膺夷狄，是像夏禹。周公之定禮樂，則像商湯。到周公手裏，想把夏代之忠，商代之鬼，兩代的政俗調和融通，化而為一。所以後世史家說「周尚文」，文是把商代的宗教精神來文飾夏代的人生實務。孔子所最崇拜的古代人物，夏禹之後便輪到周公。孔子說：「郁郁乎文哉，吾從周。」孔子是商人之後，但在文化觀點上，他全部贊成周代。

經過周公與孔子，中國民族性格發展得更宏通，更深厚。中國歷史文化精神，發展得更廣大，更精微。這一理論，讓我繼續再舉歷史實例來絡續加以說明，此處不再詳論了。

（歷史人物講話系列文字均作於一九五一年前後，其前三篇已發表於政工通訊，此篇及下二篇則只存原稿，原標目為之七、之八、之九。或猶有若干篇佚失。）

五　中國古史上又一對典型相反的人物

——周公與太公

我曾舉過中國古史上兩個典型相反的人物，大禹與商湯，現在再續舉一例，周公旦與太公望。他們是同時人，同為西周開國大元勳，但他們的性格和事業，恰好也成一對比。

西周建國，一切規模，全由周公創制，這一層我將另篇詳述。史記上說：文王脫羑里歸，與呂尚陰謀修德以傾商政。其事多兵權與奇計。故後世之言兵及周之陰權皆宗太公。可見西周之得天下，太公是預有大力的。但西周之定天下，則周公之功為多。在後代的傳述裏，太公富於機智權謀，周公長於禮樂教化，雖傳說不完全可信，但大體上，此兩人之性格相異，典型相反，也如大禹與商湯般，係不能說中國古史，全是無中生有，憑空虛構，沒有一些基礎。

史記上另有一段記載說：周公長子伯禽，受封於魯，三年而後報政於周公。周公說：「是何遲也？」伯禽說：「我變其俗，革其禮，父母之喪必待三年而後除，因此遲了。」太公封於齊，因其俗，簡其禮，通工商之業，便魚鹽之利，五月而來報政。周公問他何其速？太公說：「吾一切從簡，因其故俗，所以速。」周公聽了齊、魯雙方的施政報告，不禁嘆道：「後世魯必北面事齊矣。」政簡易則近民情，近民情則民歸之。後來齊果為大國，魯為齊弱，不出周公所料。

太公之後，齊有管仲。史記稱其為政，「與俗同好惡，下令如流水之源，令順民心。民之所欲，因而予之。俗之所否，因而去之。故論卑而易行。」這幾句話，描寫功利派的行政原則，十分扼要。大體上，管仲的政策，還是沿襲太公。現在管子書中有兩句話說：「倉廩實而後知禮節，衣食足而後知榮辱。」這是他看重經濟更甚於看重禮樂教化的意見。這兩句話，縱使不是管仲所說，也必是齊國治管仲學派的人所說。齊國人從太公、管子以來，一向偏重於功利主義。後來人說齊人夸詐。功利主義的風習，易於流為夸詐，也是當然的。

魯國則不然，魯國一向稱為禮義之邦，所以說「魯猶存周禮」。其實周公相成王，其最大業績，便在制禮定樂。但西周的立國規模並不弱，這是周公偉大處。伯禽學他父親，學得不到家、不徹底，沒有他父親那麼氣魄大、思慮精，所以魯國犯了弱徵。孔子生在魯國，孔子從小便已感染到周公之遺風。待到孔子壯年成學，那時齊強魯弱，已成定形，盡人皆知。但孔子依然喜歡魯國，不喜歡齊國。他說：「齊一變，至於魯；魯一變，至於道。」可見他認為魯國政俗雖不合道，卻較齊國更近道。民間風俗崇尚禮義，並不即就合於孔子理想中之道，但總比崇尚功利的更易接近於道。孔子極端推尊周公，但從不說到太公。孔子雖亦稱讚管仲，但只稱讚他的功績，並不稱讚到他的政治。孔子說：「如有用我者，我其為東周乎？」周公在前曾建立起一個西周的規模，現在是無法復興了。孔子說：如有能用我的人，我能重新建立起一個東周的局面來。在孔子心中，自有一番理想，一番抱負，可惜沒有能實際展布。總之，孔子的理想，是周公型，不是太公型。

後來的孟子，推尊孔子，也推尊周公，但極不喜歡管仲。他對他的弟子公孫丑說：「子誠齊人也，知管仲晏子而已矣。」那豈不是說齊國人只知道管仲。孟子不喜歡管仲，正如孔子不喜歡太公。莊子書裏有一個溫伯雪子，他說：「中國之君子，明於知禮義而陋於知人心。」那卻是道家話頭，譏笑魯國人只知禮義，不懂得人們的心理。這不能不說是道家之偏見。其實周公教訓成王，有無逸篇，要成王懂得小民稼穡之艱難。孔子過衞，也說「先富後教」。孟子論王道，必先使人人家裏有二母豕，五母雞，五畝之宅，必教之樹桑畜蠶，必使老者都能衣帛食肉，才可引到王者路上去。孟子說：「霸者之民，懽虞如也，王者之民，皞皞如也。」齊國人在太公管子那種功利政治之下的那一番懽虞的心情，孟子未嘗不知道。我們只能說周公孔孟看人心，另有一種看法。這一種看法，比太公管子看得更深切，但不一定能像太公管子般有近效、有速效。但在當時，孔孟儒家推尊周公，而道家、兵家、陰陽家、縱橫家之類，都推尊太公。功利派與道義派，在歷史進程中，顯然各有淵源。直到西漢初年，像張良、陳平之流，都是太公派的傳統。要到賈誼、董仲舒，才又轉到周公一邊來。還是得天下用太公，定天下始回到周公。

以後歷史上，凡屬主張禮樂教化制度文物的，我們都可稱之為「周公型」。凡屬主張權謀機變，功利實際的，我們都可稱之為「太公型」。我們也可說，孔子是周公型，老子是太公型。周公是儒家的分數多些，太公則道家的分數多些。唐朝學者頗有些近於太公型。宋代諸儒，則多半是周公型。周公、太公的兩種人物典型，始終在中國史上更互迭起。

若把中國和西洋人物相比，可說中國是周公型，西方是太公型。中國歷史上的人物正統是大禹、周公和孔子；西洋史上的人物正統，是比較多近於商湯、太公和老子。因此在西方歷史上，發展出宗教、功利主義、與自然科學，那是他們性格較近的特徵。中國人在此三方面都欠發達，那亦是中國民族特性之所限。但不能說中國民族特性中沒有那幾方面，只是較不易占上風些。若把德、蘇兩民族來說，我們也可說德國民族較近於周公型，而蘇俄則較更像於太公型。商湯、太公、老子，都喜歡眼看外面別人意嚮，多注意環境形勢，專用心在因利乘便上。他們性格似乎是開展些、圓通些、機變些。大禹、周公、孔子，比較刻實就裏；比較切己認眞；比較愛從道理上看，不從形勢上看，比較像是走的方形，穩定些，不像圓形般移動靈活。

但此兩型顯然各有得失。若社會上都是商湯、太公、老子一般人物，卻不易撐持得平穩長久。齊國較魯國富強，但不如魯國國祚之長與安。西方歷史也較中國易趨近於富強，但其興也驟，其亡也速，卻不易有安定與持久。在中國，周公型的人物常在正面陽面，但始終有太公型的人物在背面陰面作陪襯。在西方，則多見太公型的人物常在正面陽面，而很少見有周公型的人物在背面陰面作陪襯。兩型間之調和斟酌，是始終少不得的。而在西方，則更見其為難了。

（作於一九五一年）

六　歷史上的許多無名英雄

一個人只要能對他當時的歷史有貢獻，他即便是一個歷史人物，在羣眾中不失為一英雄。但夠得上歷史人物的資格的，卻不一定人人名登史籍。而名登史籍的，又不一定便是歷史人物。我們必先明白得此義，才能來檢討歷史，衡量人物。

歷史上有許多無名英雄，他們的姓名雖未明白載入史籍，但他們確對歷史已盡了莫大的貢獻。我此篇卻想先舉出幾個在史籍上有姓名的人來作例。他們亦可歸納在我所稱的無名英雄之行列中。

我此刻所想說的，是漢末時代人人盡知的徐庶。徐庶本是個寒苦家庭出身，青年時專好擊劍武藝，打抱不平，為人報讎。有一次，他殺人犯法，白堊塗面，披髮逃奔，終於被捕者追獲。查問他主使人，他閉口不言。遂在車上立柱，把他高高縛上，打鼓行街，預備一刀刀把他斬割處死。幸而經他的朋輩把他刼走。這以後他才改行求學，學舍諸生知道他以前是一個殺人悍賊，避不相親。但徐庶格外卑躬服勞，日常早起，為諸生打掃講堂，終於學成。後來作客荊州，與諸葛亮特相友善。及劉先主屯新野，徐庶往見，先主對他很器重。徐庶便推薦孔明說：「此君乃臥龍也，將軍願見之乎？」先主聽徐庶言，囑與俱來。庶云：「此人可往見，不可召致。」先主竟往詣亮。有名的「三顧草廬」，正由徐庶一席話引起。當知劉備乃天下梟雄，那時尚未與孔明見面，三顧之誠，並不是信孔明，卻是信徐庶。徐元直雖在後來歷史上並無表現，但他先與諸葛友善，後得劉先主敬信，只此兩節，已見徐庶為人，決非尋常。此後中國鼎足三分，卽是徐庶一席話對歷史上的大貢獻。後來曹操大軍南下，徐庶諸葛亮隨劉備南奔，庶母為操所獲，徐庶指心語先主說：「本欲與將軍共圖王霸之業，所賴在此方寸之地。現在老母被擒，我心已亂，於事無益，請從此別。」劉備不能留，遂赴操營。曹操愛才如渴，徐庶乃當時特出人才，但到曹操處，卻終身沒沒無聞，僅任一微職，從此湮滅。陳壽三國志，也並未為他立傳，只有魚豢魏略卻有如下的一段記載，說：諸葛亮後來北出隴右，聞徐元直在魏僅做一小官，嘆曰：「魏殊多士耶？何以徐某竟不見用。」這一節話卻是魚豢偏袒曹魏，故意下此曲筆，並非信史。我不得不為徐元直細細剖辨。

徐元直早年殺人，寧受極刑，不肯吐露主使人姓名，足見其義烈。後來折節讀書，不恥勞役，卒成學問，亦足見其涵養。當其在荊州與諸葛亮交遊，想必有一番王霸大略，平常互相討論。諸葛孔明出師表曾說：「苟全性命於亂世，不求聞達於諸侯。」這是何等胸襟？當時孔明躬耕隴畝，自比管仲樂毅，這是何等抱負？卻何以又說苟全性命於亂世，不求聞達於諸侯呢？原來曹操在當時，雖名漢相，實為漢賊，其存心並不忠於漢室，而一時羣雄像袁紹、袁術兄弟，一樣想帝王自居；孫氏兄弟，割據江東，志在自王其地，也並不在為王室著想。漢代宗室像劉表、劉焉又盡屬庸才。天下滔滔，無可希望。當知無才的算不得英雄，有了才藏不得的，還是算不得英雄。只有諸葛亮雖自負有管樂匡濟之略，但見當時如此黑暗，並無可插手處，寧願隱姓埋名，終老南陽，再不想一獻身手。徐庶和他為友，那有不知他這一番志節？而諸葛與徐庶相善，想來徐庶也與諸葛志氣相乎，同樣的不願隨便出頭露面。後來劉備到荊州，他是漢宗室，又較有為，所以徐庶特地往見，又推薦諸葛，所謂「求欲與將軍共圖王覇之業」者，正指的是復興漢室而言。而老母見掠，不得已捨劉從曹，此決非徐庶所願。所以徐庶一到北方，寧願不發一言，不獻一計，不表一長，不立一功，此正是諸葛出師表所謂苟全性命於亂世，不求聞達於諸侯。這是曹操所無奈何的事。曹操不能用徐庶，這是徐庶之大節，我們從這上，仍見徐庶之義烈與其涵養，而經過一番學問，更能在大處見精神。徐庶在魏仕宦不達正是徐庶之最偉大最不可及處，此層曹操必然懂得，諸葛亮也必然懂得。魚豢為魏粉飾，不僅隱沒了徐庶志節，而且亦把諸葛亮寫得太不成話，這是我們後代讀史的，應該獨具隻眼處。

我從如此寫來，可見我們要認識一有名英雄已難，要認識一無名英雄更難。換言之，我們要做一有名英雄已難，要做一無名英雄更難。然而若此人不能做一無名英雄的，也決做不成眞正的有名英雄。有名當從無名做起。無名才是英雄的本質，英雄的天眞。有名只是英雄的機緣，英雄的際遇。我們必明白得此點，才能來檢討歷史，衡量人物。

我們往往輕易隨便的讀過了出師表，把「苟全性命於亂世，不求聞達於諸侯」兩句忽略了。你若想，若使劉先主不三顧草廬，難道諸葛孔明也還東奔西跑，見劉表，見孫權，投曹操，胡亂賣弄本領，擠進任何一個圈子中去，這還算得是臥龍，算得是管、樂嗎？我們能如此想來，可知歷史上無名英雄必然埋沒得不少，此刻幸而有一徐庶可以作證，其實何嘗只有徐庶一人。即在當時，如龐德公、司馬德操輩，何嘗不是苟全性命於亂世，不求聞達於諸侯呢？

而且無名英雄，也不就止於「苟全性命於亂世，不求聞達於諸侯」之一類，其餘的讓我慢慢再談吧！

（作於一九五一年）

《錢穆先生全集》總書目

甲編

國學概論
四書釋義
論語文解
論語新解
孔子與論語
孔子傳
先秦諸子繫年
墨子　惠施公孫龍
莊子纂箋
莊老通辨
兩漢經學今古文平議
宋明理學概述
宋代理學三書隨劄
陽明學述要
朱子新學案（全五册）
中國近三百年學術史（一、二）
中國學術思想史論叢（全十册）
中國思想史
中國思想通俗講話
學籥
中國學術通義
現代中國學術論衡

乙編

周公
秦漢史
國史大綱（上、下）
中國文化史導論

中國歷史精神
國史新論
中國歷代政治得失
中國歷史研究法
中國史學發微
讀史隨劄
中國史學名著
史記地名考（上、下）
古史地理論叢

丙編

文化學大義
民族與文化
中華文化十二講
中國文化精神
湖上閒思錄
人生十論
政學私言
從中國歷史來看中國民族性及中國文化
文化與教育
歷史與文化論叢
世界局勢與中國文化
中國文化叢談
中國文學論叢
理學六家詩鈔
靈魂與心
雙溪獨語
晚學盲言（上、下）
新亞遺鐸
八十憶雙親師友雜憶合刊
講堂遺錄（一、二）
素書樓餘瀋
總目